Mathematik Klasse 7/8

Schnittpunkt Serviceblätter

Kopiervorlagen

Rainer Dedlmar
Gerd Dermann
Roland Eberle
Bernd-Jürgen Frey
Heidemarie Frey
Gabriele Straubmüller
Klaus Wellpott

Ernst Klett Verlag
Stuttgart · Leipzig

Schnittpunkt Serviceblätter – die Kopiervorlagen für Ihren modernen Mathematikunterricht

Die Bildungsstandards der KMK

Die Bildungsstandards der Kultusministerkonferenz für den mittleren Schulabschluss beschreiben erwartete Lernergebnisse, die sich auf fachliche und fachübergreifenden Basisqualifikationen beziehen und anschlussfähiges Lernen ermöglichen.
Die in den Standards aufgeführten inhaltsbezogenen Kompetenzen werden entsprechend der mathematischen Inhalte in die fünf Leitideen *Zahl*, *Raum und Form*, *Messen*, *Funktionaler Zusammenhang* und *Daten und Zufall* differenziert. Die allgemeinen Kompetenzen, die erst in der Auseinandersetzung mit mathematischen Inhalten nachhaltig erworben werden können, umfassen mathematisches Argumentieren, Kommunizieren und Modellieren, das Lösen mathematischer Probleme und die korrekte Verwendung mathematischer Darstellungen und symbolischer, formaler und technischer Elemente der Mathematik.

Die Schnittpunkt Serviceblätter

Die Schnittpunkt Serviceblätter bieten Ihnen Übungsmaterial zu den verschiedenen Kompetenzbereichen der Bildungsstandards: Gegliedert nach den inhaltsbezogenen Leitideen werden unterschiedliche Arbeitsblätter angeboten. Diese im Unterricht erprobten Kopiervorlagen sind methodisch vielfältig: Sie finden hier differenzierende Übungen, Spiele, Knobeleien, Bastelanleitungen und viele Aufgaben zur Förderung der allgemeinen Kompetenzen des Begründens und Argumentierens. Die Serviceblätter sind selbsterklärend und können ohne größere Erläuterungen an die Schülerinnen und Schüler verteilt werden.

Zum Aufbau des Buches

Sie finden in den **Schnittpunkt Serviceblättern** neben den Arbeitsblättern zu den inhaltsbezogenen Kompetenzen (Seiten 11 bis 119) auch eine Sammlung von Kopiervorlagen, die die Entwicklung der allgemeinen mathematischen Kompetenzen ermöglichen. Der vorliegende Band beinhaltet Übungen zum Arbeiten mit einem Tabellenkalkulationsprogramm (Seiten 1 bis 10).

Außerdem befinden sich am Ende des Buches 32 themen- und kompetenzübergreifende Kopiervorlagen, die das vermittelte Basiswissen wach halten (Seiten 120 bis 151). Die Fitnesstests und Kopfrechenblätter bieten Aufgaben zu unterschiedlichen Themengebieten des Mathematikunterrichts und können immer wieder in den Unterricht integriert werden, um die bereits erlernten Inhalte und Fähigkeiten zu wiederholen und zu festigen. So wird den in den Bildungsstandards geforderten Ansprüchen nach vernetzendem und nachhaltigem Lernen entsprochen. Sowohl die schriftlich zu bearbeitenden Fitnesstests als auch die Kopfrechenblätter eignen sich besonders gut als Hausaufgabe. Sie nehmen je nach Kenntnisstand und Arbeitsverhalten der Schülerinnen und Schüler zwischen 10 und 20 Minuten Zeit in Anspruch. Die unten abgedruckten Tabellen ermöglichen einen Überblick über die inhaltlichen Voraussetzungen, die zum Bearbeiten des entsprechenden Arbeitsblattes notwendig sind.

Lösungen

Die notwendigen Lösungen aller Arbeitsblätter, die keine Selbstkontrolle (etwa durch ein Lösungswort oder eine Partnerkontrolle) enthalten, finden sich gesammelt am Ende des Buches.

Methoden der Serviceblätter

Einige der Serviceblätter basieren auf besonderen Methoden oder thematisieren besondere Inhalte. Das Symbol in der oberen rechten Ecke des entsprechenden Serviceblattes gibt einen Hinweis auf die Art des Serviceblattes.

Knobeln
Hier ist intensives Nachdenken erforderlich.
vgl. Seite 75, 84, 85 87, 95 bis 97, 100 bis 102

Spiel
Verschiedene Spiele zur Übung der inhaltsbezogenen mathematischen Kompetenzen der fünf Leitideen.
vgl. Seite 16, 34, 47, 48, 51, 55, 68, 86, 104 bis 107, 114 bis 118

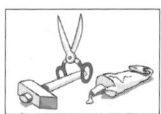

Bastelanleitung
Kopiervorlagen zum Herstellen mathematischer Körper und sonstigen mathematischen Übungsmaterials.
vgl. Seite 72, 81, 91 bis 94

Computereinsatz
Für die Tabellenkalkulation bieten wir Arbeitsblätter im Umgang mit MS-Excel®.
vgl. Seite 1 bis 10, 12, 27, 31, 33, 74, 78, 79, 98, 103, 111

Tandembogen
Tandembögen erwarten von den Lernenden eine hohe Selbsttätigkeit und fördert damit sowohl das für den modernen Mathematikunterricht geforderte selbstständige Lernen als auch die Entwicklung der kommunikativen Fähigkeiten und der Kooperationsbereitschaft. Ein Tandembogen wird in Partnerarbeit bearbeitet. Er wird so in der Mitte gefaltet und zwischen zwei Lernende gestellt, dass jeder seine Aufgaben („Aufgaben des Partners A") und gleichzeitig die Lösungen der Aufgaben des Anderen („Lösungen des Partners B") vor sich hat. Die Schülerinnen und Schüler bearbeiten abwechselnd die Aufgaben und geben sich gegenseitig direkt ein Feedback über die Richtigkeit der Lösung. Bei Unsicherheiten oder Fehlern im Hinblick auf die genannten Lösungen treten die Lernenden häufig spontan in eine gewinnbringende Diskussion. Tandembögen können sowohl als erste Absicherung und Anwendung des neu Gelernten als auch zur Auffrischung von früheren Inhalten eingesetzt werden. In Übungsstunden bieten diese Serviceblätter die Möglichkeit, die Lernenden schnell wieder an die in dieser Stunde zu übenden Inhalte heranzuführen und durch erste Erfolgserlebnisse die Übungsbereitschaft zu erhöhen.
vgl. Seite 15, 21, 23, 25, 39, 46, 54, 61, 82, 119

Partnerarbeitsblatt
Ein Partnerarbeitsblatt ist eine doppelt vorhandene Kopiervorlage mit unterschiedlichen Aufgaben. Jedes Partnerarbeitsblatt 1 kann nur in Korrespondenz mit dem zweiten Blatt sinnvoll bearbeitet werden. Dabei geben die Aufgaben des ersten Blattes Hinweise zu den Lösungen und Aufgaben des zweiten und umgekehrt. Durch das Partnerarbeitsblatt wird die Selbsttätigkeit der Lernenden gefördert und die Kontrolle durch den Partner ermöglicht eine intensive individuelle Auseinandersetzung auf Schülerebene.
Die Ergebniskontrolle ist im Unterschied zum Tandembogen erst nach der Bearbeitung des gesamten Blattes sinnvoll, da die Aufgabenstellung des Partnerarbeitsblattes 1 die Lösung des Partnerarbeitsblattes 2 beinhaltet. Nach der Lösung bilden die beiden Arbeitsblätter die Grundlage der Ergebniskontrolle. Dabei werden Fehler oder Unklarheiten selbstständig diskutiert und überarbeitet.
vgl. Seite 13, 14, 66, 67

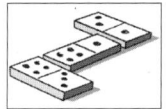

Mathe-Domino
Die Kopiervorlage der Domino-Schlange beinhaltet meist nur wenige Dominosteine und ist von einer Schülerin oder einem Schüler in Einzelarbeit zu lösen. Die oder der Lernende schneidet die auf der Vorlage unsortiert angeordneten Dominosteine aus und legt aus ihnen eine Dominoschlange mit einem Anfangs- und Endstein.
vgl. Seite 17, 24

Die Kopfrechenblätter

Viele Rechenregeln, Grundverfahren oder Wissenselemente lassen sich mithilfe von Kopfrechenaufgaben wachhalten. Bereits Gelerntes bleibt damit länger verfügbar und kann als Grundlage für weiterführende Lernziele dienen. Durch die Kopfrechenblätter werden die Beweglichkeit des Denkens, das Zahlverständnis und die Abstraktionsfähigkeit geschult. Die Aufgaben sind dem in den Bildungsstandards genannten Anforderungsbereich I: Reproduzieren zuzuordnen.

Nr.	Themenschwerpunkt/inhaltliche Voraussetzungen
1	Rationale Zahlen Addition, Subtraktion
2	Rechnen mit rationalen Zahlen
3	Rechnen mit rationalen Zahlen
4	Rechnen mit rationalen Zahlen, Terme
5	Rechnen mit rationalen Zahlen, Terme
6	Algebra
7	Algebra

vgl. Seite 121 bis 127

Die Fitnesstests

In verschiedenen Rubriken wird das Basiswissen unterschiedlicher inhaltlicher Bereiche wiederholt und gefestigt: Rechentechnik, Wissen, Gesetze, geometrische Grundkonstruktionen, Raumvorstellung, Begründen, Grundwissen Geometrie, Zeigen und Begründen.

Dabei werden auf einem Serviceblatt Kompetenzen und Inhalte verschiedener innermathematischer Bereiche angesprochen. Die Rubrik „Knack-die-Nuss-Ecke" beinhaltet komplexere Fragestellungen und Zusammenhänge und bietet somit Übungen zum Anforderungsbereich II: Zusammenhänge herstellen.

Nr.	Themenschwerpunkt/inhaltliche Voraussetzungen
1	Rechnen mit rationalen Zahlen
2	Rechnen mit rationalen Zahlen, Dreiecke
3	Rechnen mit rationalen Zahlen
4	Rechnen mit rationalen Zahlen
5	Rechnen mit rationalen Zahlen, Terme
6	Geometrie, Algebra (Klammern)
7	Algebra
8	Algebra, Geometrie
9	Algebra, Geometrie
10	Algebra, Prozent
11	Fitnesstest 1–10
12	Fitnesstest 1–10
13	Algebra
14	Algebra
15	Viereksberechnungen
16	Gleichungen / Geometrie
17	Algebra / Formeln
18	Rechnen mit natürlichen Zahlen / Prozenten
19	Lineare Gleichungen mit 2 Variablen
20	Gleichungssysteme
21	
22	Funktionen / Prismen
23	Prismen
24	Prozentrechnen
25	Prozentrechnen

vgl. Seite 128 bis 152

		Serviceblatt	Lösungen
Allgemeine mathematische Kompetenzen			
Arbeiten mit einem Tabellenkalkulationsprogramm	Berechnen und Darstellen	1	
	Eingabe in Zellen	2	
	Spalten und Zeilen verändern	3	
	Zahlen und Größen formatieren (1)	4	
	Zahlen und Größen formatieren (2)	5	
	Bedingte Formatierung	6	
	Formeln in Tabellen (1)	7	
	Formeln in Tabellen (2)	8	
	Funktionen in Tabellen	9	
	Tabellen in Diagramme verwandeln	10	
Leitidee Zahl			
Rechnen mit rationalen Zahlen	Höhlenforscher	11	153
	Auch den Bildschirm gibts kariert	12	153
	Gewinne und Verluste – Addition rationaler Zahlen – Partnerarbeitsblatt 1 und 2	13	
	Gewinne und Verluste – Subtraktion rationaler Zahlen – Partnerarbeitsblatt 1 und 2	14	
	Tandembogen – Gewinne und Verluste – Subtraktion	15	
	Gewinne und Verluste – Subtraktionsübungen	16	153
	Additions- und Subtraktionsdomino	17	
	Minusklammern	18	153
	Aufgaben zum Zeigen und Begründen	19	153
Prozente	Anteile in Prozent	20	154
	Tandembogen – Prozentsatz	21	
	Prozente mit dem Taschenrechner	22	155
	Tandembogen – Prozentwert	23	
	Prozentwert-Grundwert-Domino	24	
	Tandembogen – Grundwert	25	
	Mathematik aus der Zeitung	26	155
	Prozentkreise in MS-Excel®	27	155
	Alkohol im Blut	28	155
Zinsen	Einfache Zinsen	29	156
	Von Säule zu Säule	30	156
	Sparen Jahr für Jahr	31	156

Leitidee funktionaler Zusammenhang		Serviceblatt	Lösungen
Rechnen mit Termen	Kantige Körper – Körperkanten	32	157
	Terme mit MS-Excel® untersuchen	33	157
	Im T(h)ermalbad	34	
	Terme in Zeichnungen – Addition und Subtraktion I	35	157
	Terme in Zeichnungen – Addition und Subtraktion II	36	157
	Terme in Rechtecken – Übungen zur Multiplikation I	37	158
	Terme in Rechtecken – Übungen zur Multiplikation II	38	158
	Tandembogen – Rechnen mit Termen	39	
	Terme in Rechtecken – Klammern	40	158
	Klammern über Klammern	41	158
	Rechtecke bauen – Terme ausmultiplizieren	42	158
	Rechtecke und Quadrate – Multiplikation von Summen	43	158
	Quadrate wachsen – die erste binomische Formel	44	159
	Quadrate werden kleiner – die zweite binomische Formel	45	159
	Tandembogen – Die erste binomische Formel	46	
	Binom gewinnt – ein Spiel in zwei Varianten (1)	47	
	Binom gewinnt – ein Spiel in zwei Varianten (2)	48	
Gleichungen	Gleichungsübungen	49	159
	Gleichungsmenü	50	159
	Welch ein Durcheinander – ein Legespiel	51	
	Zahlenmühlen	52	160
	Gleichungs-Salat	53	160
	Tandembogen – Bruchterme	54	
	Große Zahl – kleine Zahl	55	160
	Hausaufgabenkontrolle	56	160
Zuordnungen	Dreisatzpuzzle	57	160
	Proportionale Zuordnung	58	160
	Umgekehrt proportionale Zuordnung	59	161
	Dreisatzpuzzle (umgekehrter Dreisatz)	60	161
	Tandembogen – Zuordnungen	61	
	Sachaufgaben – kein Problem	62	161
Lineare Funktionen	Die Zahnradbahn	63	161
	Füllgraphen	64	162
	Übungen zur linearen Funktion	65	162
	Graphen und Gleichungen – Partnerarbeitsblatt 1	66	162
	Graphen und Gleichungen – Partnerarbeitsblatt 2	67	162
	Funktionenpuzzle	68	162
	Lineare Gleichungen mit zwei Variablen	69	162
	Grafische Lösung linearer Gleichungssysteme	70	162
	Das Problem mit den Preisen …	71	163

			Serviceblatt	Lösungen
Leitideen Messen – Raum und Form				
Dreiecke		Dreiecke aus Pappstreifen	72	163
		Wir berechnen Winkel	73	163
		Die Winkelsumme im Dreieck	74	163
		Was einmal ein Dreieck war, das ist nun ein Dromedar.	75	163
		Dreiecke in Form	76	163
		Geometrie-Diktate	77	164
		Dem Schnittpunkt der Mittelsenkrechten auf der Spur	78	165
		Drinnen oder draußen? Wo ist der Umkreismittelpunkt?	79	165
		Das Dreieck: ein Messgerät	80	165
Vierecke. Vielecke		Vierecke bewegen	81	
		Tandembogen – Haus der Vierecke	82	
		Winkel an Vierecken	83	165
		Vierecksknobeleien	84	166
		Winkel in regelmäßigen Vielecken	85	166
Umfang und Flächeninhalt		Flächenvergleich – Spielen mit dem Tangram	86	166
		Drei und vier Ecken	87	167
		Noch mehr Ecken	88	167
		Grundstücke	89	167
		Vieleck Deutschland	90	168
Prismen		Wir bauen einen Quader um (1)	91	168
		Wir bauen einen Quader um (2)	92	168
		Wir bauen einen Quader um (3) – Eigenschaften	93	168
		Netz und Oberfläche eines Prismas	94	168
		Prisma oder kein Prisma? – Aufgaben zum Knobeln	95	168
		Netze von Prismen	96	168
		Oberflächenterme von Prismen	97	168
Leitidee Daten und Zufall				
Daten		Übernachtungen im Alpenhotel	98	168
		Geheimbotschaften	99	
		Geheimschrift	100	169
		In Schöndorfhausen (1)	101	169
		In Schöndorfhausen (2)	102	169
		Wohin mit dem Kakao?	103	170
		Quiz – Der große Preis (1)	104	
		Quiz – Der große Preis (2)	105	
		Quiz – Der große Preis (3)	106	
		Quiz – Der große Preis (4)	107	
		Der Weitsprungwettbewerb	108	171
		Taschengeld und Hausaufgaben	109	171
		Klassenarbeit	110	172
		PISA	111	173
		Perzentilbänder	112	173

Vorbemerkungen VII

		Serviceblatt	Lösungen
Zufall	Würfeltest in Partnerarbeit	113	
	Hinderniswettlauf mit Zufallsentscheidungen	114	
	Schiffe versenken – durch den Zufall gesteuert	115	
	Ereignisse	116	
	Wer gewinnt den Rundlauf?	117	
	Würfelraten	118	
	Tandembogen – Wahrscheinlichkeiten bewerten	119	
Übergreifendes Übungsmaterial			
Kopfrechenblätter	Kopfrechenblatt 1	120	173
	Kopfrechenblatt 2	121	173
	Kopfrechenblatt 3	122	174
	Kopfrechenblatt 4	123	174
	Kopfrechenblatt 5	124	174
	Kopfrechenblatt 6	125	175
	Kopfrechenblatt 7	126	175
Fitnesstests	Fitnesstest 1	127	175
	Fitnesstest 2	128	175
	Fitnesstest 3	129	176
	Fitnesstest 4	130	176
	Fitnesstest 5	131	176
	Fitnesstest 6	132	176
	Fitnesstest 7	133	177
	Fitnesstest 8	134	177
	Fitnesstest 9	135	177
	Fitnesstest 10	136	177
	Fitnesstest 11	137	178
	Fitnesstest 12	138	178
	Fitnesstest 13	139	178
	Fitnesstest 14	140	178
	Fitnesstest 15	141	178
	Fitnesstest 16	142	179
	Fitnesstest 17	143	179
	Fitnesstest 18	144	179
	Fitnesstest 19	145	179
	Fitnesstest 20	146	179
	Fitnesstest 21	147	180
	Fitnesstest 22	148	180
	Fitnesstest 23	149	180
	Fitnesstest 24	150	181
	Fitnesstest 25	151	181

Arbeiten mit einem Tabellenkalkulationsprogramm (1)

In der Textverarbeitung hast du bereits Tabellen kennen gelernt. Es gibt außerdem Programme, die Tabellen zum Berechnen und Darstellen von Zahlen verwenden.
Diese Programme nennt man **Tabellenkalkulationsprogramme**. (Kalkulation heißt Berechnung.)

Auf dem Bildschirm findest du eine Menüleiste, darunter eine Symbolleiste. Der beschreibbare Bereich ist keine weiße Fläche, sondern eine Tabelle. Sie besteht aus **Zeilen**, die mit Nummern versehen sind, und aus **Spalten**, die mit Buchstaben bezeichnet sind.

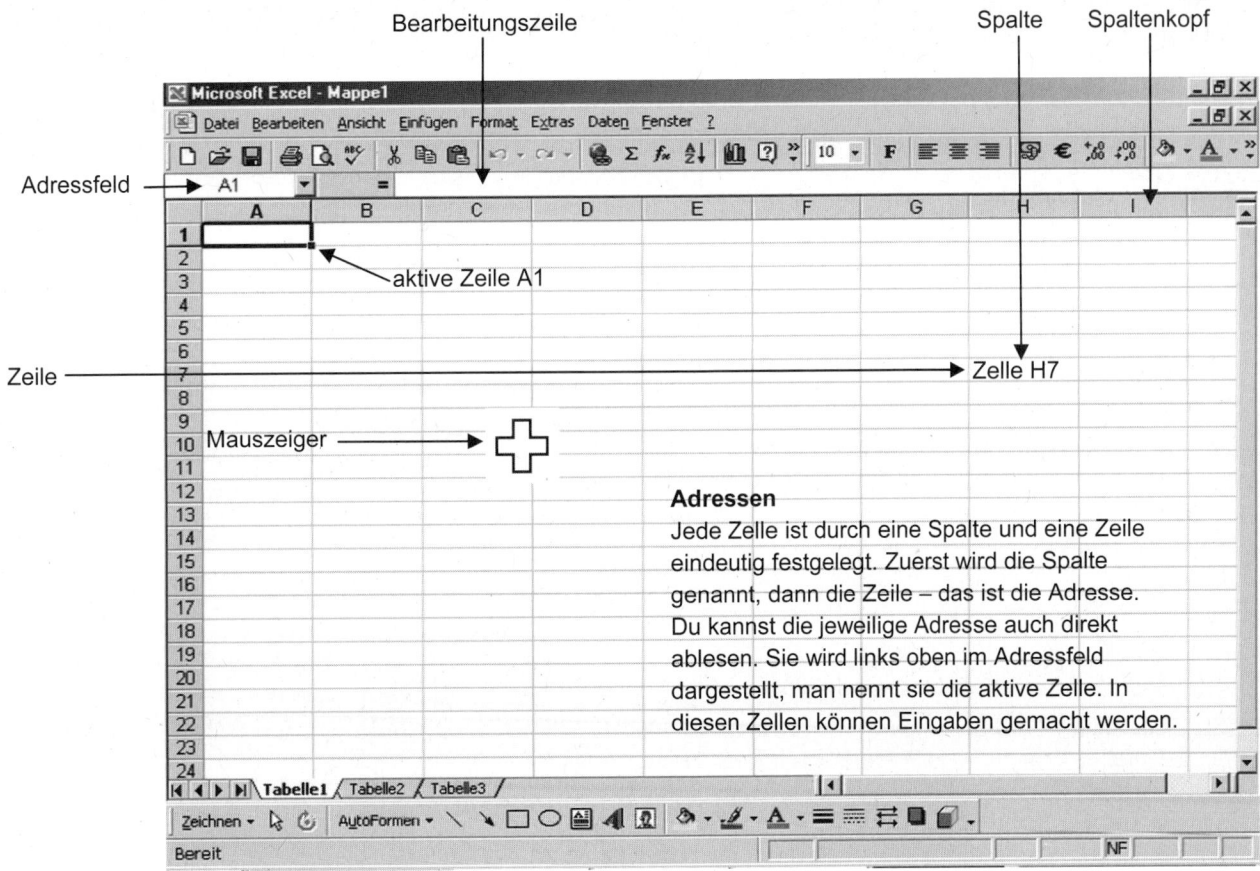

Adressen
Jede Zelle ist durch eine Spalte und eine Zeile eindeutig festgelegt. Zuerst wird die Spalte genannt, dann die Zeile – das ist die Adresse. Du kannst die jeweilige Adresse auch direkt ablesen. Sie wird links oben im Adressfeld dargestellt, man nennt sie die aktive Zelle. In diesen Zellen können Eingaben gemacht werden.

Arbeiten mit einem Tabellenkalkulationsprogramm (2)
Eingabe in Zellen

Bevor du etwas in eine Zelle eingeben kannst, musst du sie auswählen. Benutze dazu die Richtungstasten oder klicke die Zelle an.
- Schreibe in die Zelle H7 ein Wort oder eine Zahl. Gleichzeitig zu dem Eintrag in der aktiven Zelle erfolgt ein Eintrag in der Bearbeitungszeile.
- Wenn du mit der Eingabetaste bestätigt hast, geht deine Schreibmarke um eine Zeile nach unten und der Eintrag in H7 ist abgeschlossen. Die darunter liegende Zelle wird aktiv.

Text oder Zahl?
Das Programm erkennt, ob du eine Zahl oder einen Text eingegeben hast.
- Gib in eine Zelle ein Wort, in eine andere Zelle eine Zahl ein. Sobald du die Eingabetaste gedrückt hast, wird die Zahl rechtsbündig und der Text linksbündig angeordnet.
- Kommen Zahlen und Buchstaben gemeinsam in einer Zelle vor, wie z. B. A2 oder 2a, werden sie immer wie ein Text linksbündig angeordnet.

Möchtest du zum Eingeben von Zahlen den numerischen Tastenblock verwenden, kannst du ihn mit der Taste NUM einschalten. Ist er eingeschaltet, so leuchtet ein kleines Lämpchen oberhalb dieser Taste.
Du kannst alle Rechenzeichen, die auf dem numerischen Tastenblock sind, auch über die normale Tastatur (Schreibmaschinenblock) eingeben.

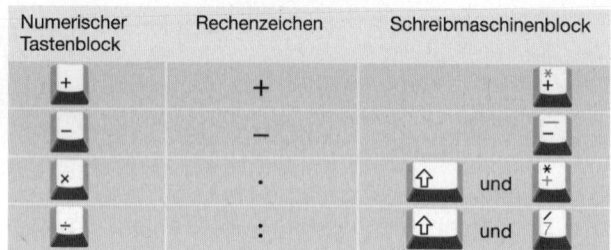

Wichtig!
Benutze bei Dezimalzahlen nur das Komma und nicht den Punkt.

Markieren von Tabellenteilen
Markiere alle Zellen einer Spalte oder einer Zeile:
- Klicke in die erste Zelle.
- Halte die linke Maustaste fest und ziehe die Markierung nach unten oder nach rechts bis ans Ende deiner ausgefüllten Spalte oder Zeile.

Die erste Zelle ist nicht unterlegt, aber sie ist trotzdem markiert.

Formatieren von Zellen
- Klicke eine Zelle an.
- Wähle jetzt das Menü **Format** und dann **Zellen…** .
- Wenn du den Reiter **Schrift** auswählst, kannst du jetzt genau wie in der Textverarbeitung das Aussehen der Schrift verändern.
- Wählst du den Reiter **Ausrichtung**, hast du weitere Möglichkeiten, den Zellinhalt in der Zelle anzuordnen.

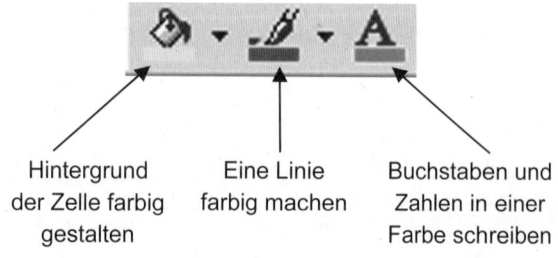

Hintergrund der Zelle farbig gestalten — Eine Linie farbig machen — Buchstaben und Zahlen in einer Farbe schreiben

Arbeiten mit einem Tabellenkalkulationsprogramm (3)
Spalten und Zeilen verändern

Spaltenbreite verändern
Ein Wort, z. B. Englischvokabeln, kann in einer Zelle nicht vollständig angezeigt werden. Die Spaltenbreite ist zu klein. Du musst die Spaltenbreite verändern:

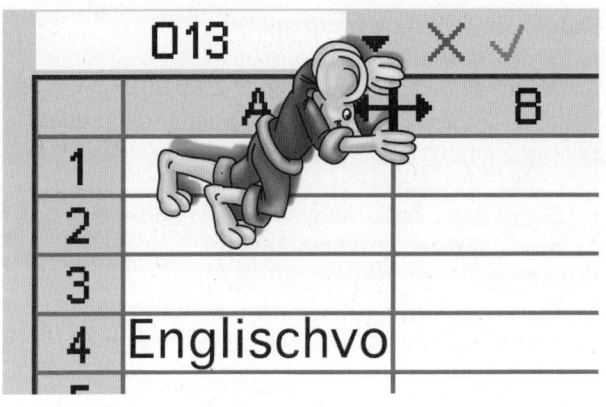

Möglichkeit 1:
- Fahre mit dem Mauszeiger auf die Trennlinie zwischen zwei Spalten im Spaltenkopf. Aus deinem Mauszeiger wird ein Doppelpfeil.
- Ziehe mit gedrückter linker Maustaste die Trennlinie nach rechts.

Möglichkeit 2:
- Klicke auf den Spaltenkopf.
- Gehe ins Menü **Format** und dann auf **Spalte**.
- Klicke im neuen Fenster **auf Optimale Breite bestimmen**.

Das Programm richtet die Spaltenbreite jetzt automatisch nach dem längsten Text in der Spalte aus.

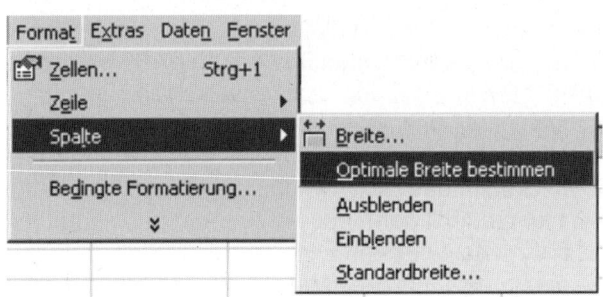

Möglichkeit 3:
- Markiere die Spalten, deren Breite du verändern willst.
- Klicke auf die rechte Maustaste und du kannst jetzt für alle markierten Spalten die Spaltenbreite einstellen.

Dieses Zeichen bedeutet: Die Spaltenbreite ist für diese Zahl zu klein.

Zeilenhöhe verändern
- Markiere eine Zelle oder eine Zeile.
- Gehe ins Menü **Format**.
- Wähle **Zeile**, dann **Höhe...** .
- Gib entweder einen Wert ein oder
- wähle **Optimale Höhe**.
- Oder klicke mit der Maus auf die Trennlinie zwischen den Zeilen und ziehe sie auf die gewünschte Höhe.

Zeilenumbruch
Oft kommt es vor, dass man in eine mehrzeiligen Text schreiben will.
- Markiere die Zelle.
- Wähle das Menü **Format** und dann **Zellen...** .
- Wähle hier den Reiter **Ausrichtung**.
- Klicke auf **Zeilenumbruch**.
Die Zelle, die du markiert hast, kann nun mehrzeilig beschrieben werden.

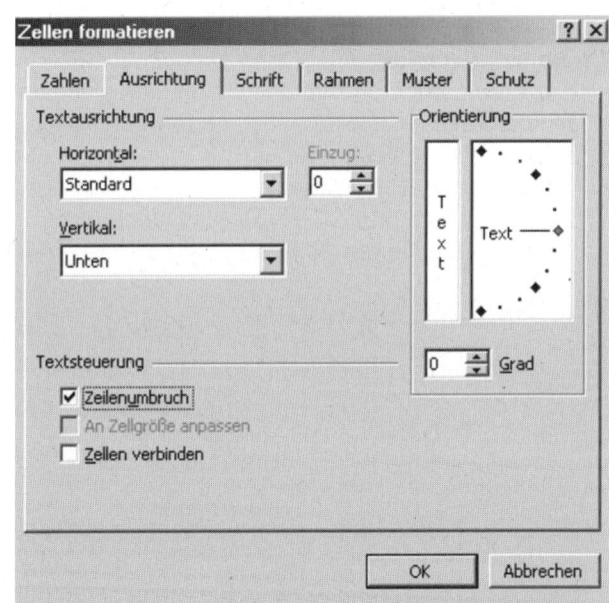

Arbeiten mit einem Tabellenkalkulationsprogramm (4)
Zahlen und Größen formatieren (1)

Datum eingeben und formatieren
Um ein Datum einzugeben, bietet die Tabellenkalkulation eine Fülle von Möglichkeiten. Gehe in die Zelle A3, gib 1. März ein und bestätige mit der Eingabetaste.

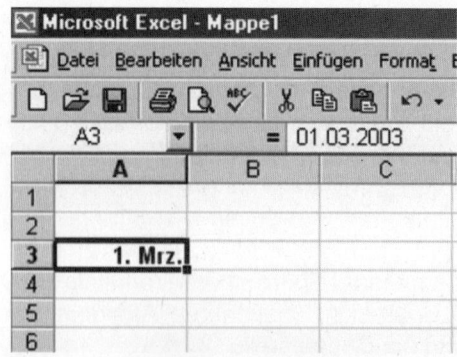

- Gehe in die Zelle mit dem Datum und wähle das Menü **Format** und dann **Zellen…** .
- Wähle hier den Reiter **Zahlen**.
- Klicke bei **Kategorie** auf **Datum**.
- Wähle bei **Typ** ein Datumsformat und bestätige mit **OK**.

Datum nach unten ausfüllen
Wenn du jetzt alle Daten bis zum 10.03.03 eingeben willst, geht das mit der Tabellenkalkulation sehr einfach.

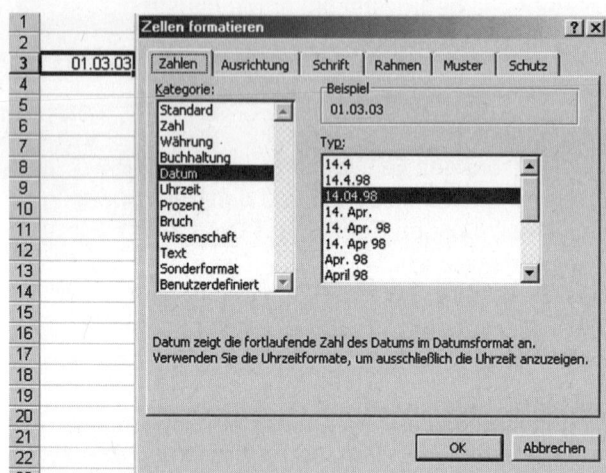

- Klicke auf das erste Datum.
- Wenn du mit der Maus auf das kleine Quadrat in der rechten unteren Ecke deiner aktiven Zelle gehst, wird aus dem Mauszeiger ein schwarzes Kreuz.
- Halte es mit der Maus fest und ziehe es nach unten, bis das Datum 10.03.03 erscheint.
- Dieses Vorgehen nennt **man nach unten ausfüllen**. Dabei wird mit jeder neuen Zeilenzahl auch die Datumszahl um 1 erhöht.

Datum wochenweise ausfüllen
Mit einer Differenz von 7 Tagen bekommst du das Datum wochenweise ausgefüllt.

- Gib ein Datum ein.
- Gib in der Zelle darunter das Datum des gleichen Wochentages in der darauffolgenden Woche ein.
- Markiere beide Zellen.
- Gehe auf das kleine Quadrat rechts unten in der Markierung und halte die linke Maustaste fest.
- Ziehe die markierten Zellen nach unten.

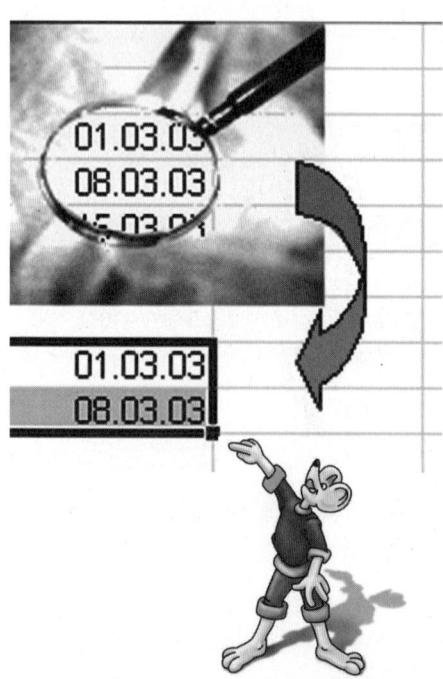

Arbeiten mit einem Tabellenkalkulationsprogramm (5)
Zahlen und Größen formatieren (2)

Dezimalzahlen formatieren
Lege eine Tabelle mit den Daten einer Wetterstation an.
Achte auf die Gestaltung der Tabelle: Spaltenüberschriften und darunter stehende Zahlen oder Texte sollten immer gleich ausgerichtet sein.
- Markiere die Zellen mit den Temperaturen.
- Gehe ins Menü **Format** und dann auf **Zellen…** .
- Hier wählst du den Reiter **Zahlen**.
- Klicke bei **Kategorie** auf **Zahl** und stelle die **Dezimalstellen** auf 1.
- Bestätige mit **OK** und alle Zahlen haben genau eine Dezimalstelle.

	A	B
1	Temperaturen	
2		
3		
4		
5	Datum	Temperatur
6	01.03.03	7,5
7	02.03.03	4
8	03.03.03	5,5
9	04.03.03	8
10	05.03.03	8

Falsche Formatierung von Zahlen – wie kannst du sie beheben?
Wenn du aus Versehen bei einer Dezimalzahl statt eines Kommas einen Punkt eingibst, veränderst du damit auch die Formatierung: die Darstellung mit dem Punkt ergibt eine Datumseinstellung.
Diesen Fehler kannst du korrigieren, wenn du zunächst die falsche Formatierung änderst. Das Löschen und Neuschreiben ändert nichts, es erscheint immer wieder ein Datum in der Tabelle.
- Markiere die Zahl mit der falschen Formatierung.
- Wähle **Format** und dann **Zellen…** .
- Wähle beim Reiter **Zahlen** die Kategorie **Zahl** und dann die Anzahl der Dezimalstellen. Bestätige mit **OK**.
- Lösche nun die falsche Zahl und gib die richtige mit einem Komma ein.

Benutzerdefinierte Formatierung
In keiner Formatierungsvorlage findest du z. B. die Formatierung °C. Du kannst sie aber selbst festlegen.
- Wähle **Format** und dann **Zellen…** .
- Unter **Zahlen** wählst du bei Kategorie die Eintragung **Benutzerdefiniert**.
- Trage bei Typ 0,0 °C ein. (0,0 heißt hier: Die Zahl hat nur eine Nachkommastelle.)
Diese Formatierung wird als Typ übernommen und du kannst sie beim nächsten Mal auswählen.

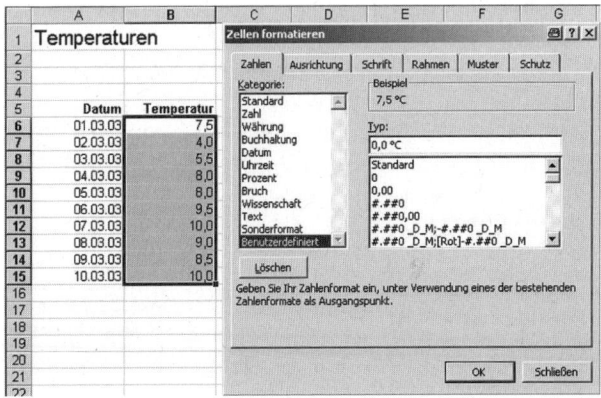

Arbeiten mit einem Tabellenkalkulationsprogramm (6)
Bedingte Formatierung

Deine Tabelle kann zaubern. Du kannst deine Tabelle so einrichten, dass sie ihr Aussehen von selbst verändert.

Bezogen auf einen Text:
In eine Spalte sollen Sportarten eingetragen werden.

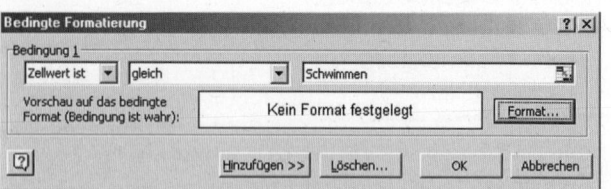

Bedingung soll sein:
Wenn das Wort „Schwimmen" eingegeben wird, soll der Text fett und blau unterlegt sein.
- Markiere die Spalte.
- Gehe ins Menü **Format**.
- Wähle **Bedingte Formatierung...** .
- Die Bedingung ist, dass der **Zellwert gleich** dem Zellinhalt **Schwimmen** sein soll. Wenn das zutrifft, soll eine bestimmte Formatierung erscheinen, die du bei der Schaltfläche **Format...** einstellen kannst.

In unserem Beispiel ist das beim Reiter **Schrift** ein Klick auf „Fett" beim Schriftschnitt; beim Reiter **Muster** kannst du dir eine blaue Farbe aussuchen.

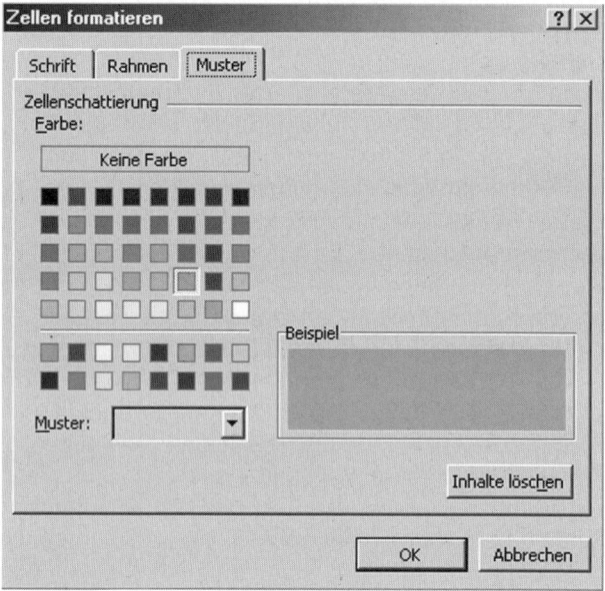

Bezogen auf Zahlen:
In eine Spalte sollen Zahlen eingetragen werden.

Bedingung soll sein:
Wenn Zahlen eingegeben werden, die größer als 2 sind, sollen sie fett und rot erscheinen. Der Hintergrund der Zelle soll gelb sein und der Rahmen blau.
- Markiere die Spalte.
- Wähle im Menü **Format** die **Bedingte Formatierung...** .
- Stelle als Bedingung ein: **Zellwert ist größer als 2**.
- Wähle jetzt die entsprechende Formatierung unter **Format...** und bestätige mit **OK**.

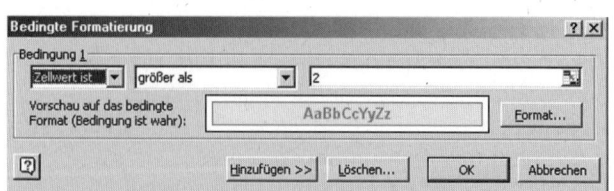

In der Bedingung können auch andere Rechen- und Vergleichsoperatoren auftreten. Teste das letzte Beispiel mit **kleiner als**, **gleich** und **ungleich**.

Arbeiten mit einem Tabellenkalkulationsprogramm (7)
Formeln in Tabellen (1)

Bei den Bundesjugendspielen gibt es immer viel zu rechnen. Punkte müssen zusammengezählt werden, die Besten werden herausgesucht und die Schülerinnen und Schüler mit Sieger- und Ehrenurkunden sind zu bestimmen. Vieles davon kannst du jetzt schon mit dem Tabellenkalkulationsprogramm erledigen.

Als Erstes solltest du Gesamtpunktzahlen für jedes Kind ermitteln; das heißt, du musst einfach alle Punkte für Wurf, Sprung und Lauf für jedes Kind zusammenzählen.

	A	B	C	D
1	**Bundesjugendspiele**			
2				
3				
4	**Name**	**Wurf**	**Sprung**	**Lauf**
5	Matthias	12	5	9
6	Evelyn	13	4	6
7	Monika	7	12	11
8	Marc	8	7	5
9	Jeanette	15	8	6
10	Alexander	14	9	4
11				

Formeln eingeben

In der Spalte E sollen die Gesamtpunktzahlen ermittelt werden. Dazu müssen für Matthias die Werte von B5, C5 und D5 addiert werden. Für diese Berechnung benötigt man eine Formel. Jede Formel beginnt mit einem Gleichheitszeichen.
- Gehe in die Zelle E5 und gib ein Gleichheitszeichen ein.
- Danach klickst du auf die Zelle B5, gibst dann ein Pluszeichen über die Tastatur ein, klickst auf die Zelle C5, gibst wieder ein Pluszeichen ein und schließlich klickst du auf die Zelle D5.
- Jetzt brauchst du nur noch mit der Eingabetaste bestätigen und schon steht das Ergebnis da.

Zu dieser Ergebniszelle gibt es immer zwei Darstellungen: das Ergebnis in der Zelle und die Formel, mit der es errechnet wurde, in der Bearbeitungszeile: =B5+C5+D5

Noch schneller mit dem Summenzeichen

- Klicke auf die Zelle E5,
- dann in der Menüleiste auf das Summenzeichen.

 Das Summenzeichen ist ein griechisches Sigma.

- Das Tabellenkalkulationsprogramm markiert die Zahlen, die zusammengezählt werden müssen.
- Bestätige mit der Eingabetaste und die Summe ist gebildet.

	A	B	C	D	E
	E5		=B5+C5+D5		
1	**Bundesjugendspiele**				
2					
3					
4	**Name**	**Wurf**	**Sprung**	**Lauf**	**Gesamt**
5	Matthias	12	5	9	26
6	Evelyn	13	4	6	

Vorteil einer Formel:
Ändere bei Matthias das Wurfergebnis, indem du die Zahl 12 durch die Zahl 15 ersetzt. Deine Summe stimmt sofort wieder; denn es wurde in der Formel nicht die Zahl 12 addiert, sondern der Inhalt von B5. Das bedeutet, bei einer Formel holt sich das Programm den jeweiligen Inhalt der Zelle und verarbeitet ihn.
Ersetze die Zahl 15 wieder durch 12.

Die Zahlen in den Behältern können ausgetauscht werden, die Formel ändert sich dabei nicht!

Arbeiten mit einem Tabellenkalkulationsprogramm (8)
Formeln in Tabellen (2)

Formel nach unten ausfüllen
Vielleicht würdest du jetzt diese Formel in jeder Zeile neu einfügen – das ist jedoch nicht nötig.

- Klicke auf die Zelle E5, gehe mit der Maus in die rechte untere Ecke. Aus dem Mauszeiger wird ein kleines schwarzes Kreuz.
- Ziehe die Formel nach unten bis ans Ende der Tabelle – schon stehen alle Ergebnisse da.
- Schreibe in die Zelle A12 das Wort Summe. In der Zelle B12 soll die Summe aller Punkte stehen, die in der Disziplin Wurf erzielt wurden. Versuche das einmal mit dem Summenzeichen zu lösen. Gehe dann wieder mit dem Mauszeiger auf das kleine schwarze Quadrat rechts unten und
- ziehe es nach rechts bis ans Ende der Tabelle.

Der Detektiv
Im Tabellenkalkulationsprogramm gibt es unter **Extras** einen **Detektiv**, der dir hilft, dich im Formeldschungel zu orientieren. Wenn du z. B. nicht mehr weißt, wie deine Formel in der Zelle E5 bei den Bundesjugendspielen zu Stande kam, gehe mit der Maus dort hinein und setze den Detektiv ein.

- Klicke auf die **Spur zum Vorgänger** und der Detektiv zeigt dir, woher die Zelle ihre Informationen hat.
- Lösche die Spur, indem du **Extras**, dann **Detektiv** und **Alle Spuren entfernen** wählst.
- Setze den Mauszeiger wieder auf E5.
- Klicke nun bei deinem Detektiv auf **Spur zum Nachfolger**. An diese Zellen werden die Informationen weitergegeben.

Der Detektiv zeigt dir jetzt, welche Zellen zusammen die Summenformel ergeben.

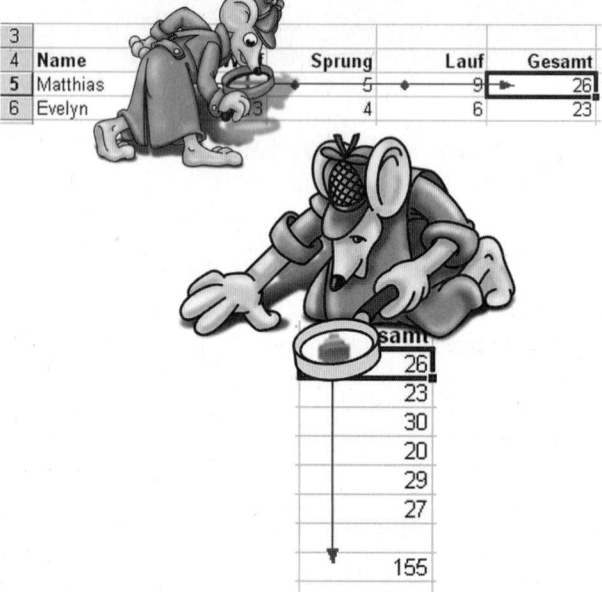

Arbeiten mit einem Tabellenkalkulationsprogramm (9)
Funktionen in Tabellen

Suche nach dem größten bzw. kleinsten Wert sowie dem Mittelwert

Den größten Wert einer Tabelle nennt man das Maximum, abgekürzt MAX, den kleinsten Wert das Minimum, abgekürzt MIN.

- Ergänze deine Tabelle der Bundesjugendspiele in A15 mit dem Text größter Wert und in A16 mit kleinster Wert.
- Klicke nun auf B15 und dann auf das Funktionssymbol. Hinter diesem Symbol findest du die Möglichkeiten MAX bzw. MIN, mit deren Hilfe du den größten bzw. kleinsten Wert bei jeder Disziplin finden kannst.

 Funktionssymbol

- Klicke auf die Kategorie **Alle** und suche MAX. Bestätige mit **OK**.
- Klicke dann auf **Zahl 1** und auf den Auswahlbutton.

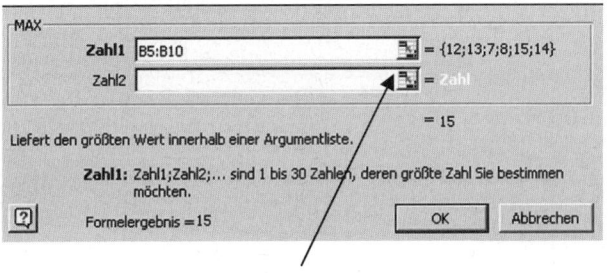

Auswahlbutton

- Markiere die Werte des Wurfs und bestätige mit der Eingabetaste. Du siehst jetzt hinter dem Auswahlbutton alle Zahlenwerte, die in der Rubrik Wurf vorkommen.
- Bestätige jetzt mit **OK**.

In der Zelle B15 steht nun der größte Wert, der beim Wurf vorkommt.

Das gleiche Verfahren kannst du anwenden, wenn du den kleinsten Wert suchst. Klicke auf B16, dann auf das Funktionssymbol, wähle MIN und wiederhole den Vorgang, der oben beschrieben wurde.
In der Zelle B16 steht jetzt der kleinste Wert des Wurfs.
In der Zelle B14 kannst du den Durchschnitt mit der Funktion Mittelwert berechnen.

	A	B	C	D	E
1	Bundesjugendspiele				
2					
3					
4	Name	Wurf	Sprung	Lauf	Gesamt
5	Matthias	12	5	9	26
6	Evelyn	13	4	6	23
7	Monika	7	12	11	30
8	Marc	8	7	5	20
9	Jeanette	15	8	6	29
10	Alexander	14	9	4	27
11					
12	Summe	69	45	41	155
13					
14					
15	größter Wert	15			
16	kleinster Wert	7			
17					

Sortieren in Tabellen

Jetzt ist es wirklich Zeit, einmal eine Bestenliste zu haben, die man auch ausdrucken kann.

- Markiere den Tabellenbereich, den du sortieren willst, in unserem Beispiel von A4 bis E10.
- Gehe ins Menü **Daten** und dann auf **Sortieren...** .
- Klicke unten auf **Liste enthält Überschrift**; denn sonst werden deine Spaltenüberschriften mitsortiert.
- Stelle bei **Sortieren nach** auf **Gesamt**. Damit wird deine Tabelle nach den Werten in der Spalte Gesamt sortiert.
- Stelle die Sortierung auf **Absteigend**; denn dann steht der oder die Beste oben in der Liste.
- Wenn du mit **OK** bestätigst, erhältst du die fertig sortierte Liste.

Du kannst jetzt die Tabelle auch anders sortieren lassen, z. B. alphabetisch nach Namen oder nach den Besten beim Wurf, Sprung oder Lauf – versuche es.

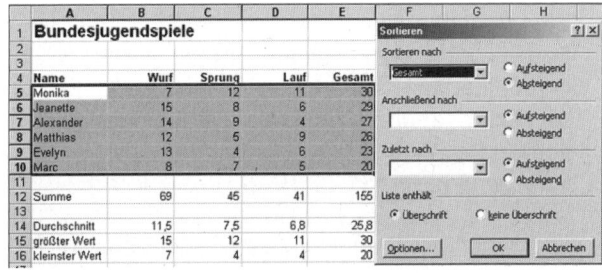

Arbeiten mit einem Tabellenkalkulationsprogramm (10)
Tabellen in Diagramme verwandeln

Aus Zeitschriften oder dem Fernsehen kennst du bereits die Darstellung von Daten in Form von Diagrammen.
Früher hat man Daten auf Millimeterpapier übertragen und so ein Diagramm erhalten.

Mit einem Tabellenkalkulationsprogramm geht das viel einfacher. Du willst die Temperaturtabelle als Diagramm darstellen.

- Markiere in deiner Tabelle beide Spalten, also die Datumsspalte und die Temperaturspalte mit ihren Überschriften.
- Klicke in der Symbolleiste auf den Diagrammassistenten, der dich durch das Programm führt.

 Diagrammassistent

- Wähle als Diagrammtyp **Linie** aus.
- Rechts nebenan siehst du eine Auswahl an Liniendiagrammen. Wähle das angezeigte aus; denn es macht aus den vielen Messpunkten fertige Linien. Klicke dann auf **Weiter**.

- Im nächsten Schritt siehst du bereits eine Voransicht deines Diagramms. Ist sie gut, kannst du auf **Weiter** klicken, sonst auf **Zurück**.

- Im dritten Schritt kannst du das Aussehen deines Diagramms beeinflussen. Unter dem Reiter **Titel** gibt man die Überschrift des Diagramms und die Beschriftungen der Achsen ein.
- Um ein Diagramm besser lesbar zu machen, solltest du bei dem Reiter **Gitternetzlinien** auf beiden Achsen **Hauptgitternetz** anklicken.
- Eine Legende ist eine Zeichenerklärung, die die Farben und Linien in einem Diagramm oder auch in Landkarten erläutert. Da wir keine Legende benötigen, denn es ist ja nur eine Datenreihe vorhanden, kannst du bei **Legende anzeigen** das Häkchen löschen.

- Klicke nun auf **Weiter** und füge dein Diagramm als **Neues Blatt** mit dem Titel „Temperaturdiagramm" ein.

Tipp:
Wähle blasse Farben für den Hintergrund, starke Farben für Linien und Texte.

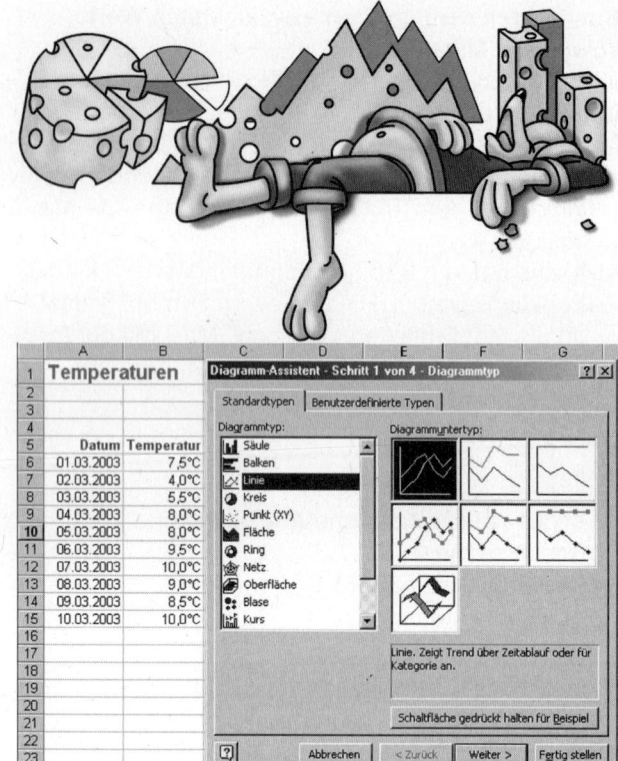

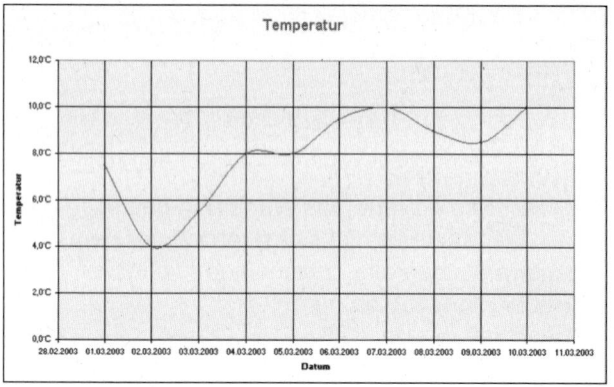

Diagramme formatieren
Du kannst die Linie, die Achsen, den Hintergrund, den Text oder ein anderes Objekt verändern. Markiere das, was du verändern willst. Gehe dann ins Menü **Format** und das Programm wählt den zugehörigen Menüpunkt richtig aus.

Leitidee Zahl

Höhlenforscher

1 Ein Höhlenforscher hat eine neue Höhle entdeckt. Ein Vermessungsteam bestimmt an verschiedenen Stellen in der Höhle die horizontale Entfernung vom Eingang, den Höhenunterschied zum Eingang und die Raumhöhe. Erstelle aus den Daten ein schematisches Schnittbild der Höhle.

Entfernung (in m)	0	15	35	40	45	60	70	85	90	100	115	125	145	160	170
Höhe (in m)	0	−2	−1	+1	+4,5	+4	+3	+4	+3	+1,5	0	−1	−3,5	−3	−2
Raumhöhe (in m)	1,5	2	4	2,5	1	1,5	2	1	2	2,5	2	1	6	4,5	2

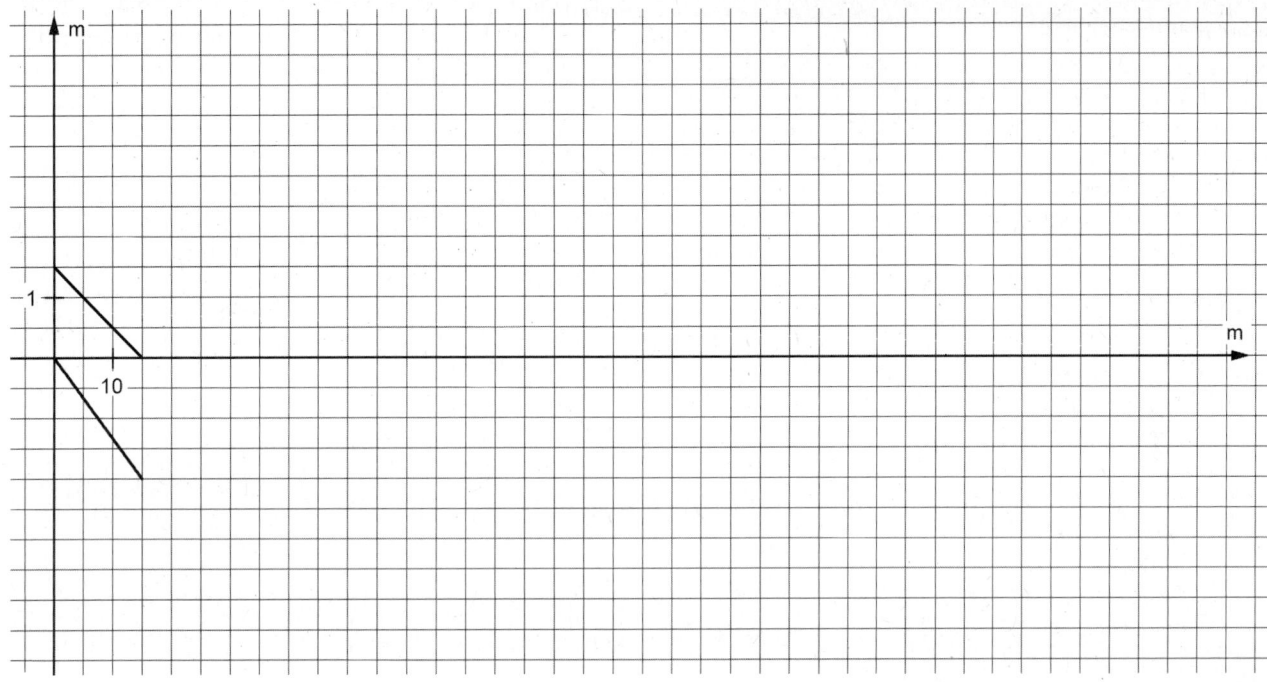

2 In einer anderen Höhle sind zwei Höhlenforscher durch ein Erdbeben verschüttet worden. Der Erdstoß ereignete sich drei Stunden nach dem Einstieg der beiden. Zum Glück besitzt du ein Protokoll von einer älteren Exkursion. Wo müssten sich die beiden befinden, wenn sie gleich gut vorangekommen sind?

Protokoll: Einstieg / in 20 min: 5 m tiefer / 15 min: 3 m höher / 45 min: 9 m tiefer (Seil) / 10 min: 3 m höher / 25 min: 5 m höher / 20 min: 6 m tiefer / 40 min: 8 m höher (Seil) / 15 min Pause / 20 min: 4 m tiefer / ...

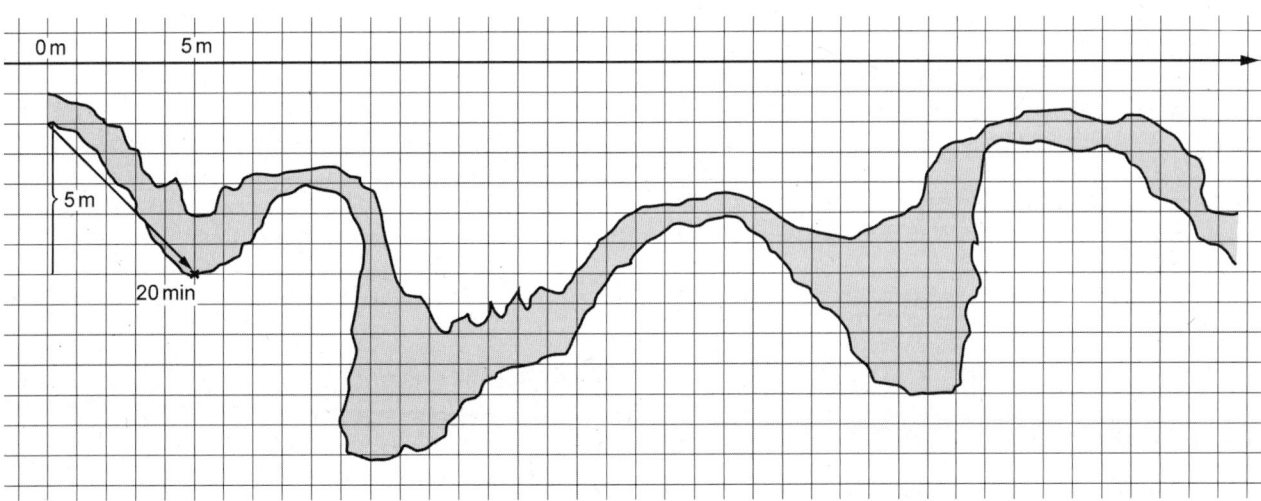

Leitidee Zahl

Auch den Bildschirm gibts kariert

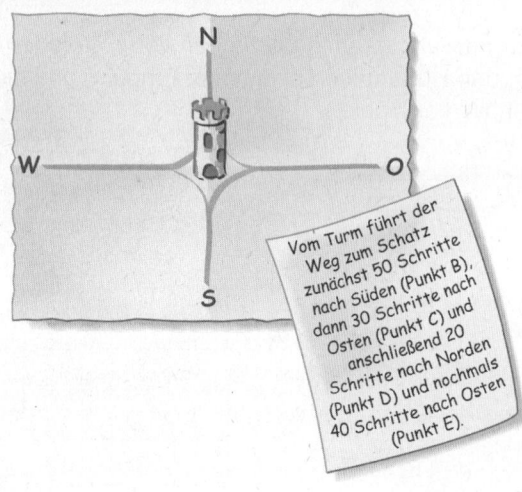

Vom Turm führt der Weg zum Schatz zunächst 50 Schritte nach Süden (Punkt B), dann 30 Schritte nach Osten (Punkt C) und anschließend 20 Schritte nach Norden (Punkt D) und nochmals 40 Schritte nach Osten (Punkt E).

1 a) Lege den Turm A in den Ursprung des Koordinatensystems. Markiere die weiteren Punkte in einem Koordinatensystem und zeichne den Weg der Schatzsucher. Wähle für 10 Schritte 1 Längeneinheit.

b) Gib die Koordinaten der Punkte an.

A (__ | __); B(__ | __); C(__ | __); D(__ | __);

E (__ | __)

c) Wie viele Schritte ist der Schatz vom Turm entfernt, wenn man den kürzesten Weg wählt?

_____

2 a) Trage folgende Punkte in ein Koordinatensystem ein und verbinde sie.

A $(1|-4)$ B $(3|-3)$ C $(3|0)$ D $(4|-1)$ E $(4|2)$
F $(3|1)$ G $(3|3)$ H $(0|5)$ I $(-3|3)$ J $(-3|1)$
K $(-4|2)$ L $(-4|-1)$ M $(-3|0)$ N $(-3|-3)$ O $(-1|-4)$

b) Gib der Figur ein Gesicht.

c) Erstelle einen Screenshot von deiner Seite, bearbeite ihn, drucke ihn aus und klebe deine Figur in dein Heft.

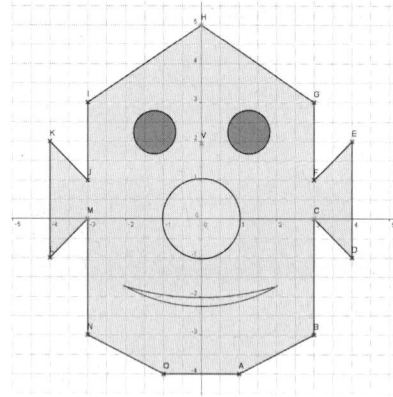

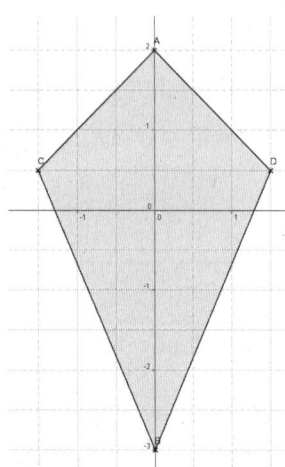

3 Zeichne folgende Punkte in ein Koordinatensystem: A $(0|2)$; B $(0|-3)$ und C $(-1{,}5|0{,}5)$.

a) Spiegle den Punkt C an der y-Achse und verbinde die vier Punkte zu einem Drachen. Welche Koordinaten hat der Punkt D? D (__ | __)

b) Verändere die Lage von C im Zugmodus. Vergleiche die Koordinaten von C und D. Was beobachtest du?

_____

c) Wo liegen alle Punkte C und D, wenn das Viereck ACBD eine Raute ist?

_____

d) Wo liegen alle Punkte C und D, wenn aus dem Viereck ein Dreieck entsteht?

_____

e) Bestimme die Koordinaten von C und D, wenn das Viereck ACBD ein Quadrat ist.

_____

Leitidee Zahl

Gewinne und Verluste – Addition rationaler Zahlen – Partnerarbeitsblatt 1

1 „Übersetze" den Vorgang in eine Rechenaufgabe und berechne.

a) Uwe hat 4 Gewinnmarken und erhält 13 Verlustmarken. _____

b) Max hat 5 Verlustmarken und erhält 7 Verlustmarken. _____

2 Schreibe zu der Rechenaufgabe einen entsprechenden Text.

a) Gewinnmarken / Verlustmarken: $(-6)+(-9)=(-15)$ _____

b) Gewinnmarken / Verlustmarken: $(+6)+(-14)=(-8)$ _____

3 Fülle die Lücke aus.

a) $(-5)+(+7)=\boxed{}$

b) $(-4)+\boxed{}=(-9)$

c) $(-4,6)+(-3,3)=\boxed{}$

d) $\boxed{}+(-0,8)=(-4)$

e) $-\left(\frac{2}{5}\right)+\left(+\frac{1}{10}\right)=\boxed{}$

f) $\boxed{}+\left(-\frac{2}{3}\right)=\left(-\frac{8}{9}\right)$

Gewinne und Verluste – Addition rationaler Zahlen – Partnerarbeitsblatt 2

1 Schreibe zu der Rechenaufgabe einen entsprechenden Text.

a) Gewinnmarken / Verlustmarken: $(+4)+(-13)=(-9)$ _____

b) Gewinnmarken / Verlustmarken: $(-5)+(-7)=(-12)$ _____

2 „Übersetze" den Vorgang in eine Rechenaufgabe und berechne.

a) Uwe hat 6 Verlustmarken und erhält 9 Verlustmarken. _____

b) Max hat 6 Gewinnmarken und erhält 14 Verlustmarken. _____

3 Fülle die Lücke aus.

a) $(-5)+\boxed{}=(+2)$

b) $(-4)+(-5)=\boxed{}$

c) $\boxed{}+(-3,3)=(-7,9)$

d) $(-3,2)+(-0,8)=\boxed{}$

e) $\left(-\frac{2}{5}\right)+\boxed{}=\left(-\frac{3}{10}\right)$

f) $\left(-\frac{2}{9}\right)+\left(-\frac{2}{3}\right)=\boxed{}$

Leitidee Zahl

Gewinne und Verluste – Subtraktion rationaler Zahlen – Partnerarbeitsblatt 1

1 Übersetze den Vorgang in eine Rechenaufgabe und berechne.

a) Uwe hat 4 Gewinnmarken und darf 13 Verlustmarken abgeben. _____

b) Max hat 5 Verlustmarken und muss 7 Gewinnmarken abgeben. _____

2 Schreibe zur Rechenaufgabe einen entsprechenden Text.

a) Gewinnmarken / Verlustmarken: $(+6)-(+9)=(-3)$ Uwe hat _____

b) Gewinnmarken / Verlustmarken: $(-6)-(-14)=(+8)$ Max hat _____

3 Fülle die Lücke aus.

a) $(-5)-(-7) = \boxed{}$

b) $(-4)-\boxed{} = (-9)$

c) $(-4{,}6)+(-3{,}3) = \boxed{}$

d) $(-4{,}6)-(-3{,}3) = \boxed{}$

e) $-\left(\frac{2}{5}\right)+\left(+\frac{1}{10}\right) = \boxed{}$

f) $-\left(\frac{2}{5}\right)-\left(+\frac{1}{10}\right) = \boxed{}$

Gewinne und Verluste – Subtraktion rationaler Zahlen – Partnerarbeitsblatt 2

1 Schreibe zu der Rechenaufgabe einen entsprechenden Text.

a) Gewinnmarken / Verlustmarken: $(+4)-(-13)=(+17)$ Uwe hat _____

b) Gewinnmarken / Verlustmarken: $(-5)-(+7)=(-12)$ Max hat _____

2 „Übersetze" den Vorgang in eine Rechenaufgabe und berechne.

a) Uwe hat 6 Gewinnmarken und muss 9 Gewinnmarken abgeben. _____

b) Max hat 6 Verlustmarken und darf 14 Verlustmarken abgeben. _____

3 Fülle die Lücke aus.

a) $(-5)-\boxed{} = (+2)$

b) $(-4)-(+5) = \boxed{}$

c) $\left(\boxed{}\right)+(-3{,}3) = (-7{,}9)$

d) $\left(\boxed{}\right)-(-3{,}3) = (-1{,}3)$

e) $\left(-\frac{2}{5}\right)+\boxed{} = \left(-\frac{3}{10}\right)$

f) $\left(-\frac{2}{5}\right)+\boxed{} = \left(-\frac{5}{10}\right)$

† Partnerarbeit

Leitidee Zahl

Tandembogen 🚲 Gewinne und Verluste – Subtraktion

Aufgaben für Partner B

1 Übersetze den Text in eine Rechnung.
a) Max hat 3 Verlustmarken und darf 2 Verlustmarken abgeben.
b) Leon hat 5 Verlustmarken und muss 4 Gewinnmarken abgeben.
c) Ina hat 3 Gewinnmarken und muss 5 Gewinnmarken abgeben.

2 Beschreibe den passenden Vorgang.
a) (−3) − (−4)
b) (+3) − (+5)

3 Berechne den Spielstand.
a) (−8) − (+5)   b) (+4) − (−9)
c) (+7) − (−9)   d) (−7) − (−2)

4 Jetzt wird es schwieriger. Berechne.
a) (−3,4) − (−3,2)   b) (−3,4) + (+2,2)
c) (+1,8) + (−6,8)   d) (+1,8) − (+6,8)

Lösungen für Partner A

1 a) (−8) − (−5) = −3
b) (−7) − (+3) + (−3) = −10
c) (+5) − (−5) = (+5) + (+5) = +10

2 a) Er hat 3 Gewinnmarken und muss 4 Gewinnmarken abgeben.
b) Er hat 5 Verlustmarken und darf 5 Verlustmarken abgeben. Er hat jetzt nichts mehr.

3 a) −3
b) +5
c) −2
d) +9

4 a) −1,2
b) −5,6
c) −8,6
d) −8,6

Hier knicken

Tandembogen 🚲 Gewinne und Verluste – Subtraktion

Aufgaben für Partner A

1 Übersetze den Text in eine Rechnung.
a) Max hat 8 Verlustmarken und darf 5 Verlustmarken abgeben.
b) Leon hat 7 Verlustmarken und muss 3 Gewinnmarken abgeben.
c) Ina hat 5 Gewinnmarken und darf 5 Verlustmarken abgeben.

2 Beschreibe den passenden Vorgang.
a) (+3) − (+4)
b) (−5) − (−5)

3 Berechne den Spielstand.
a) (−8) − (−5)   b) (−4) − (−9)
c) (+7) − (+9)   d) (+7) − (−2)

4 Jetzt wird es schwieriger. Berechne.
a) (−3,4) − (−2,2)   b) (−3,4) + (−2,2)
c) (−1,8) + (−6,8)   d) (−1,8) − (+6,8)

Lösungen für Partner B

1 a) (−3) − (−2) = −1
b) (−5) − (+4) = (−5) + (−4) = −9
c) (+3) − (+5) = −2

2 a) Er hat 3 Verlustmarken und darf 4 Verlustmarken abgeben. Jetzt hat er 1 Gewinnmarke.
b) Er hat 3 Gewinnmarken und muss 5 Gewinnmarken abgeben. Er hat jetzt 2 Verlustmarken.

3 a) −13
b) +13
c) +16
d) −5

4 a) −0,2
b) −1,2
c) −5
d) −5

Leitidee Zahl

Gewinne und Verluste – Subtraktionsübungen

1 Übersetze den Vorgang in eine Rechnung und löse diese.
(tatsächlicher Vorgang blau, notwendiger Vorgang rot)

a) Uwe hat 7 Gewinnmarken und darf 3 Verlustmarken abgeben.

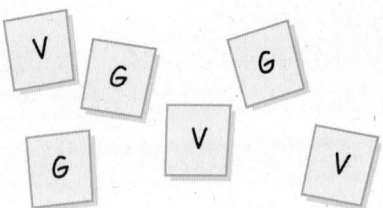

b) Max hat 4 Verlustmarken und muss 6 Gewinnmarken abgeben.

c) Mia hat 9 Verlustmarken und darf 8 Verlustmarken abgeben.

Beispiel

Marc hat 4 Gewinnmarken und muss 5 Gewinnmarken abgeben.
$(+4) - (+5) = (+4) + (-5) = (-1)$

2 Schreibe zu den Aufgaben einen passenden Text und berechne dann.

Denkt bei allen Aufgaben an das Spiel.

a) $(-8) - (+12) =$

b) $(+12) - (-12) =$

3 Berechne im Kopf.

a) $(-14) - (-12) =$
$(-14) + (+14) =$
$(-14) - (+8) =$
$(-2,3) - (-2,5) =$
$(+4,9) - (+6,2) =$

b) $(+13) - (+15) =$
$(-14) + (-12) =$
$(+12) + (-15) =$
$(+6,7) - (+12) =$
$(-4,9) - (+6,2) =$

c) $(+13) - (-15) =$
$(-14) - (-14) =$
$(+12) - (+15) =$
$(-2,3) + (+2,5) =$
$(-5,6) + (-3,2) =$

4 Welche Aufgaben haben dieselbe Lösung? Verbinde ohne zu rechnen. Begründe ein Beispiel ausführlich mithilfe des Spiels „Gewinne und Verluste".

$(-32,34) - (-69,19)$ ♦   ♦ $(+32,34) - (+69,19)$

$(-32,34) - (+69,19)$ ♦   ♦ $(-32,34) + (+69,19)$

$(+69,19) - (+32,34)$ ♦   ♦ $(-32,34) + (-69,19)$

† Einzelarbeit

Leitidee Zahl

Additions- und Subtraktionsdomino

Material: Schere

Spielbeschreibung: Schneide die Dominosteine entlang der dickeren Linien aus. Lege die Teile dann so aneinander, dass passende Teile aneinander stoßen. Ihr könnt das Spiel zu zweit spielen.

	Uwe hat 3 Verlustmarken. Er bekommt 5 Gewinnmarken hinzu.	$(-3)+(+5)=+2$	Klaus hat 3 Verlustmarken. Er darf 5 Verlustmarken abgeben.
$(-3)-(-5)=+2$	Gerd hat 3 Verlustmarken. Er bekommt noch 5 Verlustmarken.	$(-3)+(-5)=-8$	$(-6)+(-5)$
Hans hat 6 Verlustmarken. Er bekommt noch 5 dazu. Jetzt hat er 11 Verlustmarken.	Gerda hat 6 Gewinnmarken. Sie muss 5 Verlustmarken nehmen. Wie ist ihr Stand?	+1	Sina hat 6 Gewinnmarken. Sie muss 7 Verlustmarken nehmen. Spielstand?
−1	$(+2)-(-5)$	Weglassen von Verlustmarken = Hinzufügen von Gewinnmarken: $(+2)-(-5)=$ $(+2)+(+5)=(+7)$	$(+3)-(-6)$
+9	$(-4)+(+1)$	−3	$(+2)+(-7)$
−5	$(-2{,}3)+(-1{,}6)$	−3,9	$(-3{,}4)-(-4)$
+0,6	$(+2{,}4)-(+3)$	−0,6	

† Einzel-/Partnerarbeit

Leitidee Zahl

Minusklammern

1 Berechne die Zahlenterme. Stelle in Teilaufgabe b) selbst zwei entsprechende Zahlenterme auf.

a) 230 − 40 − 80   230 − (40 + 80)   b) _____

c) Was stellst du fest? Kannst du eine Begründung finden?

2 Klaus geht mit 50 € einkaufen. Er gibt im ersten Laden 10 €, im zweiten 5 € und im dritten 25 € aus. Wie viel Geld hat er noch? Stelle zwei Zahlenterme zur Berechnung auf.

3 Beschreibe zum angegebenen Term eine passende Sachsituation. Gib einen zweiten gleichwertigen Term an. Berechne beide Terme.

12 − (4 + 9)

4 Das in Aufgabe 3 gefundene Gesetz wird auch bei der schriftlichen Subtraktion verwendet.
Schreibe 1237 − 103 − 78 − 578 mit einer Klammer.

Berechne schriftlich. Suche nach Zusammenhängen.

5 a) Was gilt, wenn in der Klammer subtrahiert wird? Untersuche.

36 − (12 − 8)   36 − _____   12 − (−3 − 5)

b) Was gilt, wenn in der Klammer − drei Zahlen subtrahiert werden?
 − addiert und subtrahiert wird?
Untersuche an selbst gewählten Beispielen auf der Rückseite.

† Einzelarbeit

Leitidee Zahl

Aufgaben zum Zeigen und Begründen

1 Positiv oder negativ? Begründe ohne zu rechnen.

a) $234 - (-8{,}4) + 743{,}6 - (-42{,}98) - (-7{,}4)$

b) $(-0{,}4)^4$

c) $-0{,}4^4$

d) $-234{,}7 - (-400{,}8)$

2 Berechne den Termwert im Kopf. Zeige, wie dir geschicktes Vertauschen hilft.

a) $-123{,}3 + 12{,}8 - (-124{,}3) - 6{,}8 - 12{,}8 + (+6{,}8)$

b) $(-0{,}5) \cdot (-3) \cdot (-2) \cdot 25 \cdot \frac{1}{3} \cdot (-0{,}04)$

3

Behauptung	richtig oder falsch	gib ein Beispiel bzw. ein Gegenbeispiel an
Wenn zwei negative Zahlen subtrahiert werden, ist das Ergebnis immer negativ.		
Werden eine positive und eine negative Zahl addiert, so hat das Ergebnis das Vorzeichen der Zahl, die weiter entfernt von Null liegt.		
Ein Produkt aus drei Zahlen, bei dem mindestens eine Zahl negativ ist, ist immer negativ.		
Eine Summe kann nie einen negativen Summenwert haben.		

4 Zeige die Gleichheit der beiden Terme.

$-14{,}2 + 3{,}2 - 4$ und $-4 - 14{,}2 + 3{,}2$

5 Widerlege die folgende Aussage:

$-\frac{1}{4}$ liegt genau in der Mitte zwischen $-\frac{1}{3}$ und $-\frac{1}{5}$.

† Einzelarbeit

Leitidee Zahl

Anteile in Prozent

1 Berechne den Prozentsatz durch geschicktes Kürzen oder Erweitern.

a)	99 von 300 = $\frac{99}{300} = \frac{33}{100} = 0{,}33 = 33\%$
b)	62 von 200 =
c)	225 von 500 =
d)	22 von 50 =
e)	9 von 25 =
f)	15 von 20 =
g)	7 von 12,5 =
h)	13 von 52 =
i)	17 von 85 =
j)	4 von 40 =
k)	2,6 von 5 =
l)	49 von 700 =
m)	36 von 400 =
n)	21 von 150 =

2 Ergänze.

Prozent	Bruch	Dezimalbruch
48%	$\frac{48}{100}$	0,48
	$\frac{13}{25}$	
33%		
		0,80
12,5%		
	$\frac{44}{50}$	
		0,77
	$\frac{9}{20}$	
		0,04

3 Die für uns so wichtigen Ballaststoffe sind in vielen Lebensmitteln enthalten. Folgendes Diagramm veranschaulicht die Anteile der verschiedenen Lebensmittel an der Ballaststoffaufnahme.

Vergleiche die Anteile.

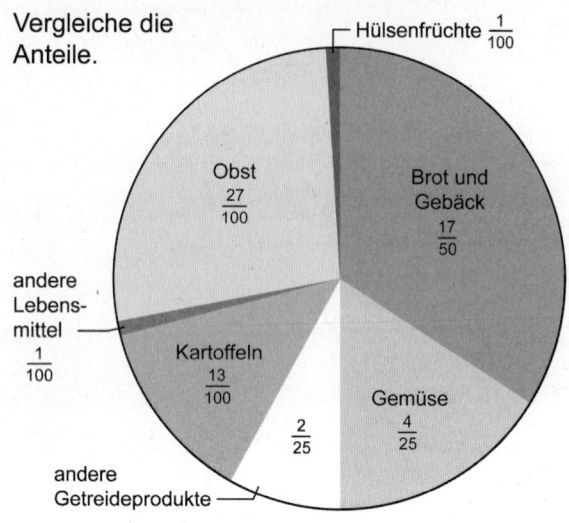

4 Gib den Anteil in Prozent an. Schreibe deine Rechnung wie in Aufgabe 1.

a) 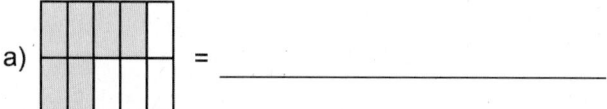 = _____

b) 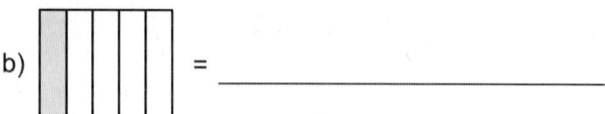 = _____

c) 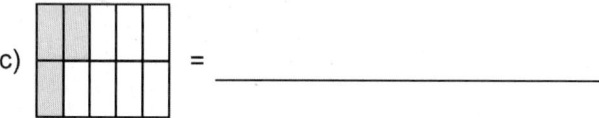 = _____

d) = _____

e) = _____

f) = _____

† Einzelarbeit

Leitidee Zahl

Tandembogen 🚲 Prozentsatz

Aufgaben für Partner B

1 3 von 10 = ☐%

2 13 von 20 = ☐%

3 17 von 50 = ☐%

4 55 von 500 = ☐%

5 11 von 200 = ☐%

Nenne mehrere Möglichkeiten:

6 ☐ von ☐ = 25%

7 ☐ von ☐ = 80%

8 Bestimme die dargestellten Anteile bzw. Prozentsätze:

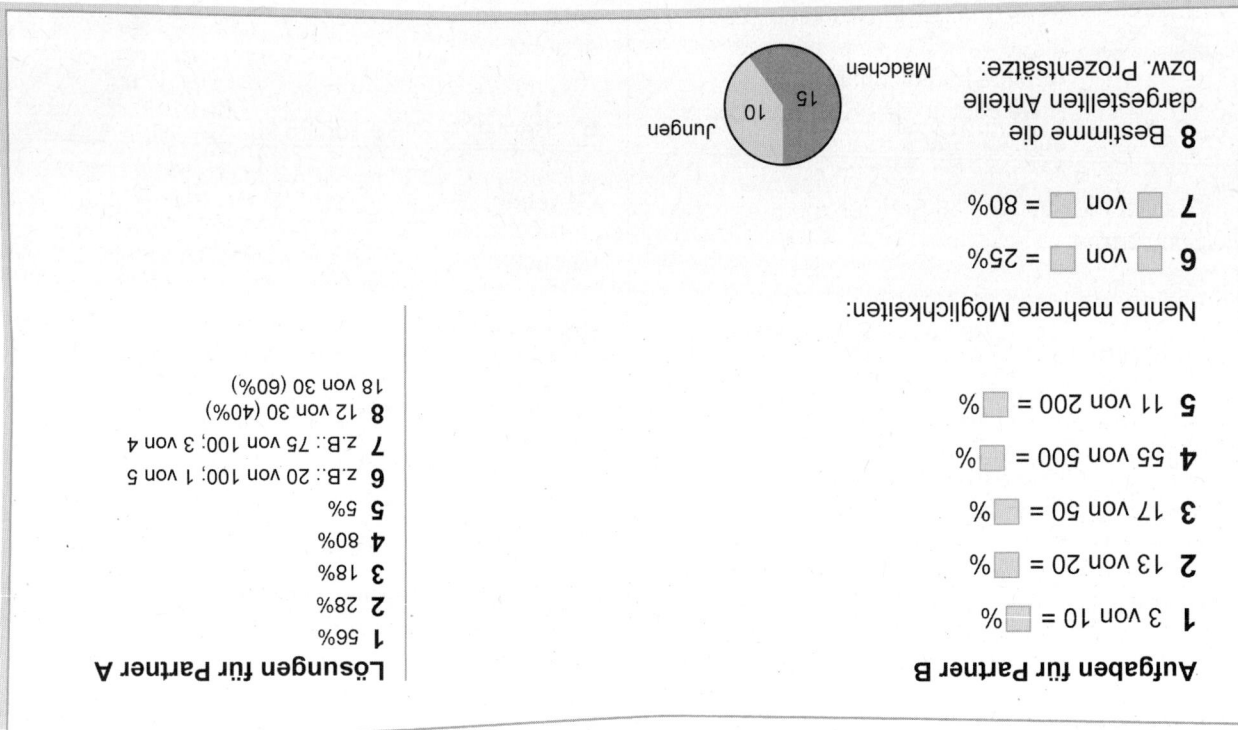

Lösungen für Partner A
1 56%
2 28%
3 18%
4 80%
5 5%
6 z.B.: 20 von 100; 1 von 5
7 z.B.: 75 von 100; 3 von 4
8 12 von 30 (40%)
   18 von 30 (60%)

Hier knicken

Tandembogen 🚲 Prozentsatz

Aufgaben für Partner A

1 56 von 100 = ☐%

2 7 von 25 = ☐%

3 9 von 50 = ☐%

4 4 von 5 = ☐%

5 45 von 900 = ☐%

Nenne mehrere Möglichkeiten:

6 ☐ von ☐ = 20%

7 ☐ von ☐ = 75%

8 Bestimme die dargestellten Anteile bzw. Prozentsätze:

Lösungen für Partner B
1 30%
2 65%
3 34%
4 11%
5 5,5%
6 z.B.: 25 von 100; 1 von 4
7 z.B.: 80 von 100; 4 von 5
8 15 von 25 (60%)
   10 von 25 (40%)

Leitidee Zahl

Prozente mit dem Taschenrechner

 Berechne den Prozentsatz p%.

Rechne handschriftlich. Halte dich an das Rechenschema aus Aufgabe 1.

1 Wie viel Prozent sind 56 Schüler von 800 Schülern?

G = 800 Schüler
P = 56 Schüler

$p\% = \dfrac{56}{800} = \dfrac{}{100} = $ _____ %

2 Wie viel Prozent sind 90 Liter von 300 Liter?

G = _____

P = _____

p% = _____ = _____ = _____ %

3 Wie viel Prozent sind 66 € von 300 €?

G = _____

P = _____

p% = _____ = _____ = _____ %

4 Wie viel Prozent sind 90m von 600m?

G = _____

P = _____

p% = _____ = _____ = _____ %

5 Wie viel Prozent sind 34€ von 200€?

G = _____

P = _____

p% = _____ = _____ = _____ %

Jetzt ist der Taschenrechner erlaubt!

6 Berechne 24 kg von 25 kg.

Gegeben: G = _____ ; P = _____

Gesucht: _____

Rechnung: = _____ = _____ %

7 Berechne 40 ha von 250 ha.

Gegeben: G = _____ ; P = _____

Gesucht: _____

Rechnung: = _____ = _____ %

8 Berechne 63 € von 75 €.

Gegeben: G = _____ ; P = _____

Gesucht: _____

Rechnung: = _____ = _____ %

9

Span. Tomaten
Klasse I
1500g-Schale
(1 kg = 1,32 €)

~~2,97 €~~
1.98 €

Antwort: Der Preis ist um ___ Prozent gesunken.

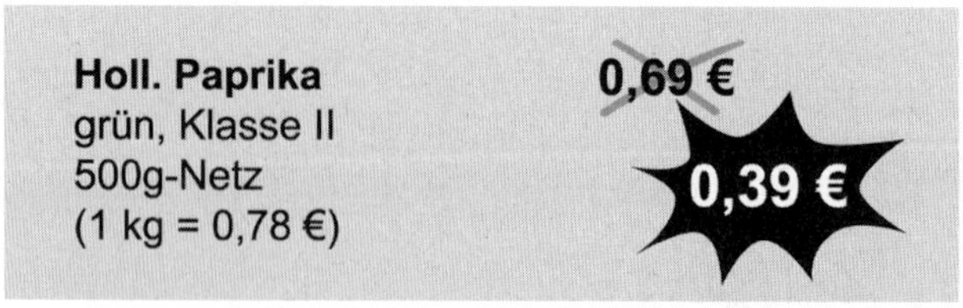

Holl. Paprika
grün, Klasse II
500g-Netz
(1 kg = 0,78 €)

~~0,69 €~~
0,39 €

Antwort: Der Preis ist um ___ Prozent gesunken.

† Einzelarbeit

Leitidee Zahl

Tandembogen 🚲 Prozentwert

Aufgaben für Partner B

Im Schlussverkauf purzeln die Preise.
Wie viel kosten die Artikel jetzt?

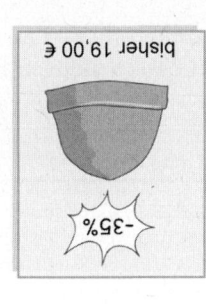
bisher 19,00 €
−35%

bisher 54,95 €
−20%

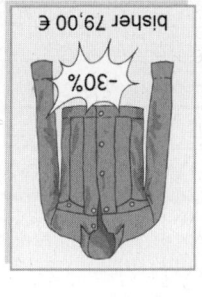
bisher 79,00 €
−30%

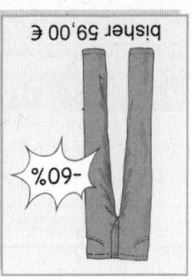
bisher 59,00 €
−60%

Lösungen für Partner A

Pullover 29,50 €

Schuhe 35,96 €

T-Shirt 14,70 €

Schal 13,75 €

Hier knicken

Tandembogen 🚲 Prozentwert

Aufgaben für Partner A

Im Schlussverkauf purzeln die Preise.
Wie viel kosten die Artikel jetzt?

bisher 59,00 €
−50%

bisher 89,90 €
−60%

bisher 25,00 €
−45%

bisher 24,50 €
−40%

Lösungen für Partner B

Hose 23,60 €

Jacke 55,30 €

Schuhe 43,96 €

Mütze 12,35 €

Leitidee Zahl

Prozentwert-Grundwert-Domino

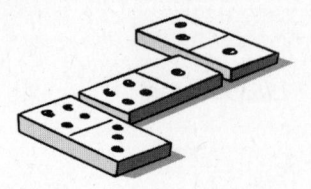

Material: Schere, Papier, Schreibsachen, Taschenrechner

Spielbeschreibung: Schneide die Dominosteine entlang der dickeren Linie aus. Lege die Teile dann so aneinander, dass immer die Rechenaufgabe an die passende Lösung stößt. So ergibt sich eine Dominoschlange.

	42% von 200	360	30% sind 120
500	15% sind 105	300	75% von 600
400	26% von 900	84	21% sind 105
175	44% sind 132	700	30% von 250
75	21% von 4000	450	4% sind 7
840	80% von 450	234	

Leitidee Zahl

Tandembogen 🚲 Grundwert

Aufgaben für Partner B

Zum Schuljahresbeginn wurden sämtliche Schulartikel reduziert.
Wie viel haben die Artikel ursprünglich gekostet?

Tipp
Überlege zuerst, welche Größen gegeben sind und benenne sie.
Welche Größe ist gesucht? Notiere die Formel und berechne.

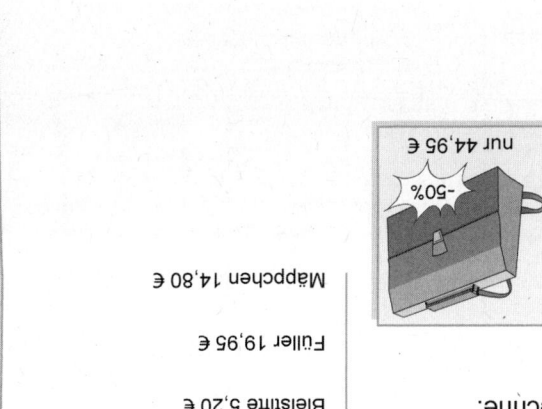

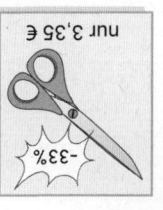

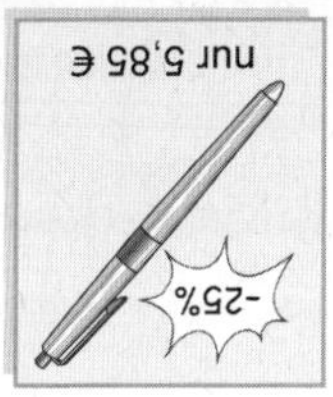

Lösungen für Partner A

Zirkel 6,80 €

Hefter 9,20 €

Bleistifte 5,20 €

Füller 19,95 €

Mäppchen 14,80 €

Tandembogen 🚲 Grundwert

Aufgaben für Partner A

Zum Schuljahresbeginn wurden sämtliche Schulartikel reduziert.
Wie viel haben die Artikel ursprünglich gekostet?

Tipp
Überlege zuerst, welche Größen gegeben sind und benenne sie.
Welche Größe ist gesucht? Notiere die Formel und berechne.

Lösungen für Partner B

Locher 8,60 €

Schere 5,00 €

Kugelschreiber 7,80 €

Schreibset 29,90 €

Tasche 89,90 €

Leitidee Zahl

Mathematik aus der Zeitung

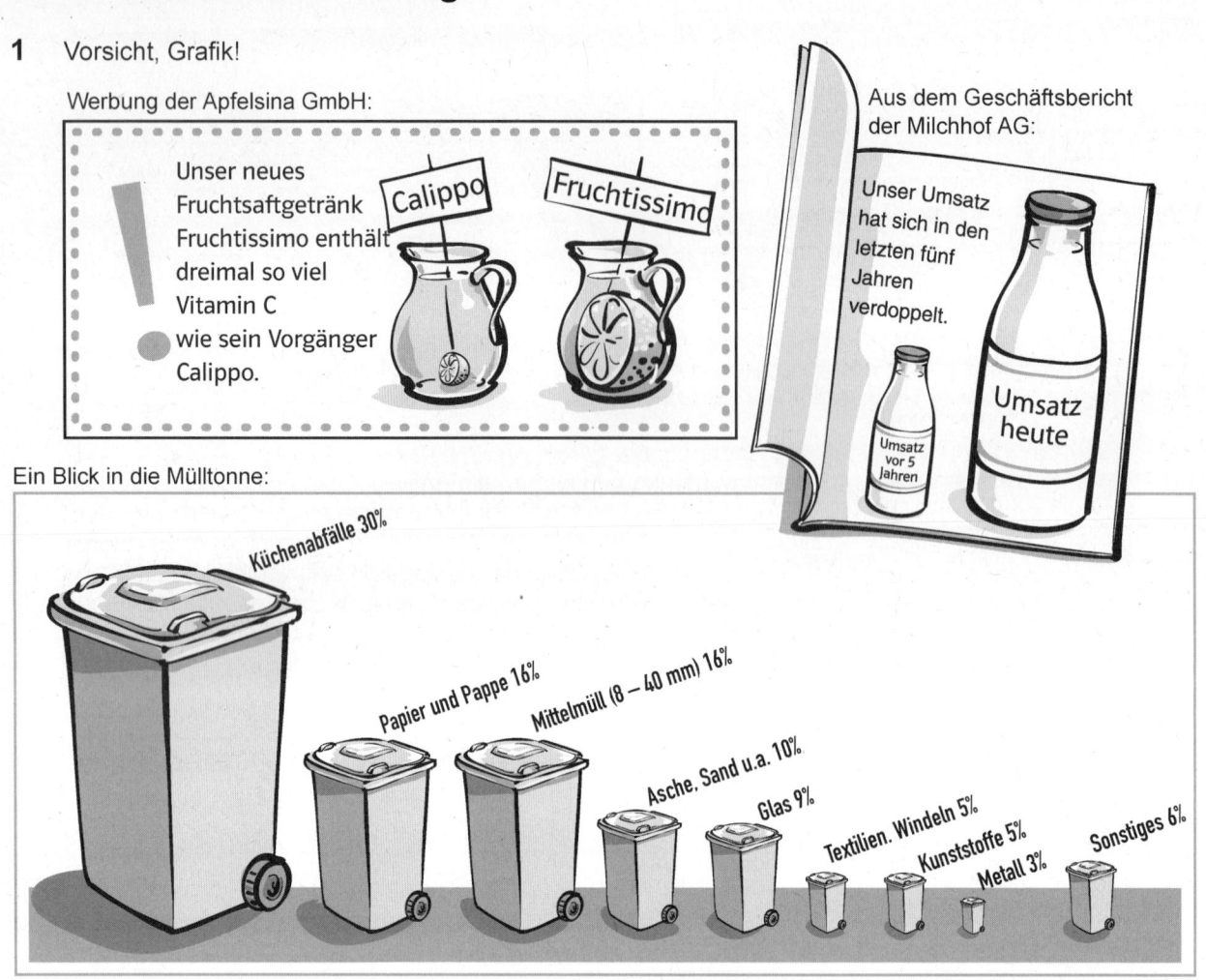

1 Vorsicht, Grafik!

Werbung der Apfelsina GmbH:

Unser neues Fruchtsaftgetränk Fruchtissimo enthält dreimal so viel Vitamin C wie sein Vorgänger Calippo.

Aus dem Geschäftsbericht der Milchhof AG:

Unser Umsatz hat sich in den letzten fünf Jahren verdoppelt.

Ein Blick in die Mülltonne:

Küchenabfälle 30%
Papier und Pappe 16%
Mittelmüll (8 – 40 mm) 16%
Asche, Sand u.a. 10%
Glas 9%
Textilien, Windeln 5%
Kunststoffe 5%
Metall 3%
Sonstiges 6%

2 Auch die Zeitung kann sich irren!

Rundum falsch!

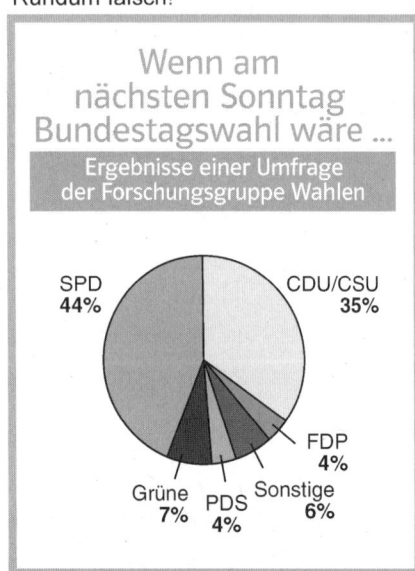

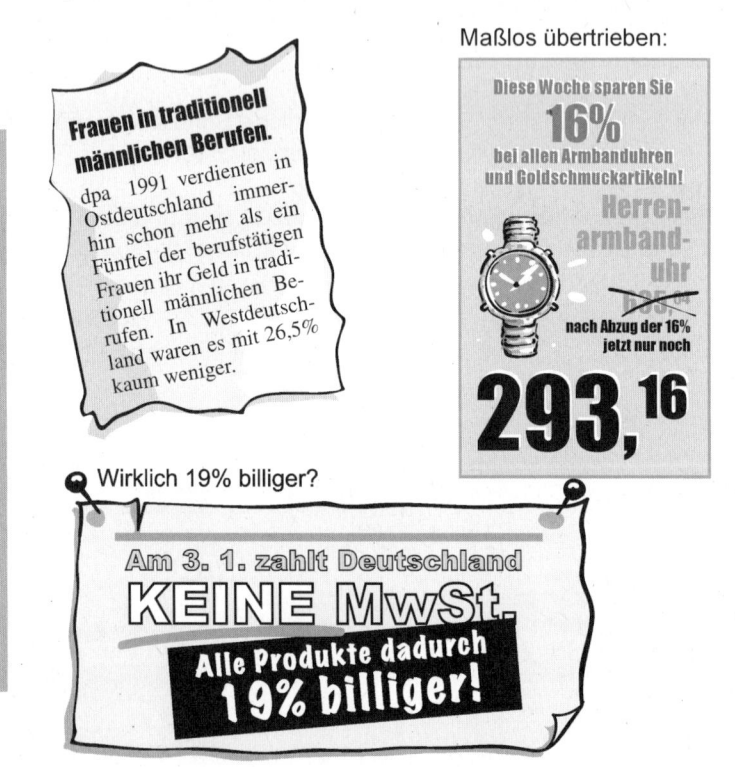

Wenn am nächsten Sonntag Bundestagswahl wäre ...
Ergebnisse einer Umfrage der Forschungsgruppe Wahlen

SPD 44%
CDU/CSU 35%
FDP 4%
Sonstige 6%
PDS 4%
Grüne 7%

Frauen in traditionell männlichen Berufen.

dpa 1991 verdienten in Ostdeutschland immerhin schon mehr als ein Fünftel der berufstätigen Frauen ihr Geld in traditionell männlichen Berufen. In Westdeutschland waren es mit 26,5% kaum weniger.

Maßlos übertrieben:

Diese Woche sparen Sie **16%** bei allen Armbanduhren und Goldschmuckartikeln! Herrenarmbanduhr nach Abzug der 16% jetzt nur noch **293,16**

Wirklich 19% billiger?

Am 3. 1. zahlt Deutschland **KEINE MwSt.** Alle Produkte dadurch **19% billiger!**

Leitidee Zahl

Prozentkreise in MS-Excel®

1 Mit MS-Excel® kannst du schnell und bequem Prozentkreise darstellen.

Dies ist die Aufstellung eines Berufsberaters für die ersten fünf Berufswünsche der weiblichen Bewerber in absoluten Zahlen.

a) Trage die Daten in dein Rechenblatt ein.

	A	B
1	Berufswunsch	Nennungen
2	Arzthelferin	208
3	Kauffrau im Einzelhandel	202
4	Bürokauffrau	189
5	Friseurin	148
6	Mediengestalterin	104

b) Zeichne nach den Angaben einen Prozentkreis.

Prozentkreise zeichnen

\# Markiere den Zellbereich (A1:B6)

\# Rufe den Diagramm-Assistenten auf.

\# Wähle das **Kreisdiagramm**.

\# Wähle den Karteireiter **Reihe**.

\# Wähle **Datenbeschriftungen** und **Beschriftung und %** anzeigen.

\# Entferne die Legende.

\# Mit **Weiter >** und **Fertig stellen** erhältst du den Prozentkreis.

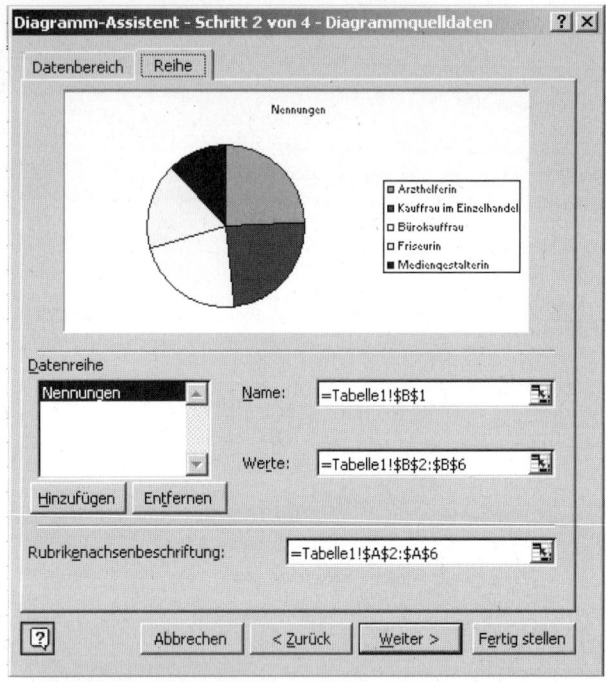

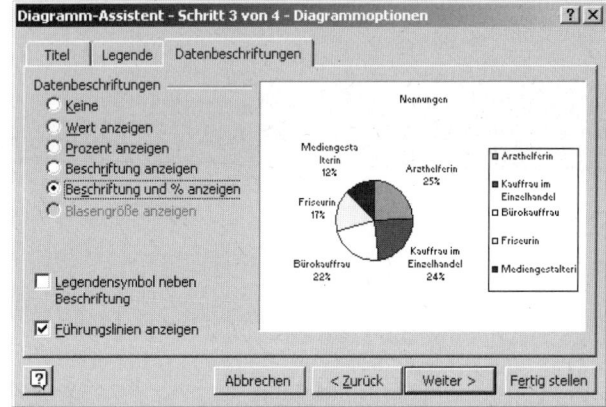

2 Mit welchem Verkehrsmittel fahren die Schülerinnen und Schüler der Klassenstufe 8 in die Ferien? In der unteren Tabelle findest du ein Zahlenbeispiel. Zeichne einen Prozentkreis mit MS-Excel®.

Verkehrsmittel	Nennungen
PKW	57
Flugzeug	24
Bahn	13
Sonstiges	15

† Einzel-/Partnerarbeit

Leitidee Zahl

Alkohol im Blut

Die Klasse 8a präsentiert beim Schulfest ihre Plakate zu ihrem Projekt „Party machen – ohne scharfe Sachen". Beantworte die Fragen ihres Quiz.

Berechnung der Blutalkoholkonzentration in Promille

$$C = \frac{A}{P \cdot R}$$

(A = Alkoholmenge in g;
P = Körpergewicht in kg;
R = Verteilungsfaktor;
R für Jungen : 0,7;
R für Mädchen: 0,6)

Durchschnittlicher Alkoholgehalt verschiedener Getränke

Getränk	Alkoholgehalt
Bier	5%
Bockbier	8,5%
Tafelwein	8%
Wein Spätlese	15%
Sekt	11%
Weinbrand	42%
Wodka	50%
Rum	80%
Alkopops	5%

Die Abnahmegeschwindigkeit der Konzentration von Alkohol im Blut hängt u.a. ab von Alter, Geschlecht, Körpergewicht und Gesundheitszustand der Person.

Im Durchschnitt werden 0,15‰ in einer Stunde abgebaut.

Quiz

- Der coole Stefan (60 kg) kauft sich ein Sixpack (6 x 0,33 l) Bier. Wie hoch ist seine Blutalkoholkonzentration, wenn er die sechs Flaschen ganz alleine trinkt?
- Stefan möchte nach vier Stunden Schlaf mit seinem Mofa wieder nach Hause fahren. Seine Freunde halten ihn zurück. Warum?
- Silvia (45 kg) werden die süffigen Alcopops angeboten. Wie viele solcher Fläschchen (0,33 l) führen bereits zu Gleichgewichts-, Hör-, Seh- und Sprachstörungen (1,5 Promille)?
- Wie viele Liter alkoholfreies Bier muss jemand trinken, um den Blutalkoholspiegel von Stefan zu haben?

Promille mit „alkoholfrei"

Auch in alkoholfreiem Bier ist noch etwas Alkohol enthalten.
Dazu ein Brauer: „Bevor sich einer mit alkoholfreiem Bier betrinken kann, ist er darin ertrunken".
Tatsächlich sind es ca. 0,2 Prozent.

Berechnung der Alkoholmenge in Gramm

$$A = \frac{V \cdot A_P \cdot 0{,}8}{100}$$

(V = Volumen in cm³;
A_P = Alkoholgehalt in %)

Leitidee Zahl

Einfache Zinsen

1 Welches Kapital gehört bei einem Zinssatz von 5% zu welchen Zinsen? Verbinde.

| Kapital K | 6300 € | 850 € | 2400 € | 1111 € | 4520 € |

| Zinsen Z | 55,55 € | 315 € | 42,50 € | 226 € | 120 € |

2 Welche Kapital- und Zinsbeträge gehören zusammen, wenn der Zinssatz immer gleich ist? Verbinde.

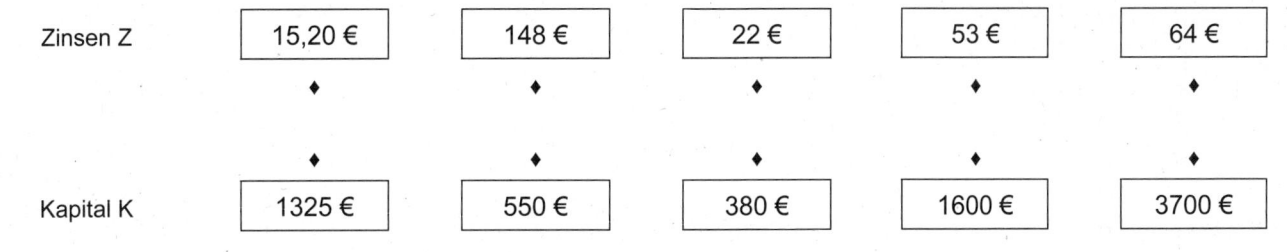

| Zinsen Z | 15,20 € | 148 € | 22 € | 53 € | 64 € |

| Kapital K | 1325 € | 550 € | 380 € | 1600 € | 3700 € |

Der Zinssatz beträgt immer _____.

3 Kapital, Zinssatz und Zinsen – welche drei Werte gehören zusammen? Färbe in der gleichen Farbe.

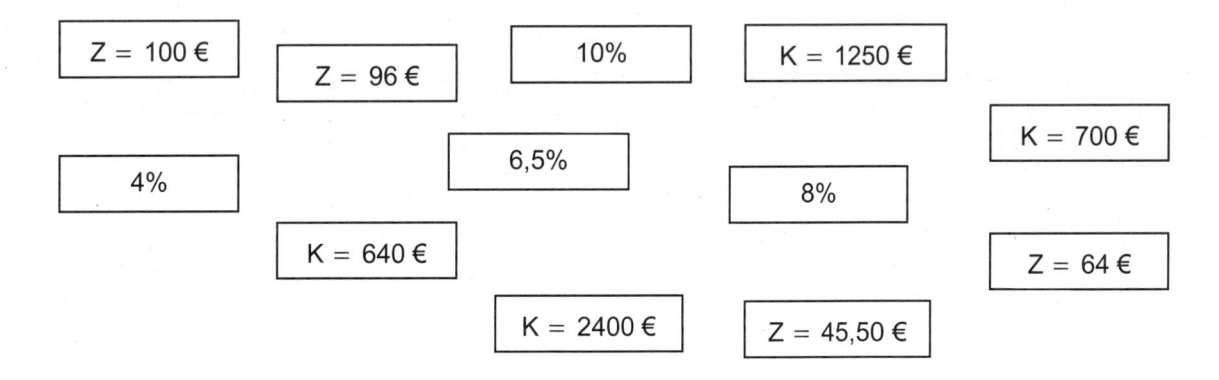

Z = 100 €   Z = 96 €   10%   K = 1250 €

4%   6,5%   8%   K = 700 €

K = 640 €   Z = 64 €

K = 2400 €   Z = 45,50 €

4 Marcel berechnet einen gesuchten Zinssatz mit folgendem Term:

$p\% = \dfrac{62,5}{1250}$

Wie könnte die von ihm zu lösende Aufgabe heißen? Finde möglichst mehrere Sachsituationen.

_____
_____
_____
_____
_____

Leitidee Zahl

Von Säule zu Säule

1 Ein Kapital von 2000 € bringt in fünf Monaten 25 € Zinsen. Wie groß ist der Zinssatz?

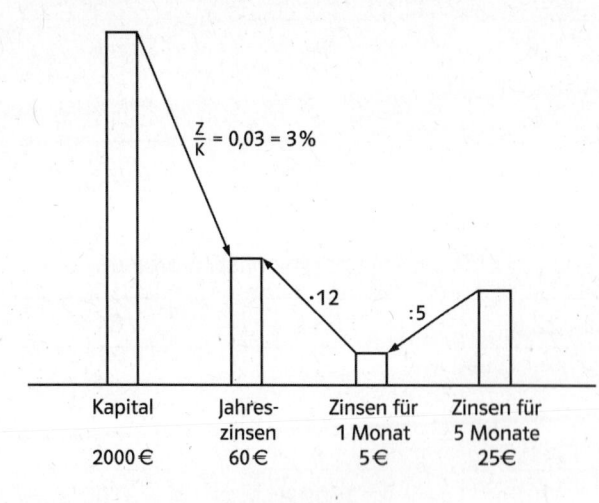

Wie viel Zinsen erhält man in drei Monaten für ein Kapital von 1200 € bei einem Zinssatz von 4%?

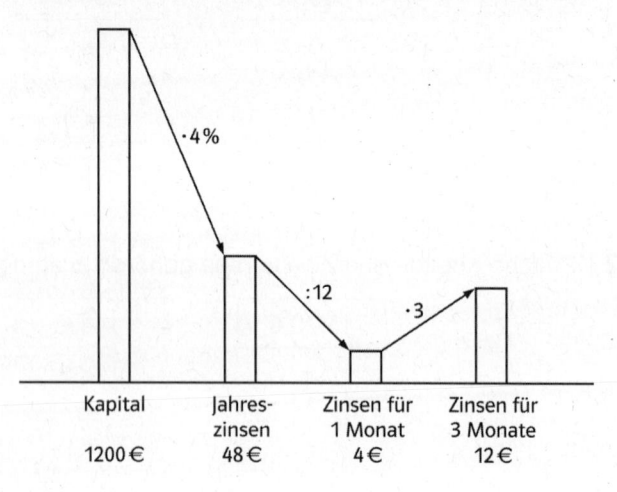

Kapital	Jahres-zinsen	Zinsen für 1 Monat	Zinsen für 5 Monate
2000 €	60 €	5 €	25 €

$\frac{Z}{K} = 0{,}03 = 3\%$; ·12; :5

Kapital	Jahres-zinsen	Zinsen für 1 Monat	Zinsen für 3 Monate
1200 €	48 €	4 €	12 €

·4%; :12; ·3

a) Wie wurde mithilfe der Diagramme gerechnet? Beschreibe.

_____

_____

b) Was ändert sich, wenn die Tageszinsen gesucht oder gegeben sind?

_____

2 Berechne wie in den Beispielen.

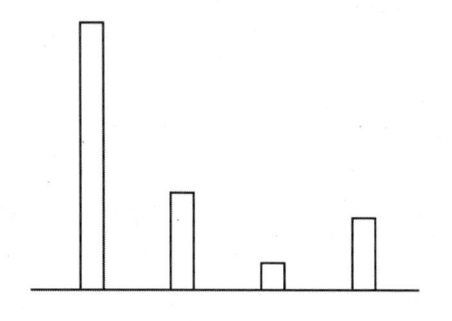

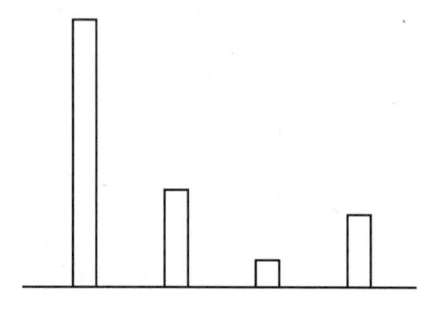

a) K = 2500 €; m = 5 Monate; p% = 3%; Z =

b) K = 6000 €; Z = 87,50 €; p% = 2,5%; m =

c) K = 5400 €; t = 130 Tage; p% = 3%; Z =

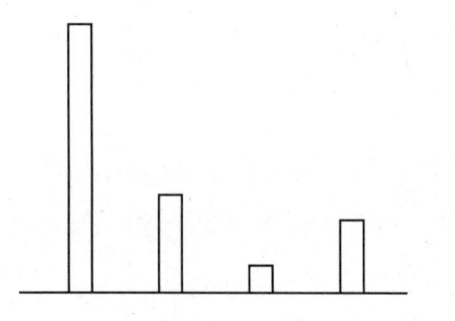

d) K = 9000 €; Z = 81 €; t = 162 Tage; p% =

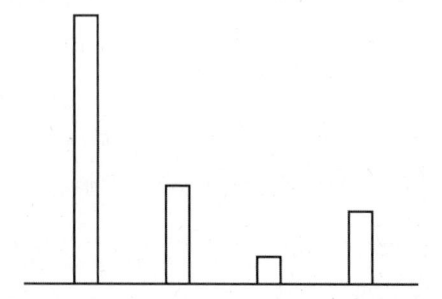

Leitidee Zahl

Sparen Jahr für Jahr

Patrick überweist jedes Jahr am 1. Januar 300 € auf sein Sparkonto. Er erhält 2,5% Zinsen pro Jahr.

	A	B	C	D	E	F
1	Patricks Sparplan					
2						
3			Zinssatz	2,5%		
4			Jährliche Rate	300,00 €		
5						
6	Datum	Überweisung am 01.01.	Kontostand am 01.01.	Zinsen	Kontostand	Datum
7	Anfang 2006	300,00 €	300,00 €	7,50 €	307,50 €	Ende 2006
8	Anfang 2007	300,00 €	607,50 €	15,19 €	622,69 €	Ende 2007
9	Anfang 2008	300,00 €	922,69 €	23,07 €	945,75 €	Ende 2008
10	Anfang 2009	300,00 €	1.245,75 €	31,14 €	1.276,90 €	Ende 2009
11	Anfang 2010	?	?	?	?	Ende 2010

1 Lege ein Rechenblatt an und ergänze die fehlenden Formeln.

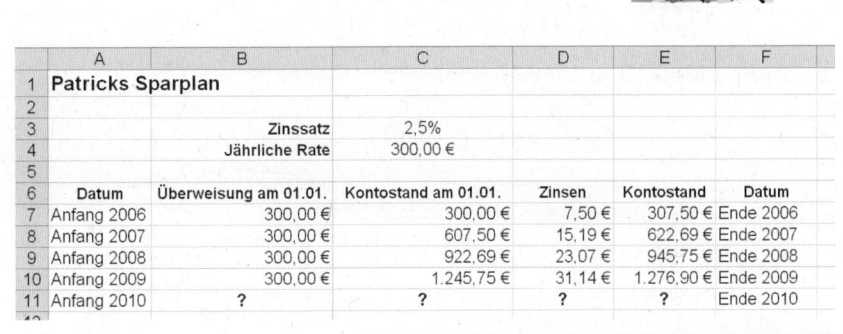

	A	B	C	D	E	F
1	Patricks Sparplan					
2						
3			Zinssatz	0,025		
4			Jährliche Rate	300		
5						
6	Datum	Überweisung am 01.01.	Kontostand am 01.01.	Zinsen	Kontostand	Datum
7	Anfang 2006	=$C$4	=B7	=C7*$C$3	=C7+D7	Ende 2006
8	Anfang 2007	=$C$4	=E7+B8	=C8*$C$3	=C8+D8	Ende 2007
9	Anfang 2008	?	?	?	?	Ende 2008
10	Anfang 2009	?	?	?	?	Ende 2009
11	Anfang 2010	?	?	?	?	Ende 2010

a) Über welchen Betrag könnte Patrick am Jahresende 2010 verfügen? _____

b) Wie viel Zinsen hat Patrick insgesamt nach fünf Jahren bekommen? _____

c) Wann hat Patrick erstmals mehr als 2300 € auf seinem Konto? _____

d) Welchen Betrag sollte Patrick jeweils am Jahresanfang einzahlen, damit er nach fünf Jahren 2000 Euro auf seinem Konto hat? Experimentiere.

2 a) Erstelle ein Diagramm für die Kontostände bis zum Jahr 2010.

b) Erstelle ein Diagramm für die Zinsen bis zum Jahr 2010.

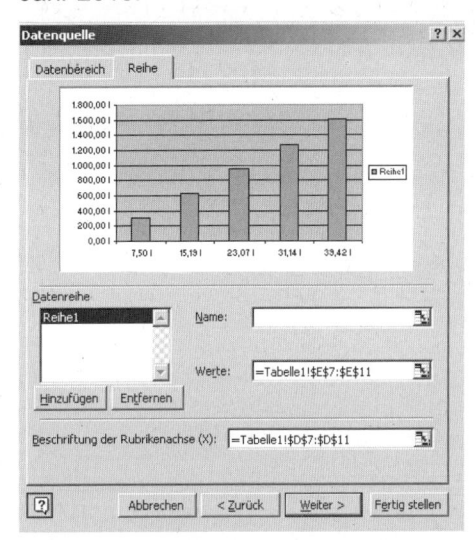

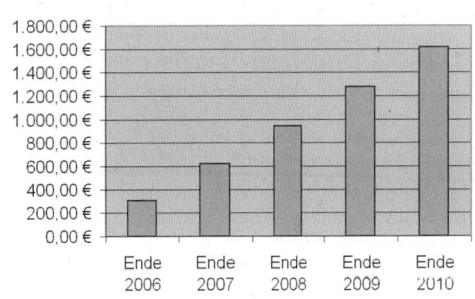

Säulendiagramm erstellen

\# Markiere die Kontostände (Zellbereich E7:E11).

\# Rufe den Diagramm-Assistenten auf.

\# Wähle das **Säulendiagramm**.

\# Wähle den Karteireiter **Reihe**.

\# Klicke in das Feld **Beschriftung ...-achse (X)**

\# Markiere den Zellbereich F7:F11

\# Nun erhältst du das Säulendiagramm.

† Einzel-/Partnerarbeit

Leitidee funktionaler Zusammenhang

Kantige Körper – Körperkanten

1 Stelle einen Term zur Berechnung der Gesamtkantenlänge (k) auf.

a)

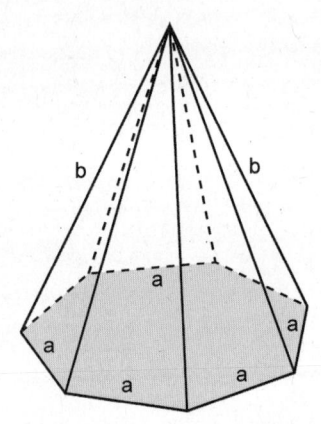

b)

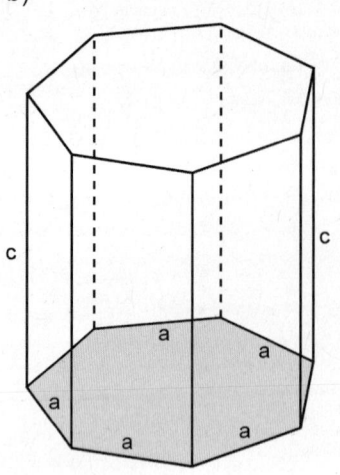

c)

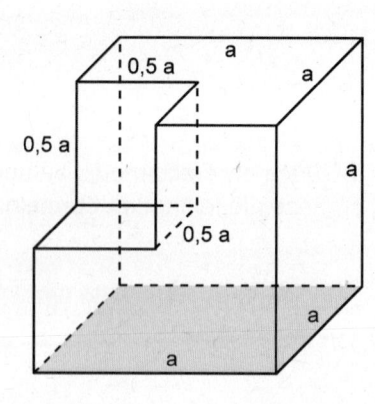

(k) = _____   (k) = _____   (k) = _____

2 Welcher Term passt? Ordne durch Pfeile zu.

a)   b) 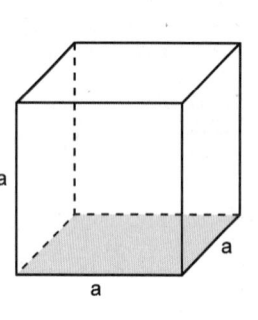   c) 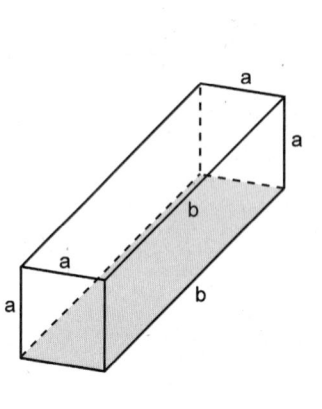   d)

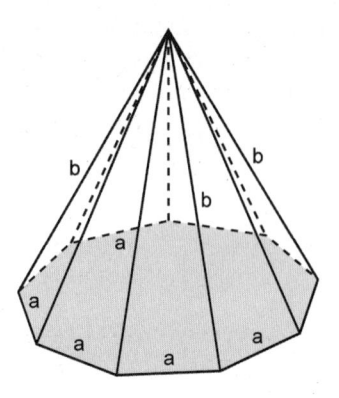

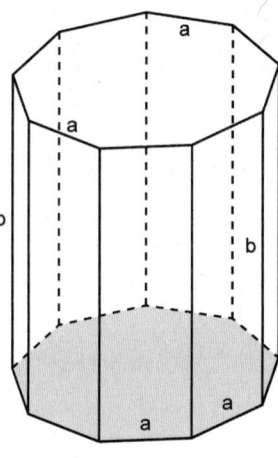

| k = 12 · a | k = 9 · a + 9 · b | k = 18 · a + 9 · b | k = 8 · a + 4 · b |

3 Berechne die Kantenlängen und vervollständige die Tabelle für das neunseitige Prisma aus Teilaufgabe 2 d).

Grundkante a	1 cm	5 cm	2 cm	
Höhe b	10 cm	20 cm		10 cm
Kantenlänge k			126 cm	180 cm

† Einzelarbeit

Leitidee funktionaler Zusammenhang

Terme mit MS-Excel® untersuchen

1 Übertrage auf ein eigenes Excelblatt und vervollständige die Tabelle für die angegebenen x–Werte.

a) Vergleiche Term 3 und Term 4.

	A	B	C	D	E
1		Term1	Term2	Term3	Term4
2	x	x² - 2	2x - 2	x² + 2	2x + 2
3	-4	14			
4	-3				
5	-2				
6	-1				
7	0				
8	1				
9	2				
10	3				
11	4				

- Für welchen x–Wert haben beide denselben Wert?

_____

- Bei welchen Term wachsen die Termwerte für x > 1 schneller an, wenn x größer wird? Erkennst du Regelmäßigkeiten beim Anwachsen?

_____

- Welcher der beiden Terme kann nie negative Werte annehmen? Begründe.

_____

b) Kann Term 1 negative Werte annehmen? Welches ist der niedrigste Termwert? _____
Begründe, warum kein niedrigerer Termwert möglich ist. Ergänze dazu in der Spalte die Werte +89 und −89.

c) Vergleiche Term 2 mit Term 4, sowie Term 1 mit Term 3. Was fällt dir auf? Erkläre mithilfe des Terms.

Überprüfe, indem du die Termwerte für x = −20 bis x = 20 (Schrittweite 4) berechnest. Lege dazu ein neues Tabellenblatt an, auf dem Term 1 neben Term 3 steht.

2 Notiere zuerst deine Vermutungen und überprüfe sie anschließend mit dem PC. Betrachtet werden Term 5: x^2 und Term 6: $2 \cdot x$.

a) Gibt es Werte für die die Terme negativ werden? _____

b) Gibt es Werte für die die Terme den Wert 0 annehmen? _____

c) Welcher Termwert steigt bei zunehmendem x (x > 1) schneller an? _____

Was kannst du für den Bereich 0 < x < 1 aussagen? _____

d) Welche Werte haben Term 5 und Term 6 für x = −3 ? _____

e) Überprüfe deine Überlegungen mit MS-Excel® und korrigiere deine Fehler.

Leitidee funktionaler Zusammenhang

Im T(h)ermalbad

Material: pro Person ein Spielstein und pro Gruppe (maximal 4 Spieler) ein Spielplan und ein Würfel

Spielbeschreibung: Die Spieler würfeln nacheinander und setzen die erwürfelte Zahl für die Variable x auf dem Feld ein, auf dem sie stehen. Das auf ganze Zahlen gerundete Ergebnis gibt die Anzahl der Felder an, die man vorziehen darf (bzw. bei einem negativen Ergebnis zurückziehen muss). Sieger ist, wer in der zuvor vereinbarten Zeit die meisten Runden durchs Thermalbad absolviert. Diese können in die dafür vorgesehene Tabelle eingetragen werden.

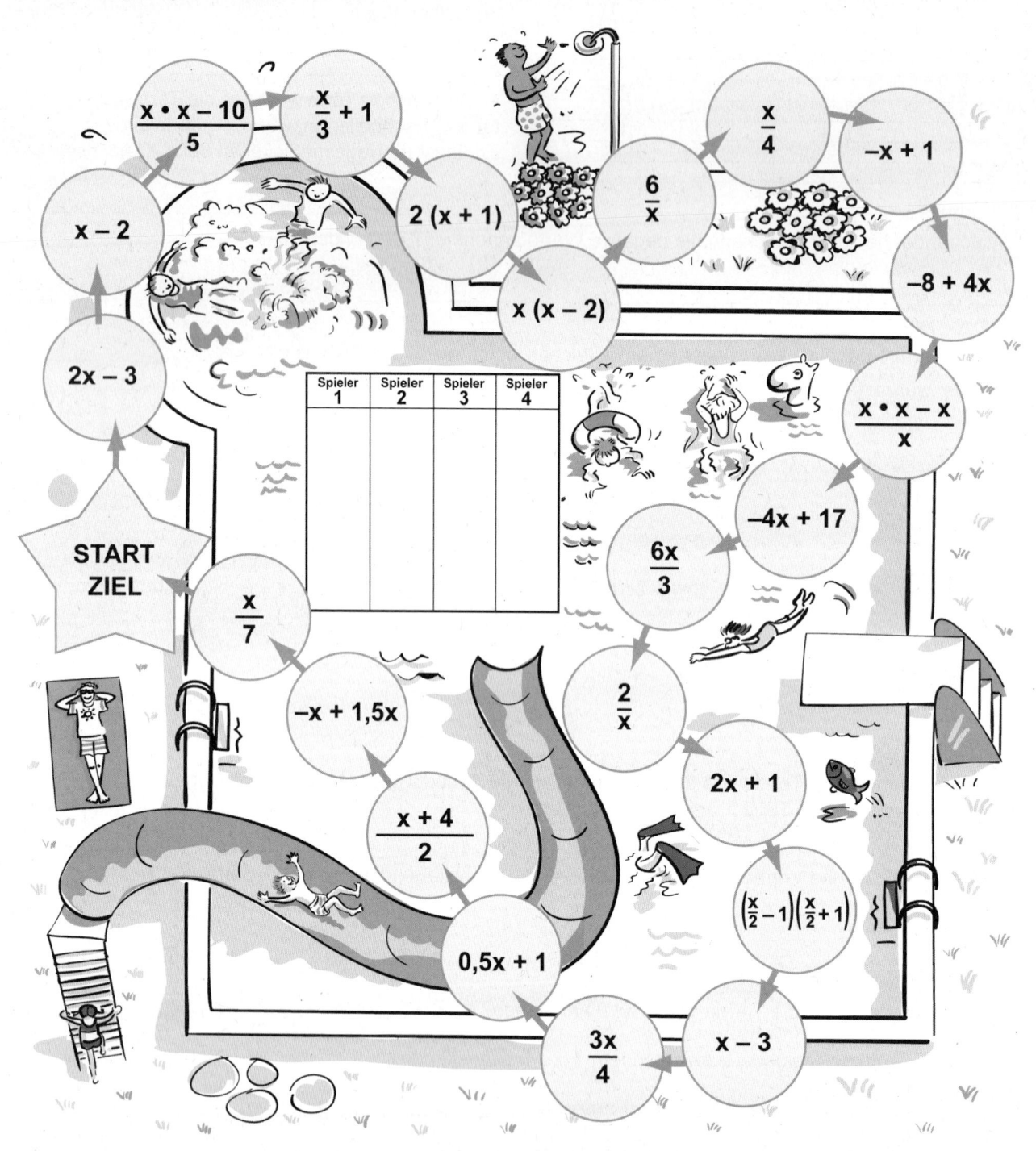

Felder (im Uhrzeigersinn ab START):

- $x/7$
- $-x + 1{,}5x$
- $x - 2$
- $2x - 3$
- $\dfrac{x \cdot x - 10}{5}$
- $\dfrac{x}{3} + 1$
- $2(x + 1)$
- $x(x - 2)$
- $\dfrac{6}{x}$
- $\dfrac{x}{4}$
- $-x + 1$
- $-8 + 4x$
- $\dfrac{x \cdot x - x}{x}$
- $-4x + 17$
- $\dfrac{6x}{3}$
- $\dfrac{2}{x}$
- $2x + 1$
- $\left(\dfrac{x}{2} - 1\right)\left(\dfrac{x}{2} + 1\right)$
- $x - 3$
- $\dfrac{3x}{4}$
- $0{,}5x + 1$
- $\dfrac{x + 4}{2}$

START / ZIEL

Spieler 1	Spieler 2	Spieler 3	Spieler 4

† Gruppenarbeit

Aus: 978-3-12-740477-7 Schnittpunkt Serviceblätter 7/8

© Als Kopiervorlage freigegeben.
Ernst Klett Verlag GmbH, Stuttgart 2007

Leitidee funktionaler Zusammenhang

Terme in Zeichnungen – Addition und Subtraktion I

1 Zum Term $x+y+y$ passt die folgende Zeichnung: ⊢—x—┼—y—┼—y—⊣

Veranschauliche die Terme entsprechend. Welche Terme sind gleichwertig? Verbinde.

$x+x+x$	♦ ♦	$x+y+3$ (cm)
$x+y+x+y$	♦ ♦	$3 \cdot x$
$3 \cdot x+y$	♦ ♦	$2 \cdot x+2 \cdot y$

2 Gib zu den Zeichnungen zwei mögliche Terme an.

a) ⊢—┼—┼—┼—┼—⊣   b) ⊢—┼—┼—┼—⊣

_____   _____

3 Baue aus den Bauteilen z ⊢—⊣, 4z (4·z) ⊢—┼—┼—┼—⊣ und 2z ⊢—┼—⊣
unterschiedliche Rechtecke. Gib verschiedene Terme für die Umfangsberechnung an.

4 Vereinfache. Berechne dann den Wert
für $a = 3{,}2$ und $b = 2$.

Term	vereinfacht	Wert
$3a+4b-2a$		
$2a+5b+8a-15$		
$4b+2a-6b-2a$		
$a-3b-2b-b$		
$40-2a-a+b-7a$		

5 Gib einen passenden Term zur Berechnung des
Umfangs an. Verwende nur die Variable a.

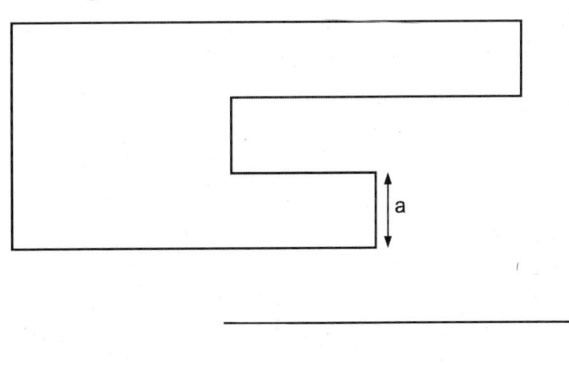

6 a) Ergänze das Vieleck so, dass der Term
für die Umfangsberechnung passt:

$u = 5a + a + a + a + 6a + 2a$

b) Vereinfache den Term. _____

† Einzelarbeit

Leitidee funktionaler Zusammenhang

Terme in Zeichnungen – Addition und Subtraktion II

1 Die beiden folgenden Zeichnungen stehen für unterschiedliche Terme.
x + y − y + x − y steht für die Zeichnung ①.

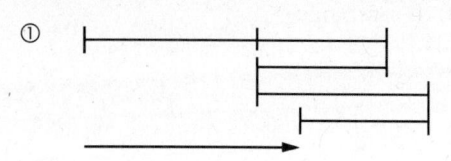

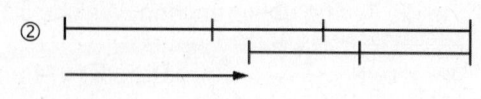

①

②

a) Für welchen Term steht die Zeichnung ②? _____

b) Begründe die Gleichwertigkeit der beiden Terme mithilfe der Zeichnung. Welche Regel erkennst du?

c) Vereinfache beide Terme und zeige die Gleichwertigkeit auch durch das Einsetzen von Zahlen (x = 3; y = 2).

Term ①	Term ②	verkürzter Term
x + y − y + x − y _____	x + y + _____	_____
3 + 2 − 2 + _____		

d) Ist der Term y − y + x − y + x auch gleichwertig?

- Fertige eine Zeichnung an.

- Prüfe zusätzlich durch das Einsetzen von Zahlen. y − y + x − y + x = _____ = _____

2 Nina behauptet: „Der Term 2x − y + x − y ist gleichwertig zu 3x". Überprüfe auf der Rückseite

a) mithilfe einer Zeichnung.

b) durch das Einsetzen von Zahlen.

3 Verbinde gleichwertige Terme.

4x − 2y + x − 3y + 2x	♦	♦	4x + y − 6y + 3x
4x − 2y − x + 3y + 2x	♦	♦	4x − 2y − 3y + 2x + x
7x − y	♦	♦	4x + 2x − 2y − x + 3y
6x − 5y + x	♦	♦	8x − 3y + 2y − x

4 Vereinfache die Terme so weit wie möglich.

a) 5x − 2y − x − 3y = _____

b) −2a − 3s − 4a + 3s = _____

c) 5r − s + 2s − r − 4s = _____

d) 8m − (−m) − 6m = _____

e) 4,3x − 1,2y + y − x = _____

Leitidee funktionaler Zusammenhang

Terme in Rechtecken – Übungen zur Multiplikation I

1 Karin baut sechs Tiergehege. Sie möchte die notwendige Fläche berechnen.

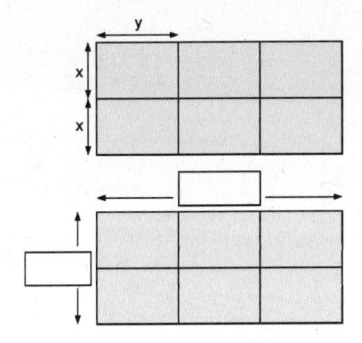

a) Stelle einen Term für ein Gehege auf: A = _____

b) Wie kannst du die Gesamtgröße aller sechs Gehege berechnen? Notiere verschiedene Berechnungsmöglichkeiten.

erste Möglichkeit: _____   zweite Möglichkeit: _____

dritte Möglichkeit: _____

c) Berechne die Fläche für $x = 2$ m und $y = 3$ m. Welchen Term wählst du?

_____

2 Karin möchte noch mehr Gehege bauen. Stelle einen Term zur Berechnung des Flächeninhalts auf. Vereinfache ihn. Überprüfe durch Einzeichnen der einzelnen Gehege (gleiche Größe wie in Aufgabe 1). Stelle erneut den Term für ein Gehege auf. Was muss dann für alle Gehege gelten?

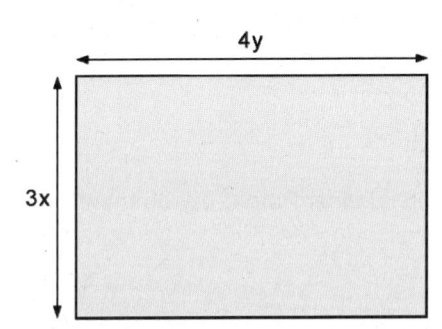

(Rechteck: $4y$ breit, $3x$ hoch)

3 Vervollständige.

a) $3x \cdot 6y = $ ☐

b) $5a \cdot 7b = $ ☐

c) $4a \cdot 5c \cdot 2 = $ ☐

d) $6b \cdot $ ☐ $ = 30bd$

e) $6b \cdot $ ☐ $ = 30b$

f) $2y \cdot $ ☐ $ \cdot 4x = 40xy$

4 Begründe die Rechnungen mithilfe des Vertauschungsgesetzes.

a) $5x \cdot 2y \cdot 5 = 5 \cdot x \cdot 2 \cdot y \cdot 5 = 50xy$

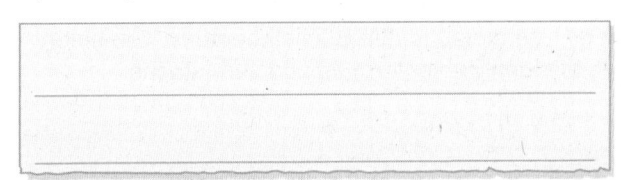

_____

b) $4c \cdot 3 \cdot 2a = 24ca = 24ac$

_____

5 Schreibe ein passendes Produkt auf.

a) _____ $= 40ax$ b) _____ $= 24xy$ c) _____ $= 60a$

† Einzelarbeit

Leitidee funktionaler Zusammenhang

Terme in Rechtecken – Übungen zur Multiplikation II

1 Stelle für die zwei Quadrate zuerst einen ausführlichen Term auf. Vereinfache dann.

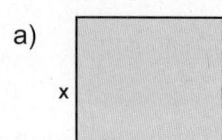

a)
u = _____
= _____
A = _____
= _____

b)
u = _____
= _____
A = _____
= _____

2 Vereinfache die Terme.

a) $3 \cdot 3 \cdot 3 =$ _____

$a + a + a =$ _____

$8 \cdot 8 \cdot 7 =$ _____

$a \cdot b \cdot x =$ _____

b) $a \cdot a \cdot a =$ _____

$6 + 6 + 6 + 6 =$ _____

$x \cdot x \cdot y =$ _____

$6 \cdot 4 \cdot 6 \cdot 4 =$ _____

c) $3 + 3 + 3 =$ _____

$k + k + k + k =$ _____

$3 \cdot 4 \cdot 5 =$ _____

$c \cdot b \cdot c \cdot b =$ _____

3 Wann darfst du zu einer Potenz zusammenfassen?

a) bei Zahlen: _____

b) bei Variablen: _____

4 a) Vereinfache den Buchstabenterm. Gib einen passenden Zahlenterm an und vereinfache.

$a \cdot a \cdot a \cdot y =$ _____

b) Vereinfache den Zahlenterm. Gib einen passenden Buchstabenterm an. Vereinfache ebenfalls.

$6 \cdot 6 \cdot 5 \cdot 5 =$ _____

5 Vereinfache die Terme.

a) $x + x + y + x + y =$ _____

$a \cdot b \cdot a \cdot b \cdot b =$ _____

$3a \cdot a =$ _____

b) $x \cdot x \cdot y \cdot x \cdot y =$ _____

$a + b + a + b + b =$ _____

$3 \cdot 4 \cdot 4 =$ _____

† Einzelarbeit

Leitidee funktionaler Zusammenhang

Tandembogen 🚲 Rechnen mit Termen

Aufgaben für Partner B

Fülle die Lücken richtig aus.

1 $3 \cdot x \cdot 2 = \square$

2 $4x \cdot 0{,}2y = \square$

3 $3x - 2y + 4x + y = \square$

4 $12 - 6a - 4a = \square$

5 $6b \cdot \square \cdot 3a = 36ab$

6 $5y - \square + 3y = -2y$

7 $0{,}3a \cdot \square = -0{,}6ab$

8 $-2{,}4z - 1{,}5y - 0{,}5z + 3y = \square$

9 $3{,}6e - \square - 2{,}5d - \square + \square = e - d$

10 $\square - 3c + 4c = -c$

11 $0{,}3x \cdot \square \cdot 2 = 0{,}12xy$

Lösungen für Partner A

1 20x
2 1,5ab
3 −x + 3y
4 12 − 7a
5 2
6 8y
7 −2b
8 −2z − 4,5y
9 1,2e / −3,5d
10 3c
11 2y

Hier knicken

Tandembogen 🚲 Rechnen mit Termen

Aufgaben für Partner A

Fülle die Lücken richtig aus.

1 $4 \cdot x \cdot 5 = \square$

2 $5a \cdot 0{,}3b = \square$

3 $3x + 2y - 4x + y = \square$

4 $12 - 3a - 4a = \square$

5 $3x \cdot \square \cdot 3a = 18ax$

6 $7y - \square + 3y = 2y$

7 $1{,}2a \cdot \square = -2{,}4ab$

8 $-2{,}4z - 1{,}5y + 0{,}4z - 3y = \square$

9 $3{,}2e - \square + 2{,}5d + \square = 2e - d$

10 $\square - 3c - c = -c$

11 $0{,}3x \cdot \square \cdot 0{,}2 = 0{,}12xy$

Lösungen für Partner B

1 6x
2 0,8xy
3 7x − y
4 12 − 10a
5 2
6 10y
7 −2b
8 −2,9z + 1,5y
9 2,6e / 1,5d
10 −2c
11 0,2y

Leitidee funktionaler Zusammenhang

Terme in Rechtecken – Klammern

1 Stelle jeweils zwei unterschiedliche Terme zur Berechnung des Flächeninhalts auf.

a)

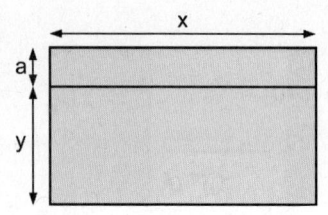

① A = _____

② A = _____

b)

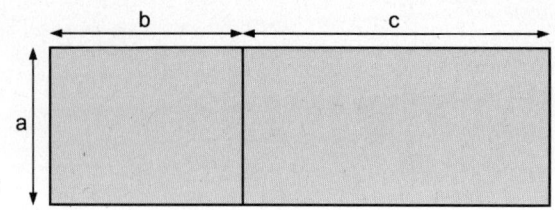

① A = _____

② A = _____

c) Berechne für die Fläche aus Teilaufgabe b) den Flächeninhalt mit beiden Termen. Es sei a = 3 cm; b = 4 cm und c = 6 cm.

d) Beide Terme sind gleichwertig. Es gilt

$3 \cdot (\Box + \Box) = 3 \cdot \Box + \Box$

Gib das passende Rechengesetz an.

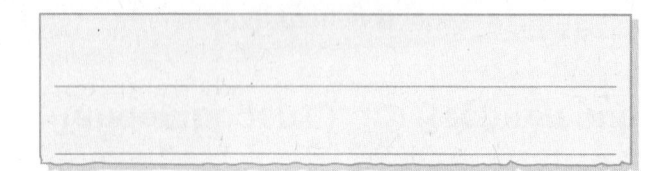

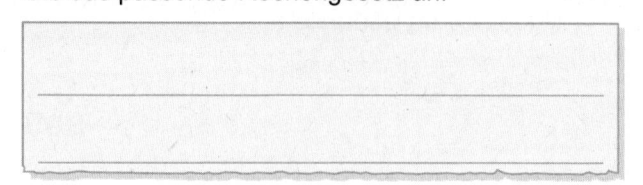

2 Berechne den Zahlenterm auf zwei Arten. Kannst du bei dem Buchstabenterm ebenfalls die Klammer auf zwei Arten auflösen? Begründe.

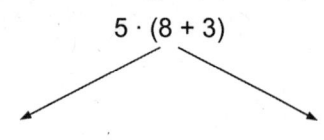

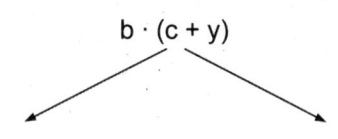

$5 \cdot (8 + 3)$

$b \cdot (c + y)$

3 Beschreibe den Fehler und verbessere.

a) $x \cdot (y + 3) = xy + 3$

b) $3(a + 2b) = 3 \cdot 2ab = 6ab$

4 Löse die Klammer auf.

a) $x \cdot (a + s) =$

b) $y \cdot (3 + b) =$

c) $4(x - 5 + y) =$

d) $3a(2 + 3x) =$

e) $5b(2b - 3a) =$

f) $a(2 + y - 2a) =$

Leitidee funktionaler Zusammenhang

Klammern über Klammern

1 a) Berechne die Terme. Stelle in ② selbst entsprechende Terme auf.

① $230 - 40 - 80$ $230 - (40 + 80)$ ② _____   _____

b) Was stellst du fest? Beschreibe beide Rechenarten mit den Buchstaben a, b und c. Welches Rechengesetz ergibt sich?

2 Klaus hat x € in seinem Geldbeutel. Er gibt im ersten Geschäft y €, im zweiten z € und im dritten a € aus. Beschreibe diesen Sachverhalt mithilfe von zwei unterschiedlichen Termen. Überprüfe die Richtigkeit durch das Einsetzen von Zahlen.

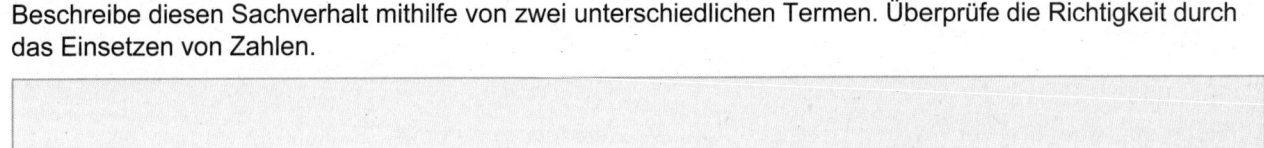

3 Löse die Klammer mithilfe der neuen Rechenregel auf. Prüfe deine Überlegungen an den Zahlenbeispielen durch Kopfrechnen. Erfinde für die letzten beiden Zeilen eigene Beispiele.

a) $34 - (12 + 4) =$

$4x - (2x + 3a) =$

$60 - (30 + 20 + 5) =$

$5a - (4 + x + b) =$

$\qquad =$

$\qquad =$

b) $50 - (30 - 10) =$

$9y - (5x - 2y) =$

$100 - (50 - 20 + 10) =$

$18x - (2x - 3y + x^2) =$

$\qquad =$

$\qquad =$

4 a) Berechne die Terme.

① $300 + (50 - 10)$ $300 + 50 - 10$ ② $450 + 40 + 50$ $450 + (40 + 50)$

b) Was stellst du fest? Beschreibe die Terme mit den Variablen a, b und c. Welches Rechengesetz gilt?

Leitidee funktionaler Zusammenhang

Rechtecke bauen – Terme ausmultiplizieren

Material: Schere

Schneide die Flächen aus.

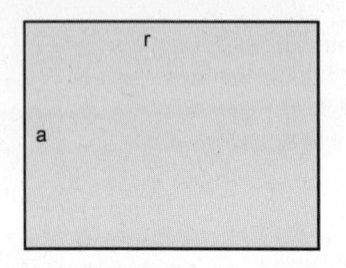

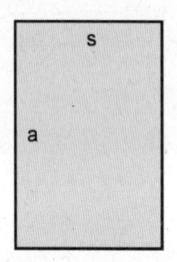

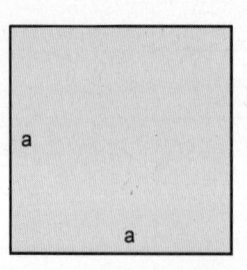

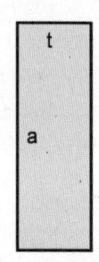

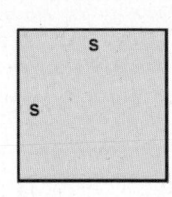

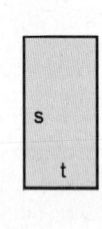

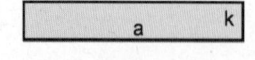

1 Füge zwei oder drei der Flächen zu einem größeren Rechteck zusammen. Stelle zwei verschiedene Terme für die Berechnung des Flächeninhalts der Gesamtfigur auf. Baue zwei verschiedene Rechtecke und trage deine Ergebnisse in die Tabelle ein. Orientiere dich am Beispiel.

Skizze	Terme
	$A = a \cdot r + a \cdot s \qquad A = a \cdot (r + s)$

2 Notiere den entsprechenden zweiten Term. Bei den Teilaufgaben a) und b) kannst du die Fläche noch nachbauen.

a) $A = a \cdot (a + s + r) = $ _____

b) $A = s^2 + as = $ _____

c) $A = x(2a - 3 + 4x) = $ _____

d) $A = 4a + 2ab + 2a^2 = $ _____

3 Der schraffierte Teil wird weggenommen. Lege mit den Flächen und gib wieder zwei Terme für die Restfläche an.

Skizze	Terme
	$A = $ _____ $\qquad A = $ _____

† Partnerarbeit

Leitidee funktionaler Zusammenhang

Rechtecke und Quadrate – Multiplikation von Summen

1 Ordne den Flächen den passenden Flächeninhalt zu. Schreibe ihn in die Fläche.

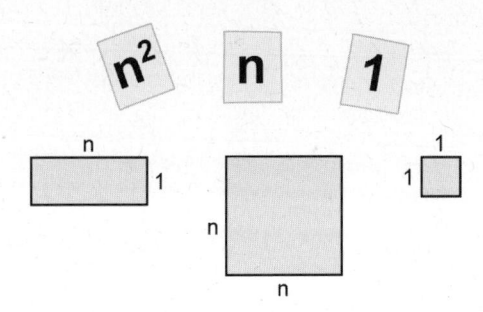

2 Lorenz sagt, dass der Flächeninhalt seines Rechtecks mit dem Term $(n+2)(2n+1)$ berechnet werden kann. Hannah meint dagegen, dass der Term $2n^2 + 5n + 2$ richtig ist. Wer hat recht? Begründe deiner Partnerin oder deinem Partner.

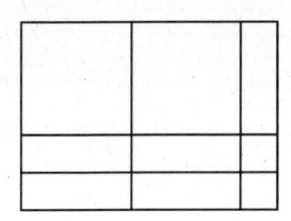

3 a) Gib zwei Terme zur Berechnung des Flächeninhalts an. Beschrifte zuerst die Seiten der Teilfiguren wie in Aufgabe 1.

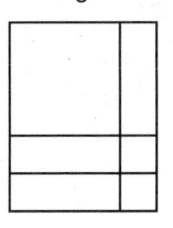

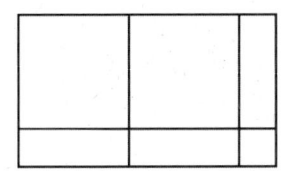

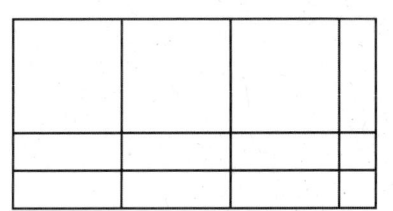

b) Notiere eine Rechenvorschrift, die die Produktterme (Klammerterme) in die Summenterme überführt.

c) Kannst du die Klammerterme jetzt auch ohne eine Zeichnung in den Summenterm umformen?

$(n + 3)(n + 1) =$ _____ $(n + 2)(3n + 3) =$ _____

4 Vervollständige mithilfe der Zeichnung den Summenterm. Begründet euch euer Ergebnis gegenseitig.

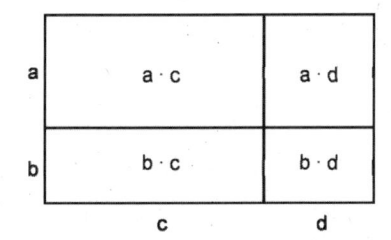

$(a + b)(c + d) =$ _____

So werden zwei Klammern multipliziert.

5 Multipliziere die beiden Klammern mithilfe der Rechenvorschrift aus Aufgabe 4.

$(a + b)(3 + a) =$ _____ $(2a + b)(a + 5) =$ _____

$(4 + x)(a - 3) =$ _____ $(2x - y)(x - 5) =$ _____

† Partnerarbeit

Leitidee funktionaler Zusammenhang

Quadrate wachsen – die erste binomische Formel

1 Ordne den Flächen den passenden Flächeninhalt zu. Schreibe ihn in die Fläche.

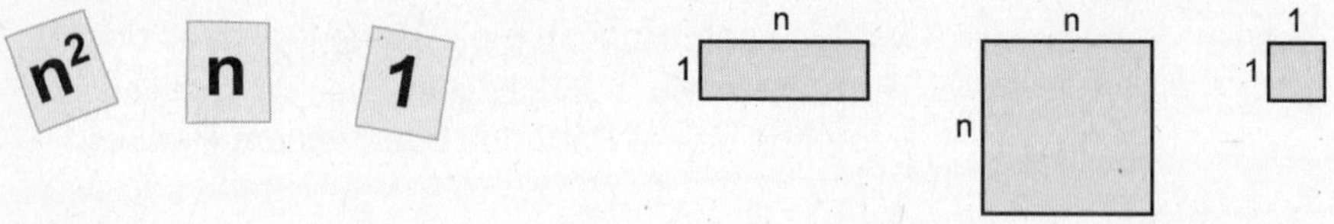

2 Gib den passenden Summenterm an. Beschrifte zuerst die Seiten der Teilfiguren wie in Aufgabe 1.

a) $(n + 1)^2$ = _____

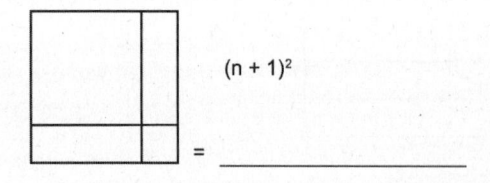

b) $(n + 2)^2$ = _____

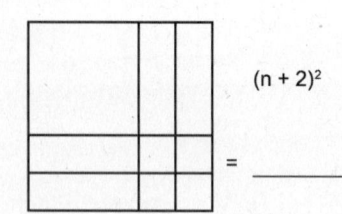

3 Vervollständige zu einem größeren Quadrat. Notiere beide Terme.

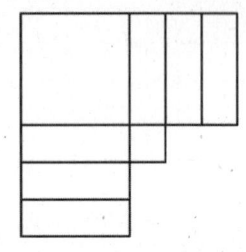

4 Fertige eine Zeichnung für den Fall $(n + 4)^2$ an und stelle beide Terme auf.

5 Trage die Summenterme aus den Aufgaben 2 bis 4 in die Tabelle ein. Erkennst du die Gesetzmäßigkeit?

Klammerterm	$(n + 1)^2$	$(n + 2)^2$	$(n + 3)^2$	$(n + 4)^2$
Summenterm				

Kannst du für $(n + 10)^2$

- den zweiten Summanden des Summenterms angeben? _____
- den dritten Summanden des Summenterms angeben? _____

6 Formuliere Regeln für die angegebenen Summanden des Summenterms.

a) zweiter Summand: _____

b) dritter Summand: _____

7 Ein Quadrat der Seitenlänge a wird an beiden Seiten um einen Streifen der Breite b vergrößert. Trage in die Zeichnung die Flächeninhalte der einzelnen Teilflächen ein. Stelle Klammer- und Summenterm auf.

(_____)² = _____

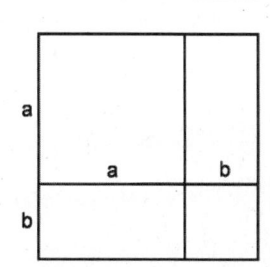

† Partnerarbeit

Leitidee funktionaler Zusammenhang

Quadrate werden kleiner – die zweite binomische Formel

1 Ordne den Flächen den passenden Flächeninhalt zu. Schreibe ihn in die Fläche.

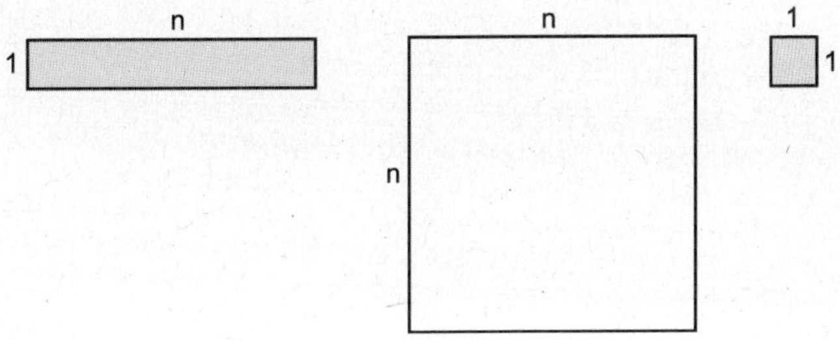

2 a) Simon behauptet, dass die weiße Fläche auch mit dem Term $n^2 - 2n + 1$ berechnet werden kann. Sarah meint, dass der Term $n^2 - 2n$ richtig ist. Was meinst du?

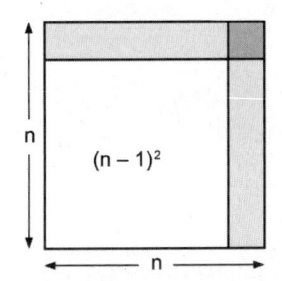

b) Stelle den passenden Summenterm auf.

$(n - 2)^2 = $ _____

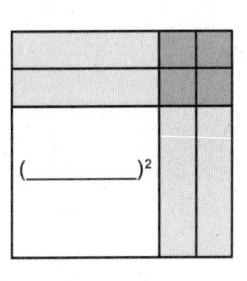

c) Ergänze die rechts abgebildete Zeichnung für den Fall $(n - 3)^2$.

$(n - 3)^2 = $ _____

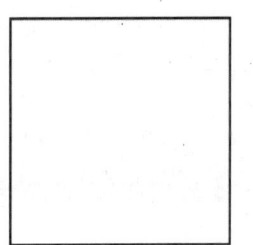

d) Kannst du den Summenterm zu $(n - 10)^2$ auch ohne Zeichnung aufstellen?

5 Trage die Summenterme in die Tabelle ein. Vergleiche und beschreibe den Unterschied.

Klammerterm	$(n + 1)^2$	$(n + 2)^2$	$(n + 3)^2$	$(n + 4)^2$
Summenterm				
Klammerterm	$(n - 1)^2$	$(n - 2)^2$	$(n - 3)^2$	$(n - 4)^2$
Summenterm				

6 Ein Quadrat mit der Seitenlänge a wird an beiden Seiten um einen Streifen der Breite b verkleinert. Trage in die Zeichnung die Flächeninhalte der einzelnen Teilflächen ein. Stelle Klammer- und Summenterm auf.

(____)² = _____

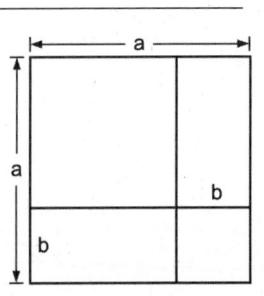

Leitidee funktionaler Zusammenhang

Tandembogen 🚲 Die erste binomische Formel

Aufgaben für Partner B

1 Welcher Term lässt sich mit der binomischen Formel berechnen?
a) $(x + 2)(x + 1)$ b) $(x + 2)(x + 2)$ c) $(x + 2)^2$

2 Auf welchen Term aus Aufgabe 1 passt die Merkregel „jeder begrüßt jeden"?

3 Ergänze den Summenterm richtig.
a) $(x + 7)^2 = x^2 + 14x + \square$
b) $(y + 3)^2 = y^2 + \square + 9$
c) $(2z + 4y)^2 = \square + 16yz + 16y^2$
d) $(2c + 3d)^2 = 4c^2 + \square + 9d^2$

4 Stelle den Summenterm auf.
a) $(3 + a)^2 = \square$
b) $(3x + 2)^2 = \square$
c) $(2a + 3b)^2 = \square$

5 Beschreibe und korrigiere den Fehler.
a) $(2a + b)^2 = 2a^2 + 4ab + b$
b) $(3x + 4)^2 = 9x^2 + 6x + 8$

Lösungen für Partner A

1 a) und b)
2 c)
3 a) + 36
   b) + 10y
   c) 9x²
   d) 12ay
4 a) a² + 6a + 9
   b) 4x² + 16x + 16
   c) 4x² + 12xy + 9y²
5 a) 4a² + 4ab + b² (verdoppeln!)
   b) 9x² + 24x + 16

Tandembogen 🚲 Die erste binomische Formel

Aufgaben für Partner A

1 Welcher Term lässt sich mit der binomischen Formel berechnen?
a) $(x + 2)^2$ b) $(x + 2)(x + 2)$ c) $(x + 2)(x + 1)$

2 Auf welchen Term aus Aufgabe 1 passt die Merkregel „jeder begrüßt jeden"?

3 Ergänze den Summenterm richtig.
a) $(x + 6)^2 = x^2 + 12x + \square$
b) $(y + 5)^2 = y^2 + \square + 25$
c) $(3x + 4y)^2 = \square + 24xy + 16y^2$
d) $(2a + 3y)^2 = 4a^2 + \square + 9y^2$

4 Stelle den Summenterm auf.
a) $(a + 3)^2 = \square$
b) $(2x + 4)^2 = \square$
c) $(2x + 3y)^2 = \square$

5 Beschreibe und korrigiere den Fehler.
a) $(2a + b)^2 = 4a^2 + 2ab + b^2$
b) $(3x + 4)^2 = 9x + 12x + 16$

Lösungen für Partner B

1 b) und c)
2 a)
3 a) + 49
   b) + 6y
   c) 4z²
   d) 12cd
4 a) 9 + 6a + a²
   b) 9x² + 12x + 4
   c) 4a² + 12ab + 9b²
5 a) 4a² + 2ab + b² (quadrieren!)
   b) 9x² + **24x** + **16**
   (verdoppeln und quadrieren!)

Leitidee funktionaler Zusammenhang

Binom gewinnt – ein Spiel in zwei Varianten (1)

Material: Schere

Spielbeschreibung: Schneide die Karten dieser und der folgenden Seite entlang der dicken Linien aus. Mit diesen Karten kann man zwei unterschiedliche Spiele spielen.

1. Ein Legespiel (einfachere Variante) in Partner- oder Einzelarbeit: Aus den verdeckt liegenden Karten werden (abwechselnd) einzelne Karten gezogen und so auf den Tisch gelegt, dass sich binomische Quadrate ergeben.
2. Ein Quartett in Gruppen von 3 bis 4 Spielern: Wer durch Ziehen beim Partner drei zusammenpassende Karten (ein vollständiges Binom) erhält, darf ablegen. Gewonnen hat, wer am meisten abgelegt hat.

$4x^2$	$+12xy$	$+9y^2$
x^2	$-6x$	$+9$
x^2	$+4x$	$+4$

† Partnerarbeit

Leitidee funktionaler Zusammenhang

Binom gewinnt – ein Spiel in zwei Varianten (2)

$25x^2$	$-10xy$	$+y^2$
$4y^2$	$-12xy$	$+9x^2$
x^2	$-8x$	$+16$

† Partnerarbeit

Leitidee funktionaler Zusammenhang

Gleichungsübungen

1 a) Wenn ich vom Dreifachen einer Zahl 18 subtrahiere, erhalte ich 63.

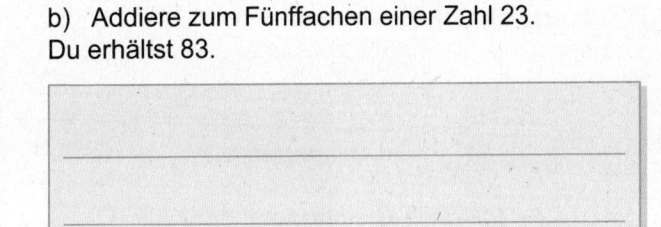

b) Addiere zum Fünffachen einer Zahl 23. Du erhältst 83.

2 Löse die Gleichungen schrittweise. Mache eine Probe im Kopf.

a) $4x - 1 = 27$ b) $4x = 88$ c) $2x + 3 = 15$ d) $\frac{1}{2}x + 3 = 15$

3 Löse die Gleichungen schrittweise. Mache eine Probe im Kopf.

a) $10 + 5x = 30$ b) $12x - 3 = 3$ c) $\frac{1}{3}x - 8 = -4$ d) $\frac{2}{3}x - 5 = 15$

4 Löse die Gleichungen schrittweise. Mache eine Probe im Kopf.

a) $4x + 2 = 50$ b) $-4x + 2 = 50$ c) $10 - 5x = 30$ d) $6 - x = 10$

5 Rahme den Fehler rot ein und verbessere. Begründe die Verbesserung.

a) $24 - 3x = 24 \quad |-24$
$3x = 24 \quad |:3$
$x = 8$

b) $\frac{2}{5}x + 12 = 14 \quad |-12$
$\frac{2}{5}x = 12 \quad |\cdot \frac{2}{5}$
$x = \frac{24}{5}$

c) $23 - x = 25 \quad |-23$
$-x = 2$

d) $-2x - 4 = -12 \quad |:(-2)$
$x - 4 = 6 \quad |+4$
$x = 10$

Begründungen:

Leitidee funktionaler Zusammenhang

Gleichungsmenü

Wähle ein vollständiges Menü aus mindestens einer Vor-, Haupt- und Nachspeise.
Entscheide jeweils neu, ob du lieber schwer oder leicht speisen möchtest.

Grundaufgaben

Löse die Gleichungen schriftlich.

a) $4x - 38 = -6$
b) $12 - 5x = 112$
c) $-18 = 4 - x$

Schwierigere Aufgaben

Löse die Gleichungen schriftlich.

d) $0{,}6x - 0{,}4x = 1{,}4$
e) $\frac{1}{2} - \frac{2}{3}x = \frac{3}{5}$
f) $2\frac{1}{4} = \frac{1}{2}x - \frac{1}{2}$

Hier haben sich Fehler eingeschlichen. Verbessere.

a) $x + 5 = 12$
   $x = 17$
b) $8x = 8$
   $x = 0$
c) $3 + 4x = 14$
   $7x = 14$
   $x = 2$

Hier haben sich Fehler eingeschlichen. Verbessere.

d) $12 - 3x = 24$
   $3x = 36$
   $x = 12$
e) $-3x = 4$
   $x = \frac{3}{4}$
f) $\frac{x}{2} = 16$
   $x = 8$

Fülle die Lücken richtig aus.

a) $4x + \boxed{} = 15$
   $4x = \boxed{}$
   $x = 3$
b) $3 - 2x = \boxed{}$
   $-2x = \boxed{}$
   $x = -2$
c) $\boxed{} + \boxed{} = 2$
   $2x = \boxed{}$
   $x = \frac{1}{2}$

Fülle die Lücken richtig aus.

d) $\boxed{}x + \boxed{} = 1$
   $\boxed{} = 0{,}6$
   $x = 0{,}2$
e) $\boxed{} - 4x = 5$
   $-4x = \boxed{}$
   $x = -\frac{3}{4}$
f) $2x - \boxed{} + 5 - \boxed{} = 8$
   $\boxed{} + \boxed{} = 8$
   $\boxed{} = 6$
   $x = -2$

† Einzelarbeit

Leitidee funktionaler Zusammenhang

Welch ein Durcheinander – ein Legespiel

Unten siehst du sechs Gleichungen und deren Lösung.
Schneidet die Kärtchen aus und mischt sie. Wer legt alle sechs Aufgaben und Lösungen am schnellsten wieder zusammen?

$4x + 22 = 14$

$4x - 25 = -17$

$4x = -8$

$4x = 8$

$x = -2$

$x = 2$

$22 = 4x - 2$

$22 = -4x + 2$

$24 = 4x$

$20 = -4x$

$x = 6$

$x = -5$

$22 - 4x = 10$

$22 + 4x = 10$

$-4x = -12$

$4x = -12$

$x = 3$

$x = -3$

† Einzel-/Gruppenarbeit
Aus: 978-3-12-740477-7 Schnittpunkt Serviceblätter 7/8

© Als Kopiervorlage freigegeben.
Ernst Klett Verlag GmbH, Stuttgart 2007

Leitidee funktionaler Zusammenhang

Zahlenmühlen

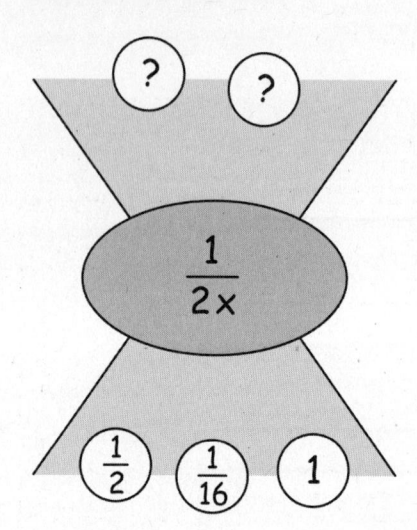

1 a) Welche Zahlen wurden durchgemahlen? Begründe.

b) Welche Zahl darf nicht durch die Mühle gedreht werden? Begründe.

Mühle: $\frac{1}{2x}$, Ergebnisse: $\frac{1}{2}$, $\frac{1}{16}$, 1

2 a) Wähle eine Zahl aus und schicke sie durch die Mühle. Schicke anschließend das Ergebnis wieder durch die Mühle. Und: Keine Angst vor Brüchen!

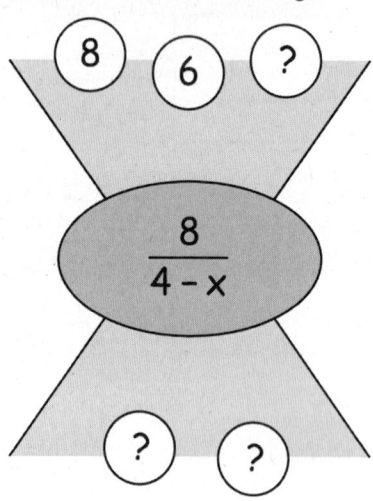

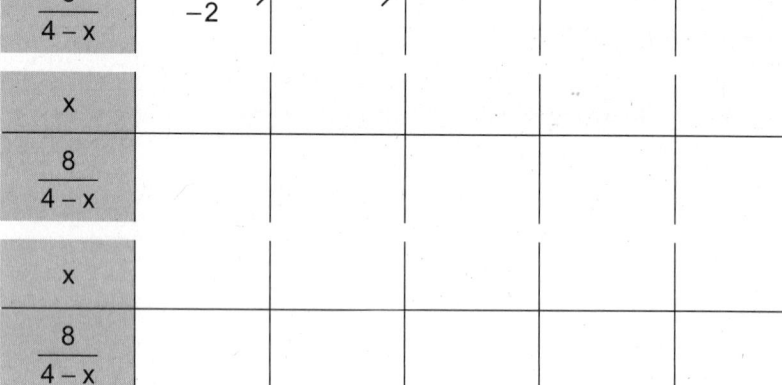

Mühle: $\frac{8}{4-x}$, oben: 8, 6, ?

x	8
$\frac{8}{4-x}$	-2

x	
$\frac{8}{4-x}$	

x	
$\frac{8}{4-x}$	

b) Was geschieht, wenn du diesen Vorgang mehrmals wiederholst?
Probiere die Zahlenmühle auch mit anderen Zahlen aus.

c) Ein Mitschüler behauptet, dass die Zahl 0 beim Mahlen hängen bleibt.

d) Findest du noch mehr solche Zahlen? Begründe.

Leitidee funktionaler Zusammenhang

Gleichungs-Salat

Material: Schere

Beschreibung: Unten siehst du vier Lösungswege von Gleichungen, die etwas durcheinander geraten sind. Schneide die Streifen aus und ordne sie. Wenn du die vier Lösungswege zusätzlich in eine bestimmte Reihenfolge bringst, ergibt sich von oben nach unten gelesen ein Lösungssatz.

$x = 4$	S
$16x - 24 - 10x - 40 = 38 - 4 + 20x$	A
$8(x - 1) - 17(3 - x) = 4 - 12(3 - 2x)$	T
$-14x = 98$	L
$8(3x - 2) - 5(12 - 3x) = 13x + 7x$	D
$33x - 59 = -48x - 32$	I
$8x - 8 - 51 + 17x = 4 - 36 + 24x$	I
$24x - 16 - 60 + 15x = 20x$	U
$x = 27$	!
$81x = 27$	C
$16x - 8 - 51 + 17x = -48x - 32$	R
$x = -7$	E
$19x = 76$	A
$x = \frac{1}{3}$	H
$8(2x - 1) - 17(3 - x) = 16(-3x - 2)$	S
$6x - 64 = 34 + 20x$	L
$39x - 76 = 20x$	H
$25x - 59 = -32 + 24x$	G
$8(2x - 3) - 5(2x + 8) = 38 - 4(1 - 5x)$	T

† Einzel-/Partnerarbeit

Leitidee funktionaler Zusammenhang

Aufgaben für Partner B

Welche Zahlen dürfen nicht eingesetzt werden?

1 $\dfrac{4}{3x-15}$

2 $\dfrac{x-2}{7x+21}$

3 $\dfrac{1}{(x-3)^2}$

4 $\dfrac{2}{16-4x}$

5 $\dfrac{3+x}{6x-3}$

6 $\dfrac{3+x}{\frac{1}{2}x-3}$

7 $\dfrac{6x-3}{x(x-1)}$

8 $\dfrac{3}{x^2+1}$

Lösungen für Partner A

1 3

2 −2

3 2

4 0,25

5 es dürfen alle Zahlen eingesetzt werden

6 0,1

7 0 und 5

8 3 und −3

Hier knicken

- -

Hier knicken

Tandembogen 🚲 Bruchterme

Aufgaben für Partner A

Welche Zahlen dürfen nicht eingesetzt werden?

1 $\dfrac{3}{4x-12}$

2 $\dfrac{x}{5x+10}$

3 $\dfrac{x}{(x-2)^2}$

4 $\dfrac{x^2}{2x-\frac{1}{2}}$

5 $\dfrac{2x-3}{x^2+20}$

6 $\dfrac{3+x}{10x-1}$

7 $\dfrac{3x+7}{x(x-5)}$

8 $\dfrac{3}{x^2-9}$

Lösungen für Partner B

1 5

2 −3

3 3

4 4

5 0,5

6 6

7 0 und 1

8 es dürfen alle Zahlen eingesetzt werden

Leitidee funktionaler Zusammenhang

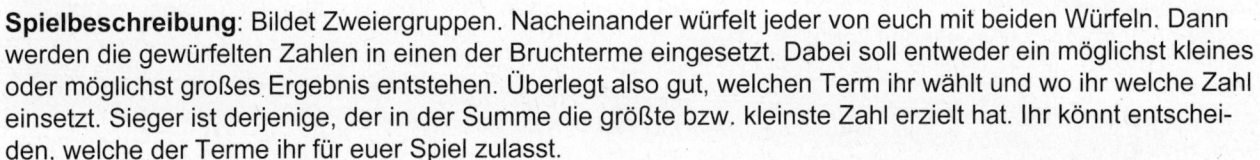

Große Zahl – kleine Zahl

Material: zwei Würfel

Spielbeschreibung: Bildet Zweiergruppen. Nacheinander würfelt jeder von euch mit beiden Würfeln. Dann werden die gewürfelten Zahlen in einen der Bruchterme eingesetzt. Dabei soll entweder ein möglichst kleines oder möglichst großes Ergebnis entstehen. Überlegt also gut, welchen Term ihr wählt und wo ihr welche Zahl einsetzt. Sieger ist derjenige, der in der Summe die größte bzw. kleinste Zahl erzielt hat. Ihr könnt entscheiden, welche der Terme ihr für euer Spiel zulasst.

Achtung: Im Nenner darf sich nicht der Wert Null ergeben. Vereinbart für diesen Fall selbst eine Regel.

	große Zahl	kleine Zahl
$\dfrac{4+x}{x}$		
$\dfrac{3+x}{3-x}$		
$\dfrac{x}{4-x}$		
Summe aller Termwerte		

	große Zahl	kleine Zahl
$\dfrac{5x}{6-x}$		
$\dfrac{6}{x-1}$		
$\dfrac{x^2}{2x}$		
Summe aller Termwerte		

	große Zahl	kleine Zahl
Summe aller Termwerte		

† Partnerarbeit

Leitidee funktionaler Zusammenhang

Hausaufgabenkontrolle

Patrick hat als Hausaufgabe fünf Bruchgleichungen gelöst. Hat er alles richtig gemacht? Hilf ihm, seine Fehler zu finden, und verbessere die betreffenden Aufgaben in einer anderen Farbe. Gib ihm auch Tipps, wie er diese Fehler in Zukunft vermeiden kann.

①

$-\dfrac{21}{x} - \dfrac{4}{x} = 2 \quad |\text{mal } x$

$-21 - 4 = 2$

$L = \{\}$

②

$\dfrac{4x}{2x+1} = 4 \quad |\text{mal } 2x+1$

$4x = 8x + 4$

$-4x = 4$

$x = -1$

③

$\dfrac{5}{2x} - \dfrac{1}{2} = \dfrac{1}{x} \quad |\text{gem. Nenner: } 2x$

$D = \mathbb{Q} \setminus \{0; 1\}$

$\dfrac{5}{2x} - \dfrac{2x}{2x} = \dfrac{2}{2x} \quad |\text{mal gem. Nenner}$

$5 - 2x = 2$

$3 = 2x$

$x = \dfrac{3}{2}$

$L = \left\{\dfrac{3}{2}\right\}$

④

$\dfrac{x+8}{x \cdot (x+2)} = \dfrac{3}{x} - \dfrac{3}{x+2} \quad D = \mathbb{Q} \setminus \{-2; 0\}$

$\dfrac{x+8}{x(x+2)} = \dfrac{3(x+2)}{x(x+2)} - \dfrac{3x}{x(x+2)} \quad |\text{mal gem. Nenner}$

$x + 8 = 3(x+2) - 3x$

$x + 8 = 3x + 6 - 3x$

$x = -2$

$L = \{-2\}$

⑤

$\dfrac{1}{x^2 - 9} + \dfrac{1}{2x + 6} = \dfrac{2}{x - 3} \quad D = \mathbb{Q} \setminus \{3; -3\}$

$\dfrac{1}{(x-3)(x-3)} + \dfrac{1}{2(x+3)} = \dfrac{2}{(x-3)}$

$\dfrac{2(x+3)}{2(x-3)(x-3)(x+3)} + \dfrac{(x-3)(x-3)}{2(x+3)(x-3)(x-3)} = \dfrac{4(x-3)(x+3)}{2(x+3)(x-3)(x-3)} \quad |\text{mal gem. Nenner}$

$2x + 3 + x^2 - 9 = 4x^2 - 36$

$-3x^2 + 2x + 39 = 0$

Leitidee funktionaler Zusammenhang

Dreisatzpuzzle

Material: Schere

Spielbeschreibung: Zerschneide die Dreisatzkärtchen und füge sie zu vollständigen Dreisätzen zusammen.

Beispiel:

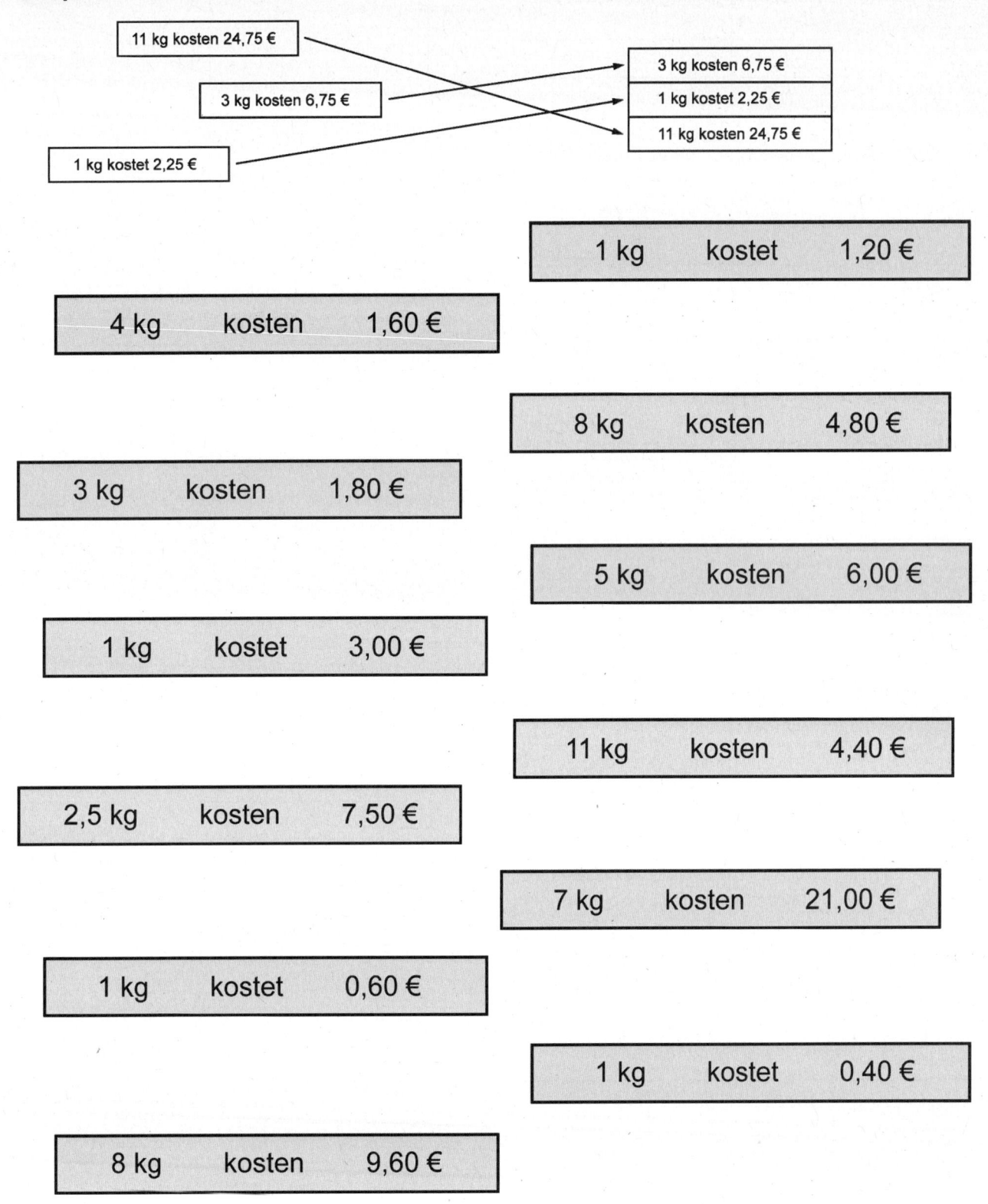

```
11 kg kosten 24,75 €  ──┐    ┌─→  3 kg kosten 6,75 €
                        ├───→│    1 kg kostet 2,25 €
3 kg kosten 6,75 €  ────┘    └─→  11 kg kosten 24,75 €
1 kg kostet 2,25 €  ─────────┘
```

	1 kg kostet 1,20 €
4 kg kosten 1,60 €	
	8 kg kosten 4,80 €
3 kg kosten 1,80 €	
	5 kg kosten 6,00 €
1 kg kostet 3,00 €	
	11 kg kosten 4,40 €
2,5 kg kosten 7,50 €	
	7 kg kosten 21,00 €
1 kg kostet 0,60 €	
	1 kg kostet 0,40 €
8 kg kosten 9,60 €	

Leitidee funktionaler Zusammenhang

Proportionale Zuordnung

1 Berechne den Quotienten der proportionalen Größen.

Länge	Preis in €	Quotient Preis : Länge
30 cm	6,00	
18 cm	3,60	
66 cm	13,20	

2 Entscheide, ob eine proportionale Zuordnung vorliegen könnte.

Zeit	Volumen	Quotient ___ : ___
10 min	80 m³	
15 min	120 m³	
25 min	200 m³	

Proportional: ja ☐   nein ☐

Zeit	Weg	Quotient ___ : ___
3 h	252 km	
7 h	574 km	
5 h	420 km	

Proportional: ja ☐   nein ☐

3 Ergänze die Tabellen der proportionalen Zuordnungen.

Gewicht	Preis in €	Quotient ___ : ___
2 kg	35,00	
1,5 kg		
	105,00	

Flächen-inhalt	Preis in €	Quotient Preis : Flächeninhalt
		16
40 m²		
	560,00	

4 Fülle die Tabelle aus. Einige Werte kannst du genau ablesen, die anderen solltest du berechnen.

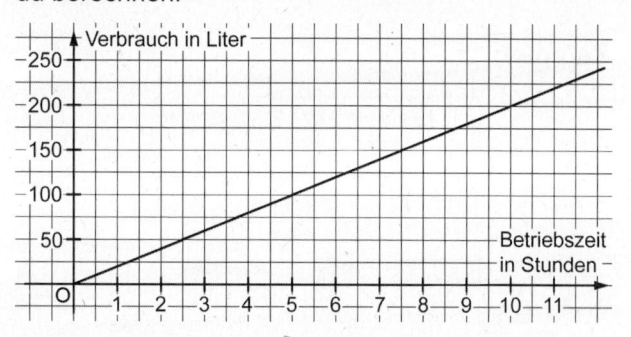

(Schaubild: Verbrauch in Liter über Betriebszeit in Stunden, Gerade durch Ursprung, bei 10 Stunden ca. 225 Liter)

		Quotient ___ : ___

5 Zeichne zu der proportionalen Zuordnung das passende Schaubild.

Menge in Liter	Kosten in €
0	0
10	8,50
20	17,00
30	25,50
40	34,00
50	42,50
60	51,00

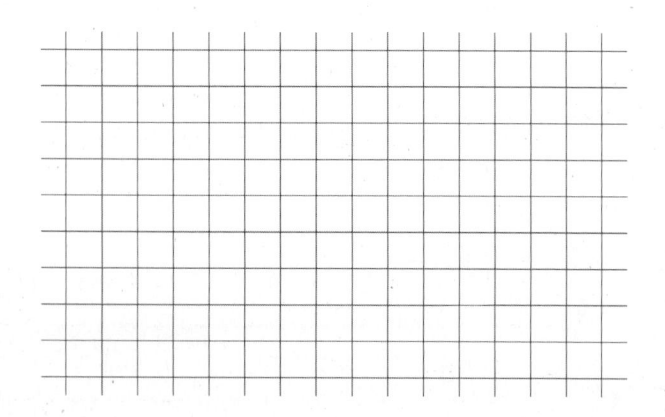

† Einzelarbeit

Leitidee funktionaler Zusammenhang

Umgekehrt proportionale Zuordnung

1 Berechne das Produkt der umgekehrt proportionalen Zuordnung.

Länge	Anzahl	Produkt Länge x Anzahl
42 cm	15	
63 cm	10	
30 cm	21	

2 Entscheide, ob eine umgekehrt proportionale Zuordnung vorliegen könnte.

Gewicht	Anzahl	Produkt ___ x ___
250 g	8	
200 g	10	
150 g	15	

Umgekehrt proportional: ja ☐ nein ☐

Länge	Breite	Produkt ___ x ___
30 cm	22 cm	
7,5 cm	88 cm	
40 cm	16,5 cm	

Umgekehrt proportional: ja ☐ nein ☐

3 Ergänze die Tabellen der umgekehrt proportionalen Zuordnungen.

Flächen-inhalt	Preis in €	Produkt ___ x ___
21 m²	320,00	
70 m²		
	140,00	

Länge	Breite	Produkt ___ x ___
	14 cm	630
	35 cm	
90 cm		

Gewicht	Anzahl	Produkt ___ x ___
75 g		
	50	
125 g		11250

4 Was kannst du aus diesen Schaubildern ablesen?

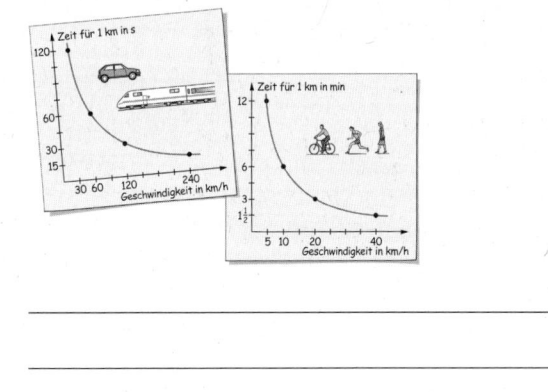

_____
_____
_____
_____
_____

5 Fülle die Tabelle aus. Einige Werte kannst du genau ablesen, die anderen solltest du berechnen.

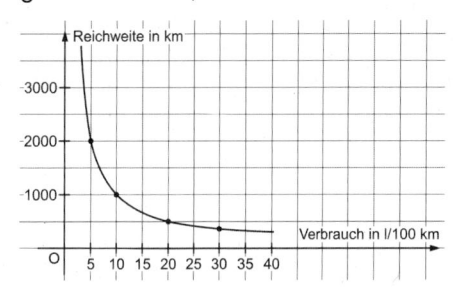

		Produkt ___ x ___

Leitidee funktionaler Zusammenhang

Dreisatzpuzzle (umgekehrter Dreisatz)

Material: Schere

Spielbeschreibung: Zerschneide die Dreisatzkärtchen und füge sie zu vollständigen Dreisätzen zusammen.

Beispiel:

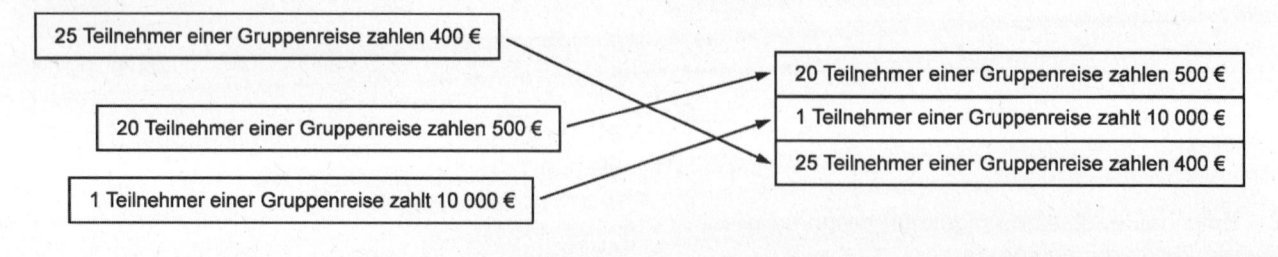

25 Teilnehmer einer Gruppenreise zahlen 400 €

20 Teilnehmer einer Gruppenreise zahlen 500 €

1 Teilnehmer einer Gruppenreise zahlt 10 000 €

→

20 Teilnehmer einer Gruppenreise zahlen 500 €
1 Teilnehmer einer Gruppenreise zahlt 10 000 €
25 Teilnehmer einer Gruppenreise zahlen 400 €

---

24 Teilnehmer einer Gruppenreise zahlen 400 €

1 Teilnehmer einer Gruppenreise zahlt 9000 €

10 Teilnehmer einer Gruppenreise zahlen 700 €

15 Teilnehmer einer Gruppenreise zahlen 600 €

35 Teilnehmer einer Gruppenreise zahlen 200 €

1 Teilnehmer einer Gruppenreise zahlt 7000 €

22 Teilnehmer einer Gruppenreise zahlen 300 €

30 Teilnehmer einer Gruppenreise zahlen 300 €

1 Teilnehmer einer Gruppenreise zahlt 9600 €

20 Teilnehmer einer Gruppenreise zahlen 480 €

1 Teilnehmer einer Gruppenreise zahlt 6600 €

33 Teilnehmer einer Gruppenreise zahlen 200 €

Leitidee funktionaler Zusammenhang

Tandembogen Zuordnungen

Aufgaben für Partner B

Welche Zuordnungen sind proportional, umgekehrt proportional bzw. keine von beiden Zuordnungen?
Begründe deinem Partner deine Entscheidung.

	Eingabe	Ausgabe
1	Anzahl von Maurern	Zeit für das Mauern einer Wand
2	Benzinmenge	Preis
3	Alter eines Kindes	Körpergröße des Kindes
4	Fahrzeit	zurückgelegter Weg (bei gleicher Geschwindigkeit)
5	Anzahl der Eier	Kochzeit
6	Gewicht eines Kekses	Anzahl der Kekse (aus einem Teig)
7	Anzahl der Eier	Preis
8	Anzahl der Mitglieder einer Wettgemeinschaft	Höhe des Gewinnanteils
9	Anzahl der Äpfel	Gesamtgewicht

Lösungen für Partner A

1 proportional
2 umgekehrt proportional
3 proportional
4 umgekehrt proportional
5 proportional
6 weder noch
7 weder noch
8 proportional
9 proportional

Hier knicken

Tandembogen Zuordnungen

Aufgaben für Partner A

Welche Zuordnungen sind proportional, umgekehrt proportional bzw. keine von beiden Zuordnungen?
Begründe deinem Partner deine Entscheidung.

	Eingabe	Ausgabe
1	Geldwert in €	Geldwert in US-Dollar
2	Anzahl gleicher Maschinen	Zeit zum Abfüllen von Milch
3	Arbeitszeit	Arbeitslohn
4	Geschwindigkeit	Fahrzeit (für eine gleichlange Wegstrecke)
5	Quadratseite	Umfang des Quadrats
6	Anzahl der Arbeiter	Arbeitszeit
7	Gewicht eines Briefes	Portogebühr in €
8	Orangen (g)	gepresster Orangensaft (ml)
9	Menge an Zucker	Preis

Lösungen für Partner B

1 umgekehrt proportional
2 proportional
3 weder noch
4 proportional
5 weder noch
6 umgekehrt proportional
7 proportional
8 umgekehrt proportional
9 weder noch

Leitidee funktionaler Zusammenhang

Sachaufgaben – kein Problem

Der Taschenrechner ist erlaubt.

Winzer Bacchus füllt aus einem Fass 1500 Flaschen zu je 0,75 l ab.
Wie viele Flaschen zu je 1 l könnte er aus dem Fass abfüllen?

Vervollständige.

Füllmenge	Anzahl
0,75 l	1500
0,25 l	4500
1,00 l	1125

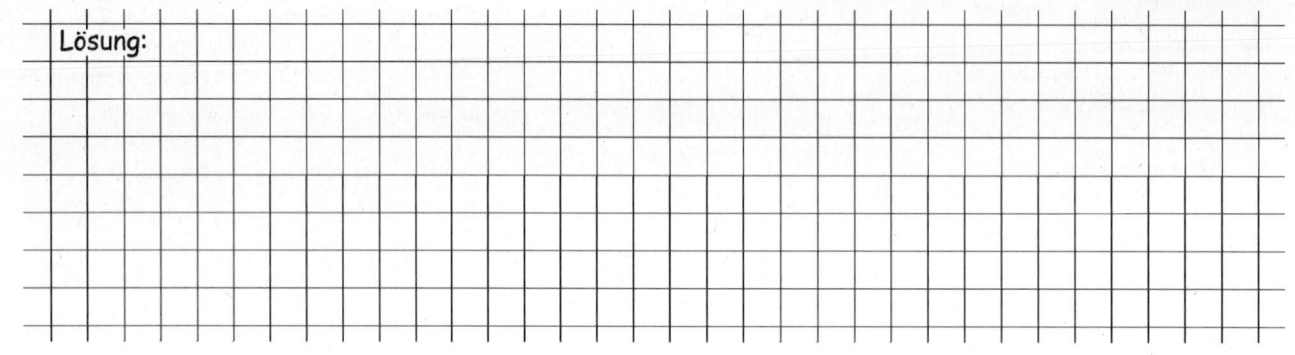

Anzahl (1500 Flaschen)
Füllmenge (0,75 l)

1 Fass
Viele Flaschen entsprechen wenig Füllmenge pro Flasche, wenig Flaschen

Lösung:

1 Familie Meier zahlt für ihre 70 m² große Wohnung monatlich 315 € Miete. Wie viel Euro müssen ihre Nachbarn bei gleichem Quadratmeterpreis für ihre 88 m² große Wohnung bezahlen?

2 Frau Bach mäht mit ihrem Rasenmäher, der eine Schnittbreite von 32 cm hat, insgesamt 45 Bahnen. Frau Sauers Mäher hat eine Schnittbreite von 48 cm.

3 Zwei Saugbagger müssen zum Ausbaggern einer Hafeneinfahrt täglich zwölf Stunden arbeiten. Ein zusätzlicher Bagger kann eingesetzt werden.

4 Ein Gewinn wird an zwölf Personen verteilt, jede Person erhält 5 928 €. Frau Maier möchte auch am Gewinn beteiligt werden.

5 Aus einem Rohr laufen in 15 Minuten 3600 Liter Öl. In 25 Minuten ist der Tank gefüllt.

6 Eine Busfahrt kostet bei 21 Schülern für jeden 24,00 €. Es fahren jedoch nur 20 Schüler mit.

7 Ein großes Blech mit Pizza ist 72 cm breit und 72 cm lang. Es sollen 24 gleiche Portionen geschnitten werden.

8 Entlang einer Straße wird eine Lärmschutzwand aus Fertigplatten errichtet. Eine Platte ist 2,50 m lang, es werden 36 Platten benötigt.

a) Eine andere Firma bietet Platten von 3 Metern Länge an.
b) Versehentlich werden die falschen Platten geliefert. Der Bauleiter benötigt jetzt 40 Stück.

Stimmt's?
Lösungen (ohne Einheiten): 30 | 2,25 | 30 | 396 | 5472 | 2.B. 24cm x 9cm | 6000 | 8 | 25,20

Leitidee funktionaler Zusammenhang

Die Zahnradbahn

1 Die Steigung einer Bahn wird durch das Verhältnis des Höhenunterschieds zur horizontalen Strecke ausgedrückt. Die Zahnradbahn überwindet auf einer horizontalen Strecke von 1000 m einen Höhenunterschied von 400 m. Ihre Steigung ist

$$\frac{400}{1000} = \frac{40}{100} = 0{,}4 = 40\%$$

Das grau eingefärbte Dreieck ABC, mit dem die Steigung bestimmt wurde, heißt **Steigungsdreieck**.

a) Bei der Zahnradbahn ist noch ein weiteres Dreieck eingezeichnet. Bestimme mit diesem die Steigung.

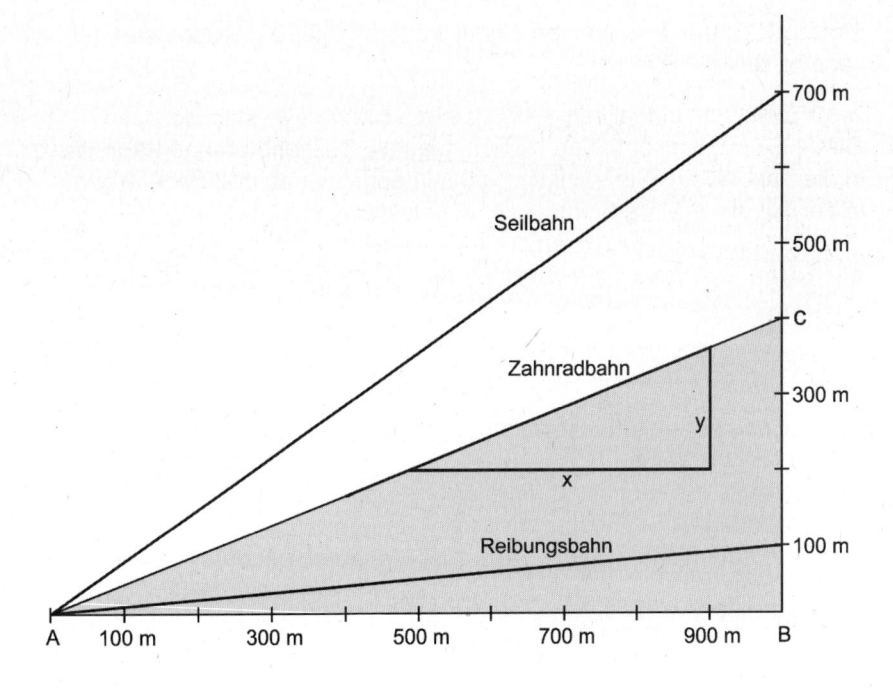

_____

_____

b) Welchen Höhenunterschied überwindet die Zahnradbahn bei einer horizontalen Strecke von 100 m? Überlege zuerst und überprüfe dann durch das Einzeichnen eines passenden Steigungsdreiecks.

_____

c) Notiere eine Berechnungsformel für die Steigung m, wenn die horizontale Strecke mit x und die vertikale Strecke (der Höhenunterschied) mit y bezeichnet werden. m = _____

d) Berechne (auf der Rückseite) die Steigung der Seilbahn und der Reibungsbahn. Gib das Ergebnis als Dezimalbruch und in Prozent an.

e) Zeichne bei der Seilbahn mehrere Steigungsdreiecke ein und berechne damit die Steigungen. Was kannst du über den Quotienten $\frac{y}{x}$ aussagen (Rückseite)?

2 a) Das Schaubild stellt eine proportionale Funktion dar. Begründe.

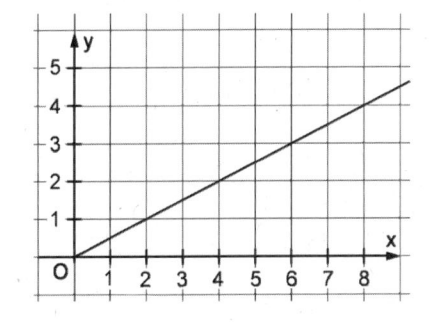

b) Vervollständige die Wertetabelle mithilfe des Graphen.

x	1	2	3	4
y				

c) Um wie viel steigt der Graph an, wenn der x-Wert um 1 erhöht wird? Zeichne mehrere Steigungsdreiecke ein. Vergleiche mit der Wertetabelle.

_____

d) Gib die Steigung des Graphen als Dezimalbruch an.

m = _____

† Partnerarbeit
Aus: 978-3-12-740477-7 Schnittpunkt Serviceblätter 7/8

Leitidee funktionaler Zusammenhang

Füllgraphen

Material: Lineal, Erlenmeyerkolben, weitere Gefäße, Messbecher, karierte DIN-A4-Blätter

1 a) Stelle das Lineal senkrecht in einen Erlenmeyerkolben. Gieße 50 ml Wasser in den Kolben. Lies die Füllhöhe ab und trage sie in die Tabelle ein. Gieße weitere 50 ml nach. Lies ab und trage erneut in die Tabelle ein. Verfahre weiter so, bis der Kolben voll ist.

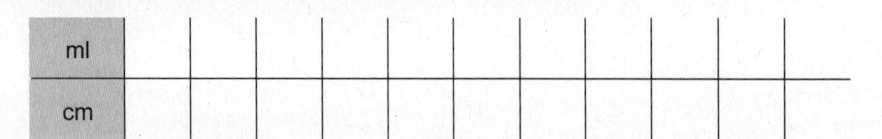

ml								
cm								

b) Zeichne auf einem extra Blatt zur Tabelle eine Grafik, wie das Beispiel rechts zeigt.
c) Stelle dir vor, du hättest jeweils nur 25 ml eingefüllt. Trage deine Werte in die gleiche Diagramm in einer anderen Farbe ein.
d) Überprüfe die Grafik aus Teilaufgabe c) durch ein entsprechendes Experiment.
e) Stelle die Abhängigkeit der Füllhöhe (cm) von der Füllmenge (ml) durch eine Linie dar. Solche Linien werden in der Mathematik als Funktionsgraphen bezeichnet. Zeichne auf ein kariertes DIN-A4-Blatt. Als Hilfe kannst du den Graph in Aufgabe 2 betrachten.

2 Skizziere zu dem Füllgraphen ein passendes Gefäß.

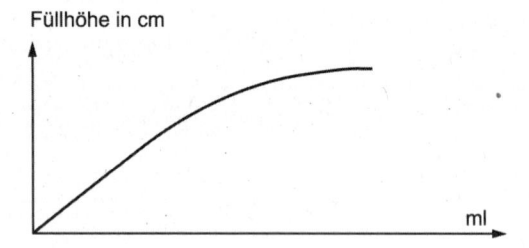

3 Führe das Füllexperiment mit einem anderen Gefäß durch. Erstelle eine Wertetabelle und zeichne einen Füllgraphen.

4 Wie sieht der Füllgraph für das nebenstehende Gefäß aus? Skizziere.

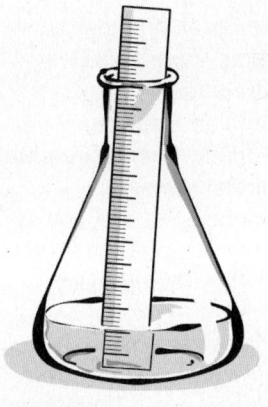

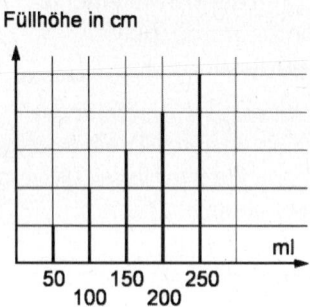

Leitidee funktionaler Zusammenhang

Übungen zur linearen Funktion

1 Ein Container wird mit Kies gefüllt. Das Gesamtgewicht setzt sich zusammen aus dem Leergewicht des Behälters (eine Tonne) und dem Gewicht der Füllmenge. Ein Kubikmeter Kies wiegt zwei Tonnen.

a) Vervollständige die Tabelle bis 4 m³ Füllmenge.

Füllmenge (in m³)	0	1			
Gesamtgewicht (in t)		3			

b) Prüfe, ob eine proportionale Funktion vorliegt. Begründe.

c) Zeichne den Graphen der Zuordnung der Kiesmenge (m³) zum Gesamtgewicht des Behälters (t). Worin unterscheidet sich dieser Graph von dem einer proportionalen Funktion?

d) Stelle die Zuordnung der Kiesmenge (m³) zum Kiesgewicht (Gewicht der Füllmenge ohne Behältergewicht) in einer Tabelle dar.

Füllmenge (in m³)	0	1			
Kiesgewicht (in t)		2			

Ist diese Zuordnung proportional? Begründe.

e) Zeichne den Graphen ebenfalls in das Koordinatensystem ein. Notiere Unterschiede und Gemeinsamkeiten der Graphen.

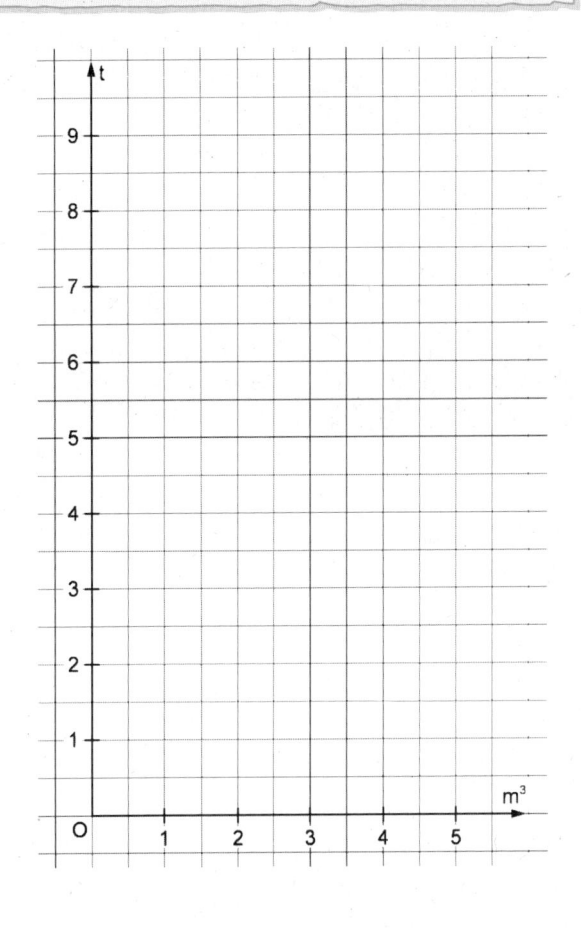

f) Wie erkennst du diese Unterschiede und Gemeinsamkeiten an den Wertetabellen? Schildere deine Vermutung deiner Partnerin oder deinem Partner.

g) Bestimme beide Steigungen mithilfe von Steigungsdreiecken und gib die Funktionsgleichungen an.

† Partnerarbeit

Leitidee funktionaler Zusammenhang

Graphen und Gleichungen – Partnerarbeitsblatt 1

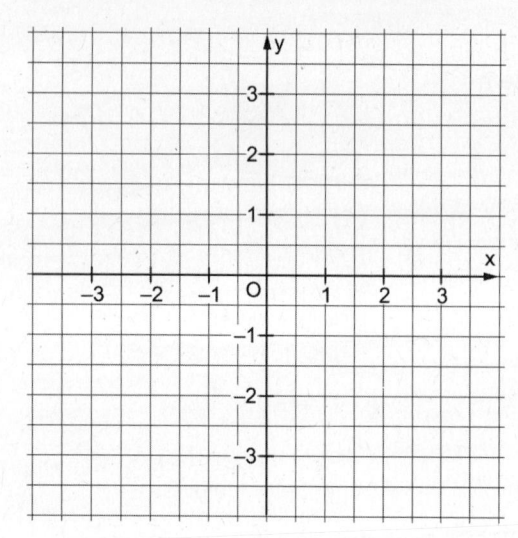

Aufgabe 1: Zeichne folgende Funktionsgraphen.

f: $y = 2x - 3$

g: $y = \frac{2}{3}x - 1$

h: $y = -\frac{1}{5}x + 1$

i: $y = -3x + 2$

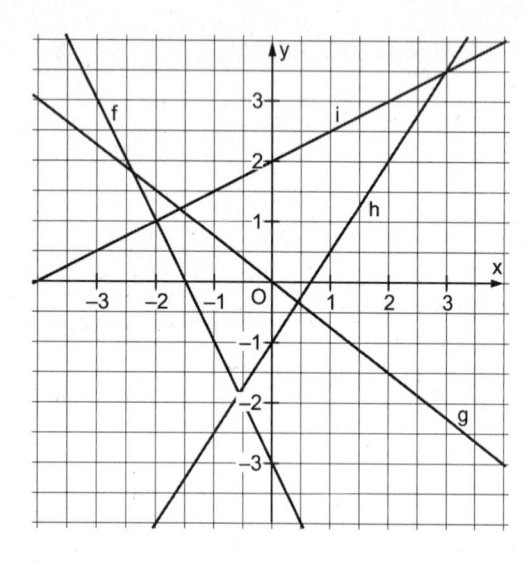

Aufgabe 2: Gib die Funktionsgleichungen der Funktionen an.

f: _____

g: _____

h: _____

i: _____

Aufgabe 3:

a) Bezeichne die Graphen mit den passenden Buchstaben.

f: $y = -\frac{1}{3}x + 1$ g: $y = -2,5$ h: $y = -\frac{1}{3}x - 2$

i: $y = -3x$ k: $y = x + 1$

b) Für welche der Graphen f, g, h, i, k gilt:

– sie verlaufen parallel: _____

– sie sind Ursprungsgeraden: _____

– die Steigung ist negativ: _____

– sie verlaufen parallel zur x-Achse: _____

Leitidee funktionaler Zusammenhang

Graphen und Gleichungen – Partnerarbeitsblatt 2

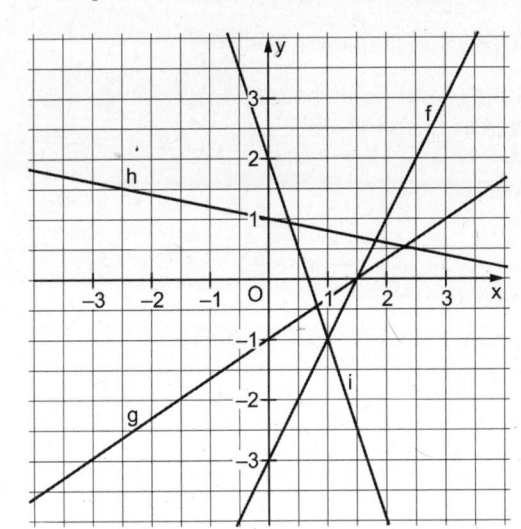

Aufgabe 1: Gib die Funktionsgleichungen an.

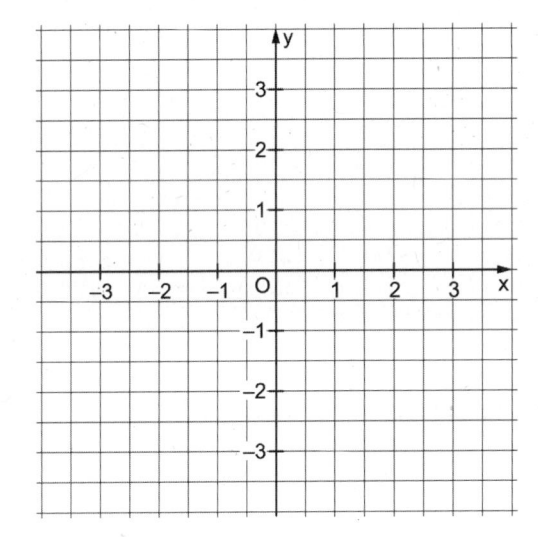

f: _____

g: _____

h: _____

i: _____

Aufgabe 2: Zeichne folgende Funktionsgraphen.

f: $y = -2x - 3$

g: $y = -\frac{3}{4}x$

h: $y = \frac{3}{2}x - 1$

i: $y = \frac{1}{2}x + 2$

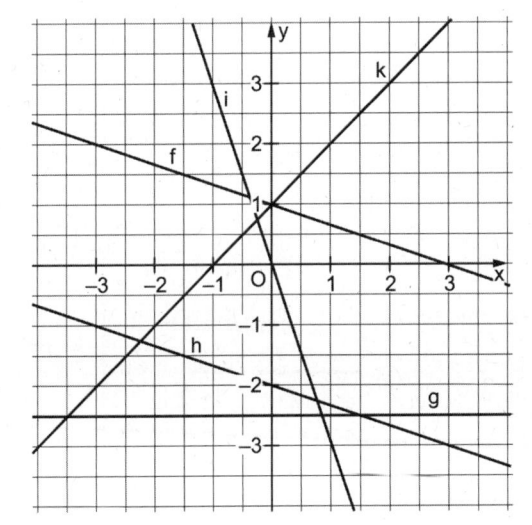

Aufgabe 3:

a) Notiere zu jeder Funktionsgleichung den richtigen Buchstaben.

__: $y = -\frac{1}{3}x + 1$ __: $y = -2,5$ __: $y = -\frac{1}{3}x - 2$

__: $y = -3x$ __: $y = x + 1$

b) Für welche der Graphen f, g, h, i, k gilt:

– sie haben dieselbe Steigung: _____

– der y-Achsenabschnitt ist 0: _____

– es gilt m < 0: _____

– es gilt m = 0: _____

Leitidee funktionaler Zusammenhang

Funktionenpuzzle

Material: Schere

Spielbeschreibung: Schneidet die Kärtchen aus. Mischt sie und ordnet dann gemeinsam passende Kärtchen einander zu. Jeweils sieben Kärtchen gehören zusammen. Vier Kärtchen passen nicht!

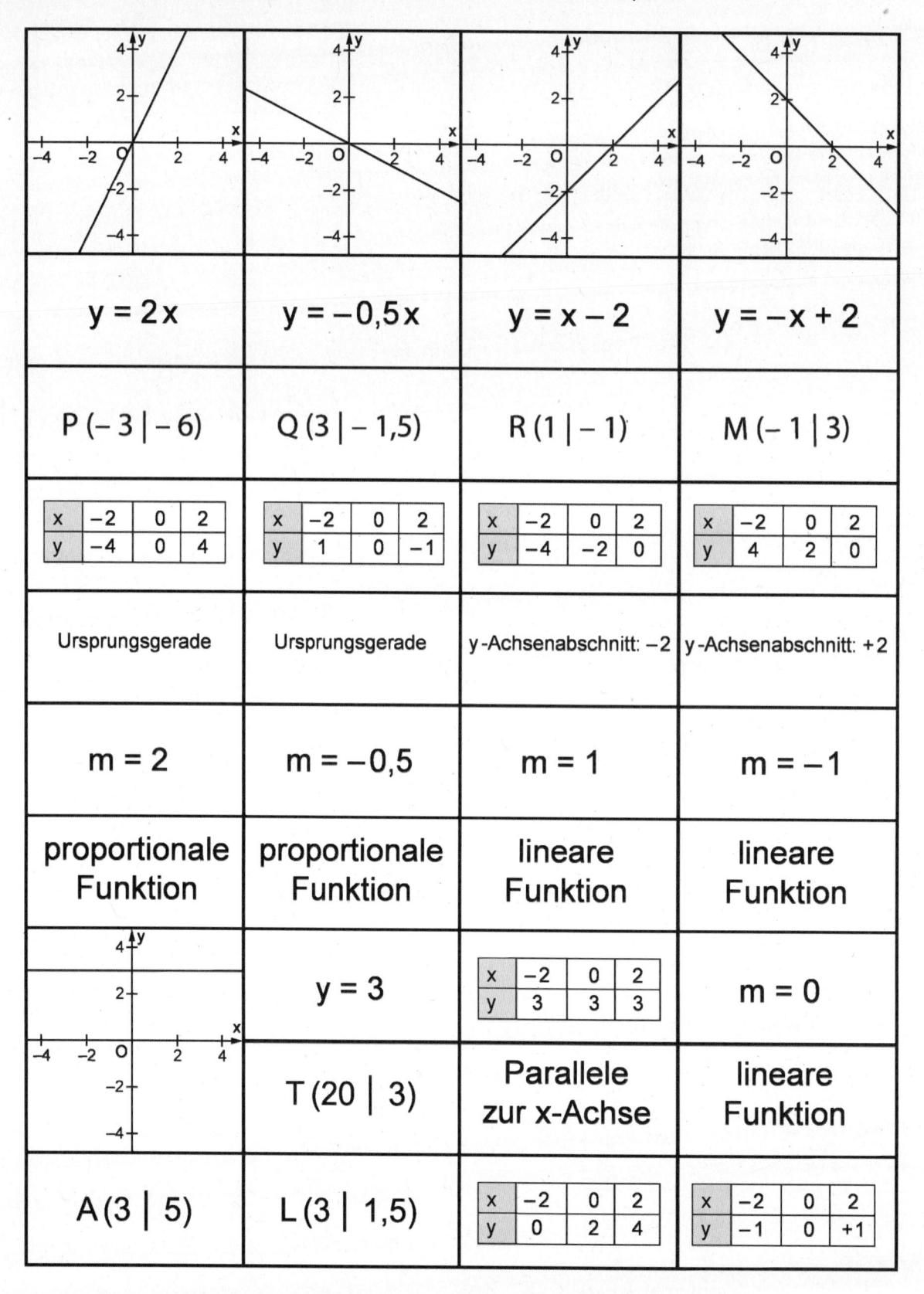

(Graph: Ursprungsgerade, steil steigend)	(Graph: fallende Gerade durch Ursprung)	(Graph: steigende Gerade, y-Achsenabschnitt −2)	(Graph: fallende Gerade, y-Achsenabschnitt +2)
$y = 2x$	$y = -0{,}5x$	$y = x - 2$	$y = -x + 2$
$P(-3 \mid -6)$	$Q(3 \mid -1{,}5)$	$R(1 \mid -1)$	$M(-1 \mid 3)$
x: −2, 0, 2 / y: −4, 0, 4	x: −2, 0, 2 / y: 1, 0, −1	x: −2, 0, 2 / y: −4, −2, 0	x: −2, 0, 2 / y: 4, 2, 0
Ursprungsgerade	Ursprungsgerade	y-Achsenabschnitt: −2	y-Achsenabschnitt: +2
$m = 2$	$m = -0{,}5$	$m = 1$	$m = -1$
proportionale Funktion	proportionale Funktion	lineare Funktion	lineare Funktion
(Graph: leeres Koordinatensystem)	$y = 3$	x: −2, 0, 2 / y: 3, 3, 3	$m = 0$
	$T(20 \mid 3)$	Parallele zur x-Achse	lineare Funktion
$A(3 \mid 5)$	$L(3 \mid 1{,}5)$	x: −2, 0, 2 / y: 0, 2, 4	x: −2, 0, 2 / y: −1, 0, +1

Leitidee funktionaler Zusammenhang

Lineare Gleichungen mit zwei Variablen

1 Gib drei Lösungspaare für die Gleichung an.

a) $y - 7 = 2x$ \hspace{2cm} b) $-2x = y - 3$ \hspace{2cm} c) $2y + 12 = x$

_____ \hspace{1cm} _____ \hspace{1cm} _____

2 Ordne die Punkte und Funktionsgleichungen den richtigen Schaubildern zu. Notiere dein Ergebnis unterhalb des Schaubildes. Nicht alle Punkte und Funktionsgleichungen lassen sich zuordnen.

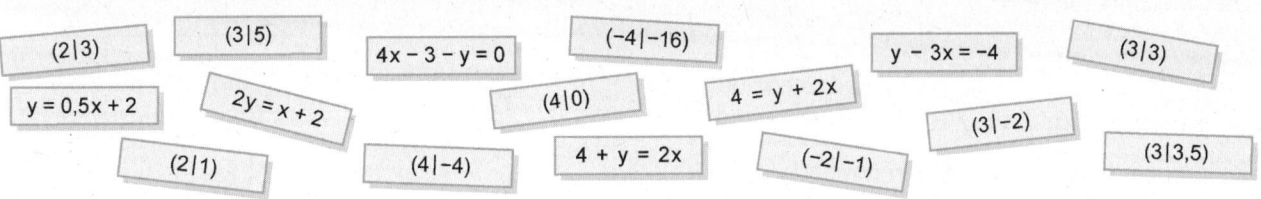

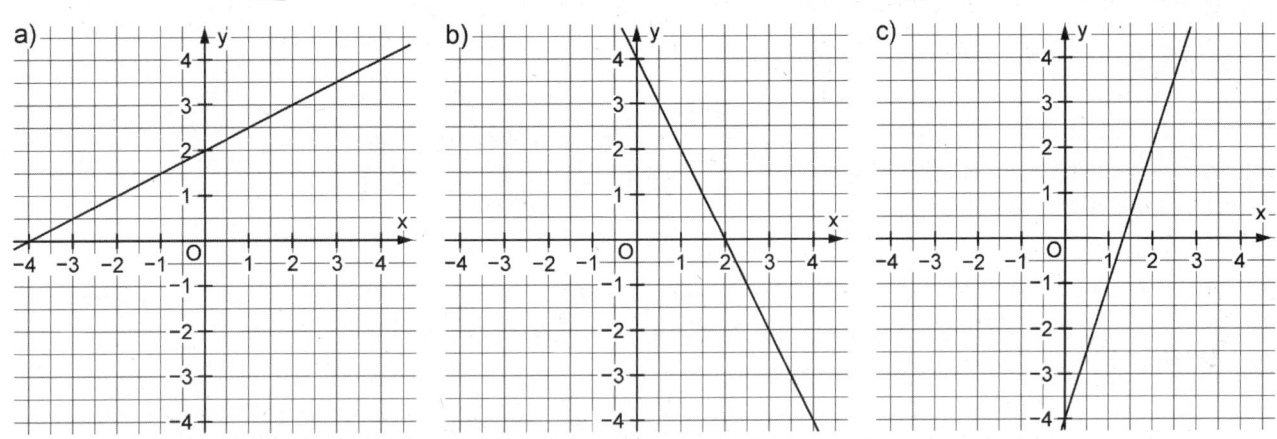

(2|3) \hspace{0.5cm} (3|5) \hspace{0.5cm} $4x - 3 - y = 0$ \hspace{0.5cm} (−4|−16) \hspace{0.5cm} $y - 3x = -4$ \hspace{0.5cm} (3|3)

$y = 0,5x + 2$ \hspace{0.5cm} $2y = x + 2$ \hspace{0.5cm} (4|0) \hspace{0.5cm} $4 = y + 2x$ \hspace{0.5cm} (3|−2)

(2|1) \hspace{0.5cm} (4|−4) \hspace{0.5cm} $4 + y = 2x$ \hspace{0.5cm} (−2|−1) \hspace{0.5cm} (3|3,5)

a) [Koordinatensystem mit Gerade] \hspace{1cm} b) [Koordinatensystem mit Gerade] \hspace{1cm} c) [Koordinatensystem mit Gerade]

Funktionsgleichung: \hspace{1cm} Funktionsgleichung: \hspace{1cm} Funktionsgleichung:

_____ \hspace{1.5cm} _____ \hspace{1.5cm} _____

Punkte: \hspace{2cm} Punkte: \hspace{2cm} Punkte:

_____ \hspace{1.5cm} _____ \hspace{1.5cm} _____

3 Bei einem Badmintonturnier an einer Schule gibt es zwei Kategorien von Gewinnen. Es gibt Gewinne zu 8 € und solche zu 3 €. Insgesamt stehen 192 € als Preisgeld zur Verfügung.

a) Stelle eine lineare Gleichung mit zwei Variablen auf. _____

b) Löse die Gleichung nach einer geeigneten Variable auf. _____

c) Durch die aufgestellte Gleichung sind unendlich viele Zahlenpaare festgelegt. Bestimme alle geeigneten Lösungen. _____

d) Welche grafische Darstellung passt zum beschriebenen Sachverhalt? Begründe auf der Rückseite.

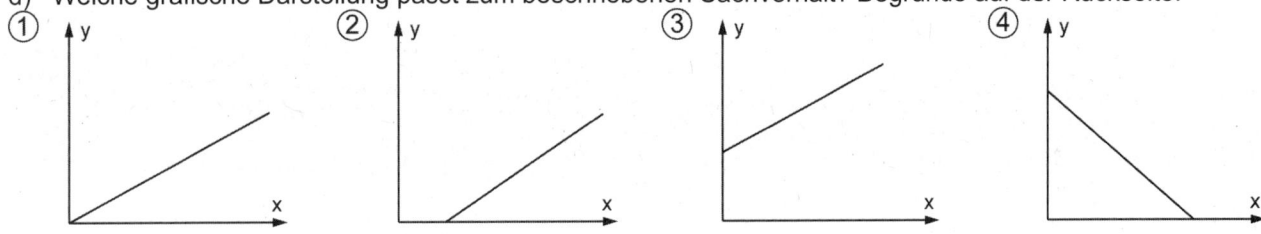

① [Graph steigend] \hspace{1cm} ② [Graph steigend] \hspace{1cm} ③ [Graph steigend] \hspace{1cm} ④ [Graph fallend]

↑ Einzelarbeit

Leitidee funktionaler Zusammenhang

Grafische Lösung linearer Gleichungssysteme

1 Eine Theater-AG wird von Jungen und Mädchen besucht. Nach einer gelungenen Aufführung gehen alle zehn Mitwirkenden zum Eisessen. Jeder Junge isst drei Kugeln, jedes Mädchen zwei Kugeln. Beim Bezahlen stellt sich heraus, dass insgesamt 22 Kugeln verzehrt wurden. Stelle die beiden Zusammenhänge mit zwei Gleichungen dar.

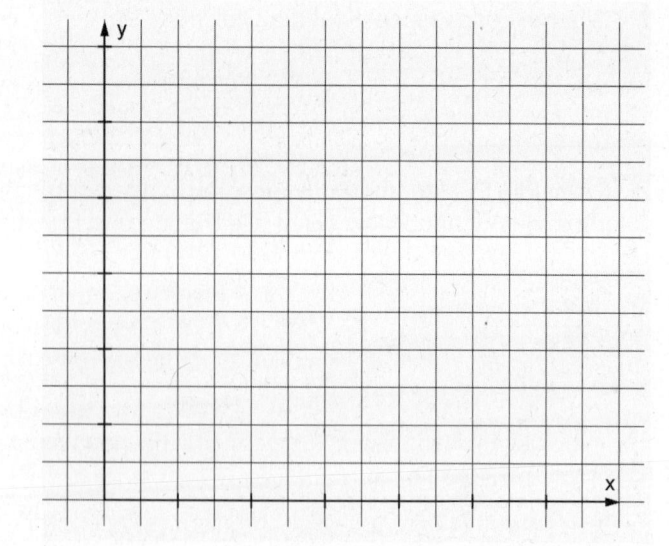

Zeichne die Graphen der beiden Gleichungen und lies ab, wie sich die Theater-AG zusammensetzt.

2 Lilly möchte ein Gleichungssystem entwickeln. Dazu hat sie zunächst eine Gerade g in ein Koordinatensystem gezeichnet. Die Lösung des Gleichungssystems soll das Zahlenpaar (2|1) sein.

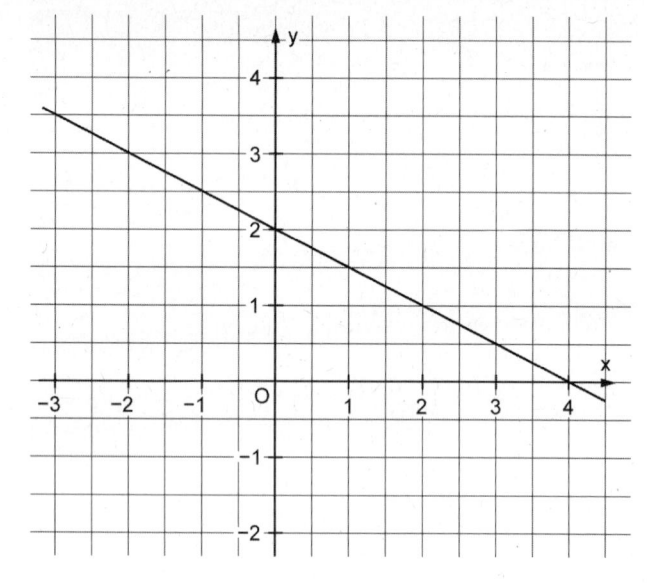

a) Bestimme die zweite Gleichung. Findest du mehrere Lösungen?

b) Sindy behauptet, dass der Graph ihrer Funktionsgleichung $y = -0{,}5x + 3$ keinen gemeinsamen Punkt mit der von Lilly gezeichneten ersten Geraden g hat. Finde weitere Gleichungen dieser Art?

c) Leoni entdeckt den Graph einer proportionalen Funktion, der mit der Geraden g einen Schnittpunkt mit ganzahligen Werten hat. Gibt es weitere Geraden mit dieser Eigenschaft?

d) Ricardo zeichnet ausgehend vom Punkt (0|2) eine Gerade, die zur Geraden g senkrecht ist. Gib die Funktionsgleichung dieser neuen Geraden an.

Wie erkennt man an den Funktionsgleichungen, dass zwei Geraden senkrecht zueinander stehen?

Leitidee funktionaler Zusammenhang

Das Problem mit den Preisen ...

Kevin ist aus dem Schullandheim zurückgekehrt und hat dort mit seiner Digitalkamera viele Schnappschüsse gemacht. Seine Klassenkameraden wollen nun Abzüge bestellen. Am Nachmittag sucht er sich von der Firma „Prixel-Net" drei Angebote im Internet heraus:

	Grundgebühr inkl. Versand	Preis pro Abzug
Angebot 1	1,10 €	70 ct
Angebot 2	2,50 €	35 ct
Angebot 3	6,00 €	16 ct

1 Da in der nächsten Woche die Ferien beginnen, möchten Tom, Sarah und Jan ihre Bilder nach Hause geschickt bekommen. Kevin verschafft sich zunächst mit einer Tabelle einen Überblick über die Kosten:

	Anzahl der Bilder	Angebot 1	Angebot 2	Angebot 3
Tom	3			
Sarah	13			
Jan	21			

2 Kevin notiert zur Berechnung des Preises p (in €) bei Angebot 1 die Gleichung p = 0,70 a + 1,10, wobei a für die Anzahl der Fotos steht. Wie lauten die Gleichungen für die anderen Angebote?

Angebot 2 _____ Angebot 3 _____

3 Die Freunde möchten wissen, welches Angebot sie jeweils auswählen sollten. Da Kevin aber nicht für jeden das günstigste Angebot ausrechnen möchte, stellt er die Angebote in einem Schaubild übersichtlich dar.
a) Zeichne die drei Funktionsgraphen in das Koordinatensystem.

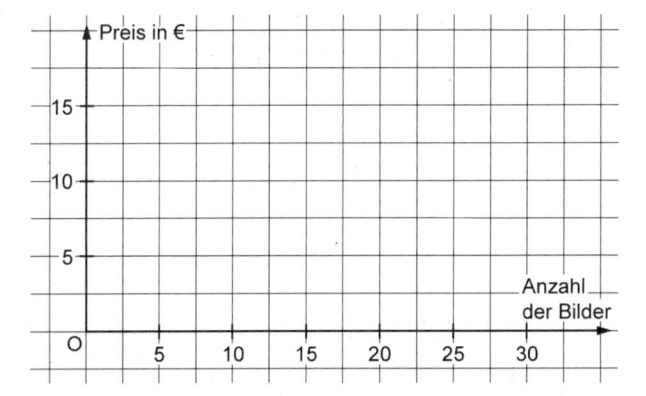

b) Für welche Fotoanzahl ist welches Angebot am günstigsten?

4 Steffi möchte wissen, wie viele Fotos sie sich schicken lassen kann, wenn sie 7 € zur Verfügung hat. Sie stellt dazu für Angebot 2 folgende Gleichung auf: 0,35 a + 2,50 = 7. (Löse auf der Rückseite.)
a) Berechne die Anzahl der Fotos.
b) Nun möchte Steffi wissen, wie viele Fotos sie bei Angebot 2 für den gleichen Preis mehr oder weniger bestellen kann als bei den beiden anderen Angeboten.

5 Thomas behauptet, dass er bei Angebot 3 für 30 Fotos 10,80 € zahlen muss. Überprüfe rechnerisch. (Löse auf der Rückseite.)

Leitideen Messen – Raum und Form

Dreiecke aus Pappstreifen

Auf diesem Blatt findet ihr fünf Pappstreifen. Die Löcher der Streifen sind 2 cm; 4 cm; 6 cm; 8 cm und 10 cm voneinander entfernt. Stellt nun in Gruppen zu je drei Schülern möglichst viele verschiedene Dreiecke her. Lassen sich Streifen mit beliebigen Längen zu Dreiecken verbinden? Versucht eine Regel zu finden.

† Partner-/Gruppenarbeit

© Als Kopiervorlage freigegeben.

Aus: 978-3-12-740477-7 Schnittpunkt Serviceblätter 7/8   Ernst Klett Verlag GmbH, Stuttgart 2007

Leitideen Messen – Raum und Form

Wir berechnen Winkel

1 Berechne die Winkel.

a) c ∥ g

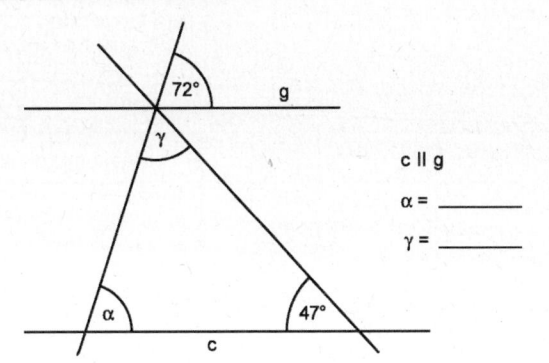

α = _____
γ = _____

b) b ∥ g

β = _____
γ = _____

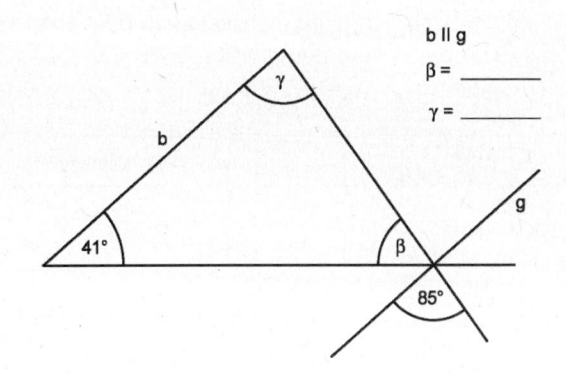

c)

α = _____
γ = _____

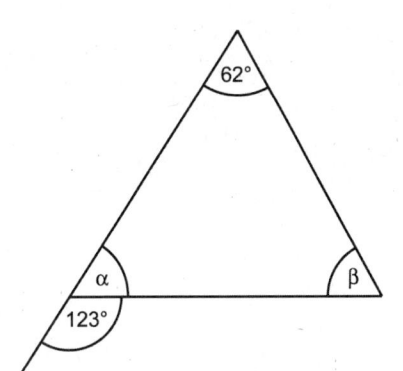

d)

α = _____
β = _____
γ = _____

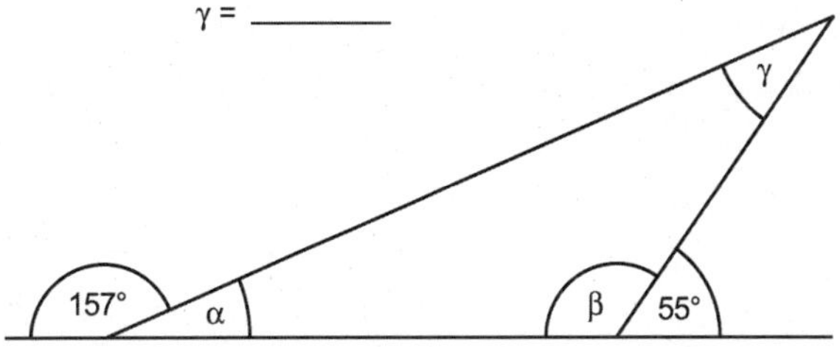

e)

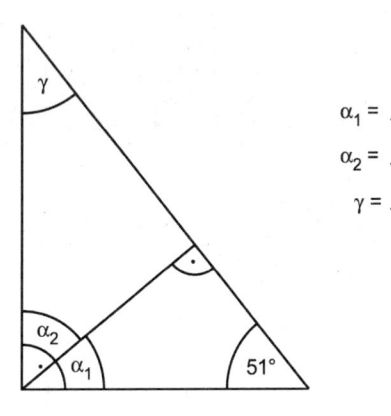

α_1 = _____
α_2 = _____
γ = _____

f)

β = _____

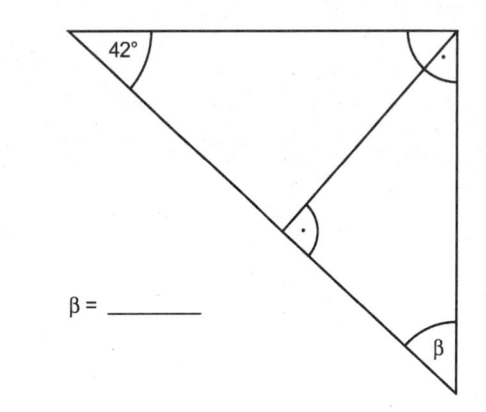

2 Die folgenden neun Winkel gehören zu drei Dreiecken.

74°, 49°, 27°, 71°, 104°, 59°, 47°, 75°, 34°.

Welche Winkel gehören zusammen?

	α	β	γ
Dreieck 1			
Dreieck 2			
Dreieck 3			

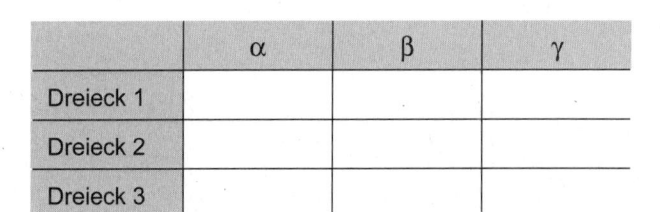

3 Die folgenden acht Winkel gehören zu drei Dreiecken.

31°, 62°, 44°, 56°, 59°, 87°, 37°, 74°.

Welche Winkel gehören zusammen?

Wie groß ist der fehlende neunte Winkel?

	α	β	γ
Dreieck 1			
Dreieck 2			
Dreieck 3			

Leitideen Messen – Raum und Form

Die Winkelsumme im Dreieck

1 Zeichne zwei beliebige Dreiecke in dein Heft, miss jeweils die Innenwinkel α, β und γ und bilde die Winkelsumme. Trage deine Werte in die Tabelle ein.

Dreieck 1			
α	β	γ	Winkelsumme

Dreieck 2			
α	β	γ	Winkelsumme

Vergleiche deine Ergebnisse mit denen deines Partners. Was vermutest du?

_____

_____

2 a) Zeichne ein Dreieck mit einem DGS und markiere die drei Winkel.

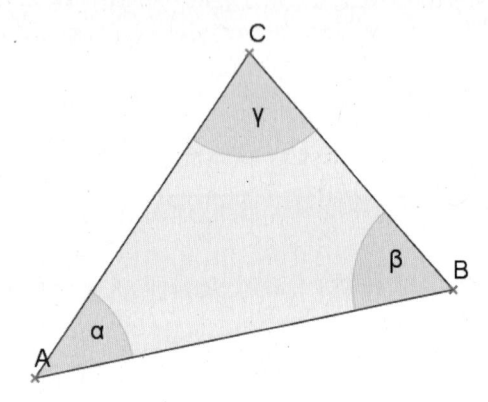

b) Miss die drei Winkel

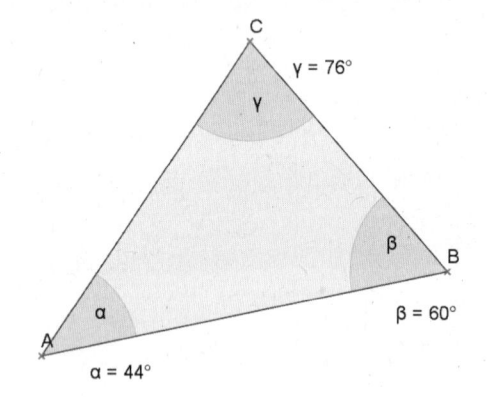

γ = 76°
β = 60°
α = 44°

c) Addiere die drei Winkel.

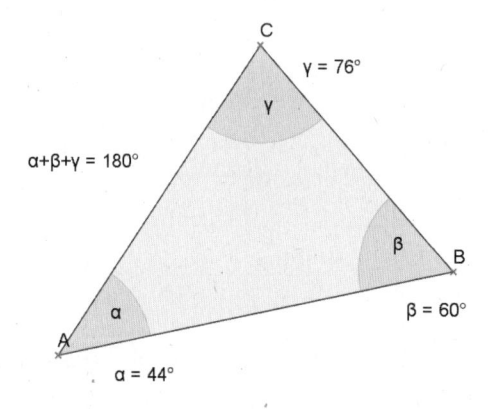

α+β+γ = 180°
γ = 76°
β = 60°
α = 44°

d) Verändere das Dreieck im Zugmodus. Beobachte die Winkel und die Winkelsumme.

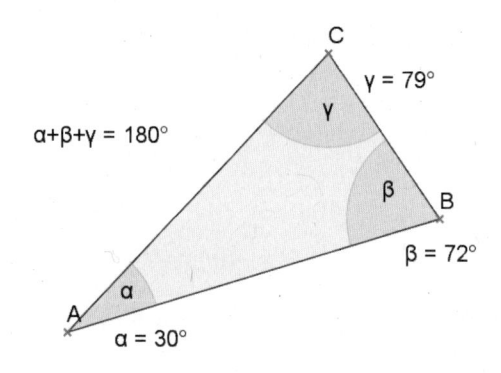

α+β+γ = 180°
γ = 79°
β = 72°
α = 30°

e) Beschreibe deine Beobachtung.

_____

_____

Leitideen Messen – Raum und Form

Was einmal ein Dreieck war, das ist nun ein Dromedar.

1 Zeichne dir ein Dreieck mit den Seitenlängen 10 cm und zerschneide es entsprechend der drei Mittellinien.

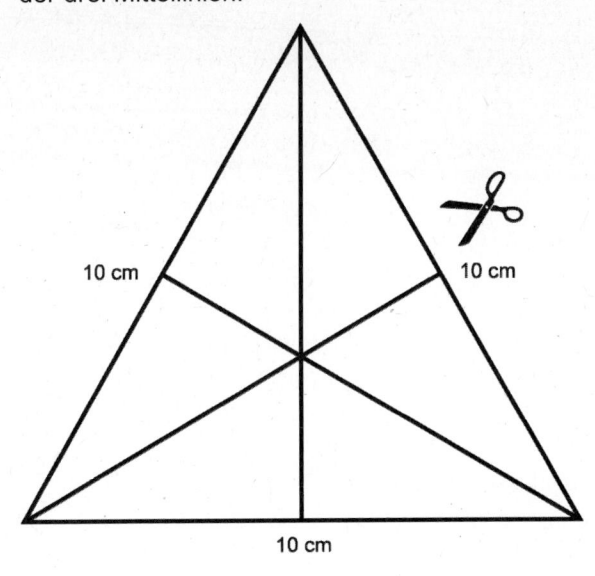

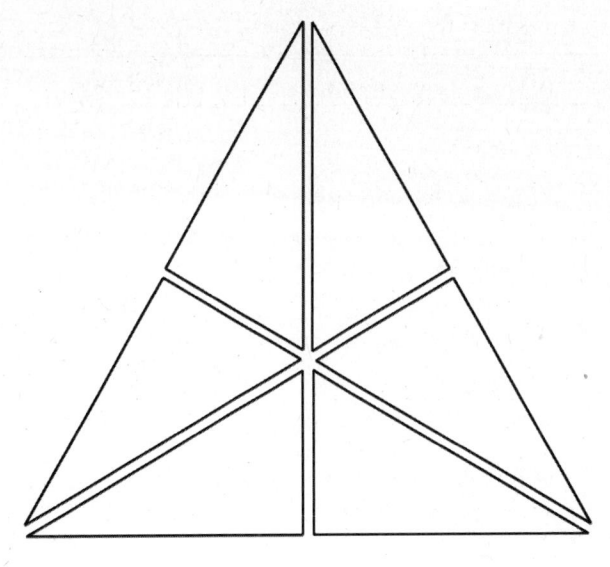

2 Lege mit den Teildreiecken die folgenden Figuren. Alle sechs Dreiecke müssen verwendet werden. Bestimme die angegebenen Winkel.

a)

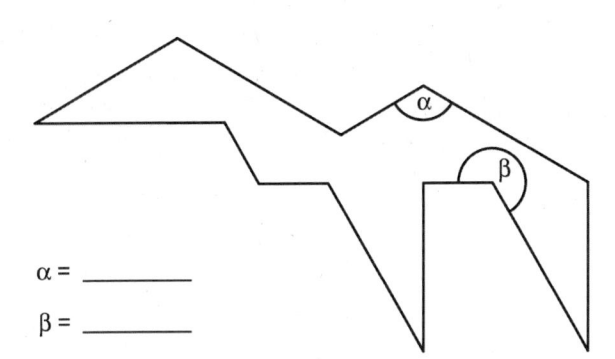

$\alpha =$ _____

$\beta =$ _____

b)

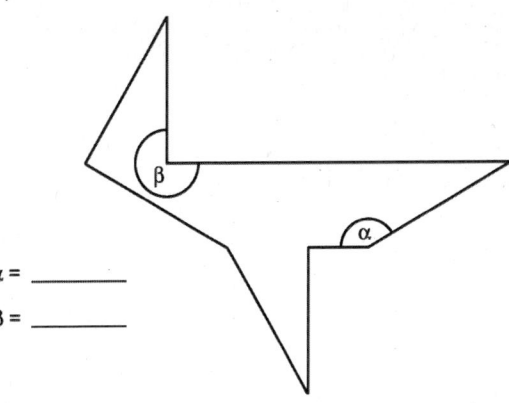

$\alpha =$ _____

$\beta =$ _____

c)

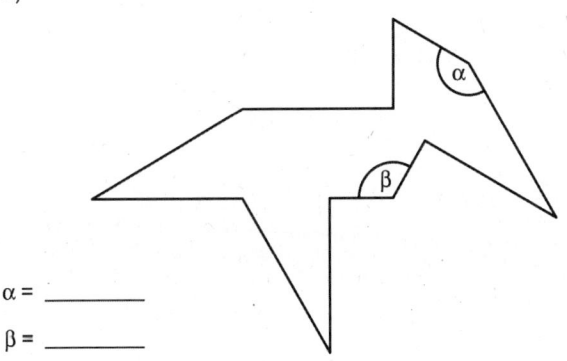

$\alpha =$ _____

$\beta =$ _____

d)

$\alpha =$ _____

$\beta =$ _____

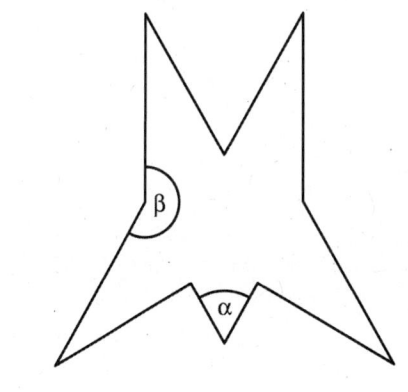

† Einzelarbeit

Aus: 978-3-12-740477-7 Schnittpunkt Serviceblätter 7/8

Leitideen Messen – Raum und Form

Dreiecke in Form

1 Wie viele verschiedene gleichschenklige Dreiecke lassen sich mit einer Knotenschnur mit 14 Knoten bilden?

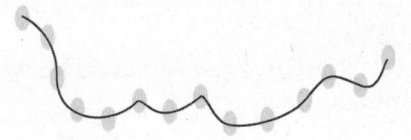

_____

_____

2 Wie viele Knoten muss eine Schnur haben, damit du gleichseitige Dreiecke bilden kannst?

_____

3 Wie viele verschiedene Rechtecke lassen sich mit einer Knotenschnur mit 21 Knoten bilden?

_____

4 Wie viele Knoten muss eine Schnur haben, damit du Quadrate bilden kannst?

_____

5 Entscheide, ob das Dreieck ABC und seine Teildreiecke spitzwinklig (spw), rechtwinklig (rw) oder stumpfwinklig (sw) sind. Dein Augenmaß ist gefragt.

	△ ABC	△ ABD	△ BCD	△ ADC
a)	spw	sw		
b)				
c)				
d)				

6 Wie viele Dreiecke findest du in dieser Figur? Wie viele gleichschenklige Dreiecke sind es? Wie gehst du beim Zählen vor, damit du kein Dreieck vergisst?

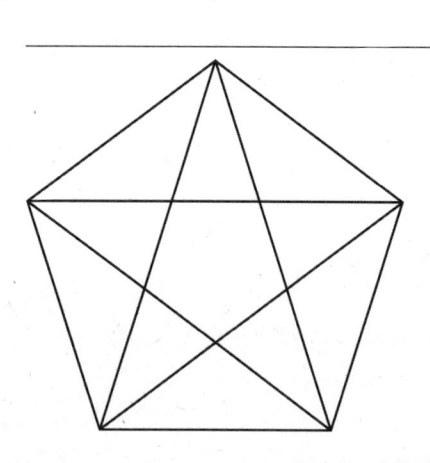

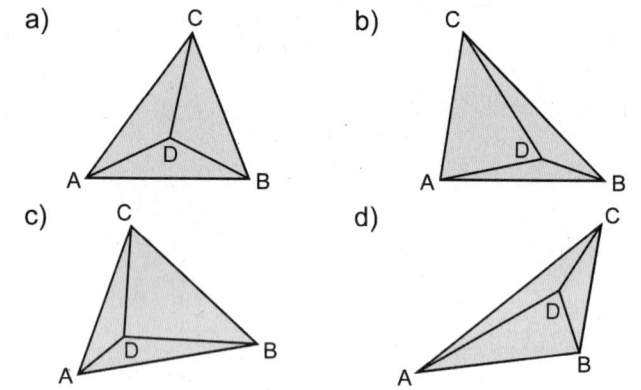

7 Die Dreiecke ABC und DEF sind gleichschenklig.
Wie groß ist der Winkel δ?
Berechne auf zwei unterschiedliche Arten.

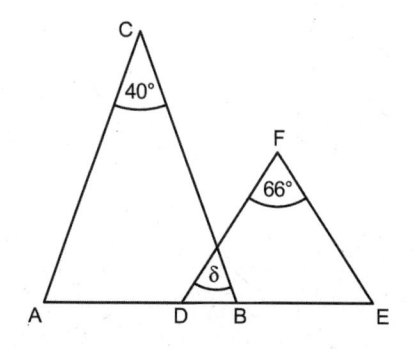

† Einzelarbeit

Leitideen Messen – Raum und Form

Geometrie-Diktate

1 Konstruiere in deinem Heft die Dreiecke nach den Beschreibungen.

a) 1. Zeichne Seite c = 5,2 cm; du erhältst A und B.
   2. Trage an c in B den Winkel β = 58° ab.
   3. Zeichne einen Kreisbogen um B mit Radius 7 cm = a.
   4. Der Schnittpunkt von Kreisbogen und freiem Schenkel von β ist C.
   5. Verbinde A und C.

b) 1. Zeichne Seite b = 7,4 cm; du erhältst A und C.
   2. Trage an b in A den Winkel α = 70° ab.
   3. Trage an b in C den Winkel γ = 50° ab.
   4. Der Schnittpunkt der freien Schenkel von α und γ ist B.

c) 1. Zeichne Seite a = 6,5 cm; du erhältst B und C.
   2. Trage an a in C den Winkel γ = 50° ab.
   3. Zeichne einen Kreisbogen um B mit Radius 5 cm = c.
   4. Die Schnittpunkte von Kreisbogen und freiem Schenkel von γ sind A_1 und A_2.
   5. Verbinde B mit A_1 und A_2, es entstehen die Dreiecke A_1BC und A_2BC.

2 Du siehst eine Planfigur mit den gegebenen Stücken für die Konstruktion eines Dreiecks.
Im Geometrie-Diktat von Tina haben sich ein paar Fehler eingeschlichen.
Du kannst sie bestimmt berichtigen.

1. Zeichne Seite c = 5 cm; du erhältst A und B.
2. Trage an c in A den Winkel β = 58° ab.
3. Zeichne einen Kreisbogen um B mit Radius 6 cm = b.
4. Der Schnittpunkt von Kreisbogen und freiem Schenkel von β ist C.
5. Verbinde A und B.

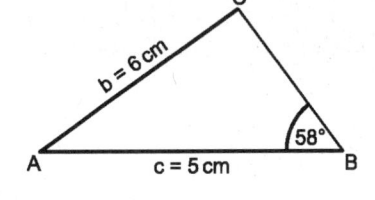

3 Bringe die Anweisungen des Geometrie-Diktates in die richtige Reihenfolge.

☐ Trage an b in C den Winkel γ = 60° ab.
☐ Berechne Winkel α aus 180° − 60° − 45° = 75°
☐ Zeichne Seite b = 7 cm, du erhältst A und C.
☐ Trage an b in A den errechneten Winkel α = 75° ab.
☐ Der Schnittpunkt der freien Schenkel von α und γ ist B.

4 Die Beschreibungen sind falsch. Schau dir die Planfigur an und berichtige die Fehler.
Konstruiere in deinem Heft das Dreieck nach dem korrigierten Text.

a) Zeichne Seite c = 7 cm; du erhältst A und C.
b) Trage an c in C den Winkel α = 55° ab.
c) Zeichne einen Kreisbogen um A mit Radius 9 cm = a.
d) Der Schnittpunkt der freien Schenkel ist C.

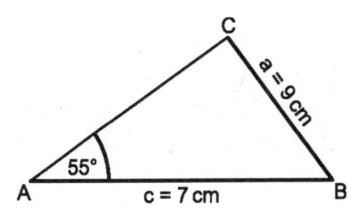

Leitideen Messen – Raum und Form

Dem Schnittpunkt der Mittelsenkrechten auf der Spur

1 Zeichne ein Dreieck ABC und die beiden Mittelsenkrechten m_a und m_b. Die beiden Mittelsenkrechten schneiden sich im Punkt M.

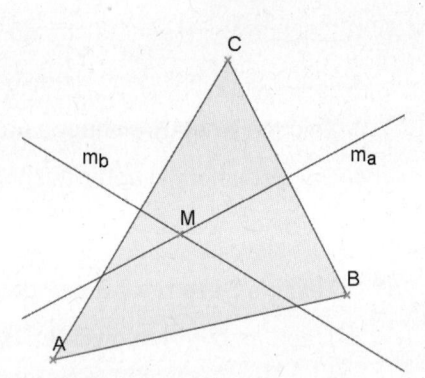

2 Verändere die Lage des Punktes C im Zugmodus. Betrachte dabei die Spur des Punktes M. Wo liegen die Punkte M? Überprüfe deine Vermutung.

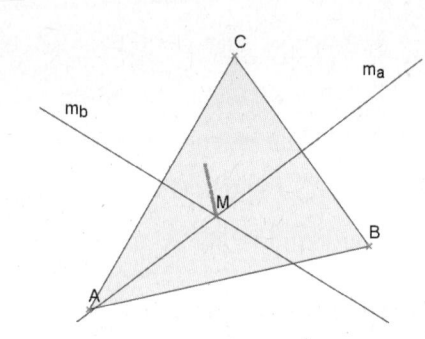

_____

_____

_____

_____

3 Zeichne einen Kreis mit dem Mittelpunkt M und dem Kreispunkt A. Was stellst du fest?

_____

_____

_____

Begründe dein Ergebnis.

_____

_____

_____

_____

† Einzelarbeit

Leitideen Messen – Raum und Form

Drinnen oder draußen?
Wo ist der Umkreismittelpunkt?

1 Zeichne ein Dreieck und die Mittelsenkrechten der drei Dreiecksseiten. Was stellst du fest? Gilt das für verschiedene Dreiecke? Überprüfe die Ergebnisse im Zugmodus.

_____

_____

_____

_____

_____

2 Du sollst nun die Lage des Schnittpunktes M der Mittelsenkrechten genauer betrachten. Finde mithilfe des Zugmodus heraus, welche Lage der Schnittpunkt M bei verschiedenen Dreiecken einnehmen kann. Um welche Dreiecksformen handelt es sich jeweils?

Tipp: Miss die Winkel des Dreiecks, wenn du dir nicht sicher bist.

Lage von M	Dreiecksform

3 Zeichne einen Kreis, bei dem M der Mittelpunkt ist und bei dem der Dreieckspunkt A auf der Kreislinie liegt. Was beobachtest du? Begründe.

_____

_____

_____

_____

_____

_____

↑ Einzelarbeit

Leitideen Messen – Raum und Form

Das Dreieck: Ein Messgerät

> **Maßstab**
>
> In **maßstäblichen Konstruktionen** werden alle Strecken im Maßstabsverhältnis verkleinert oder vergrößert.
>
> **Maßstab 1:10 000** bedeutet: Eine 760 m lange Strecke (Originalstrecke) wird
> 760 m : 10 000 = 0,078 m = 7,6 cm lang gezeichnet. Die Bildstrecke ist also 7,60 cm lang.

1 Um die Länge AB des Sees zu bestimmen, werden die Punkte A und B von C aus angepeilt. Damit ergibt sich der Winkel γ. Die Strecken $\overline{CA}$ und $\overline{CB}$ werden gemessen. Konstruiere das Dreieck ABC im Maßstab 1:10 000 in deinem Heft und bestimme die Länge des Sees.

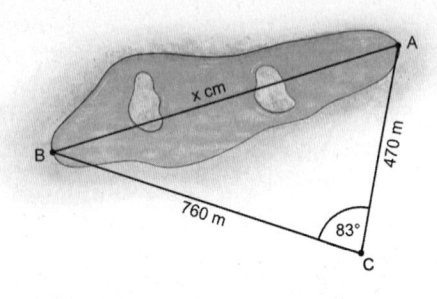

2 Wie weit sind die Orte voneinander entfernt?

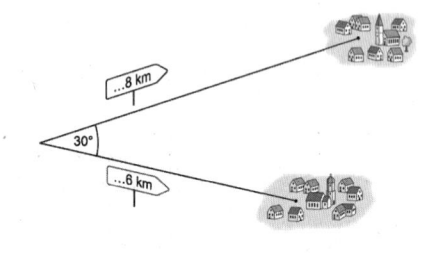

3 Wenn man vom Fuß des größeren Turms des Kölner Doms 85 m entfernt steht, sieht man die Spitze des Turms unter einem Winkel von 61°. Wie hoch ist der Turm?

4 Wie hoch schwebt der Ballon über dem Erdboden? Zeichne in einem geeigneten Maßstab.

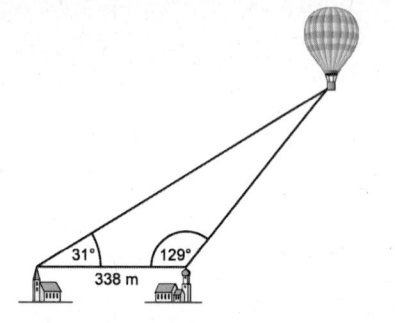

5 Wie hoch ist der Eiffelturm? Zeichne im Maßstab 1 : 2000.

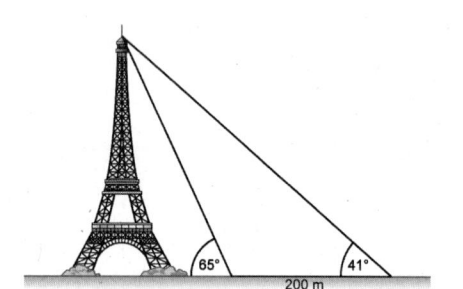

Leitideen Messen – Raum und Form

Vierecke bewegen

Material: Schere, Locher, Musterklammern, Karton/Pappe

Aus den vorgezeichneten Streifen kannst Du durch Ausschneiden, Lochen und mithilfe von Musterklammern bewegliche Vierecke herstellen. Untersuche planvoll:

- Benutze zunächst **vier** gleichlange Streifen. Wie viele verschiedene Vierecke entstehen?
- Benutze **zwei lange** und **zwei kürzere** Streifen. Welche Arten von Vierecken entstehen?
- …
- Bewege die entstandenen Figuren. Was stellst Du fest?

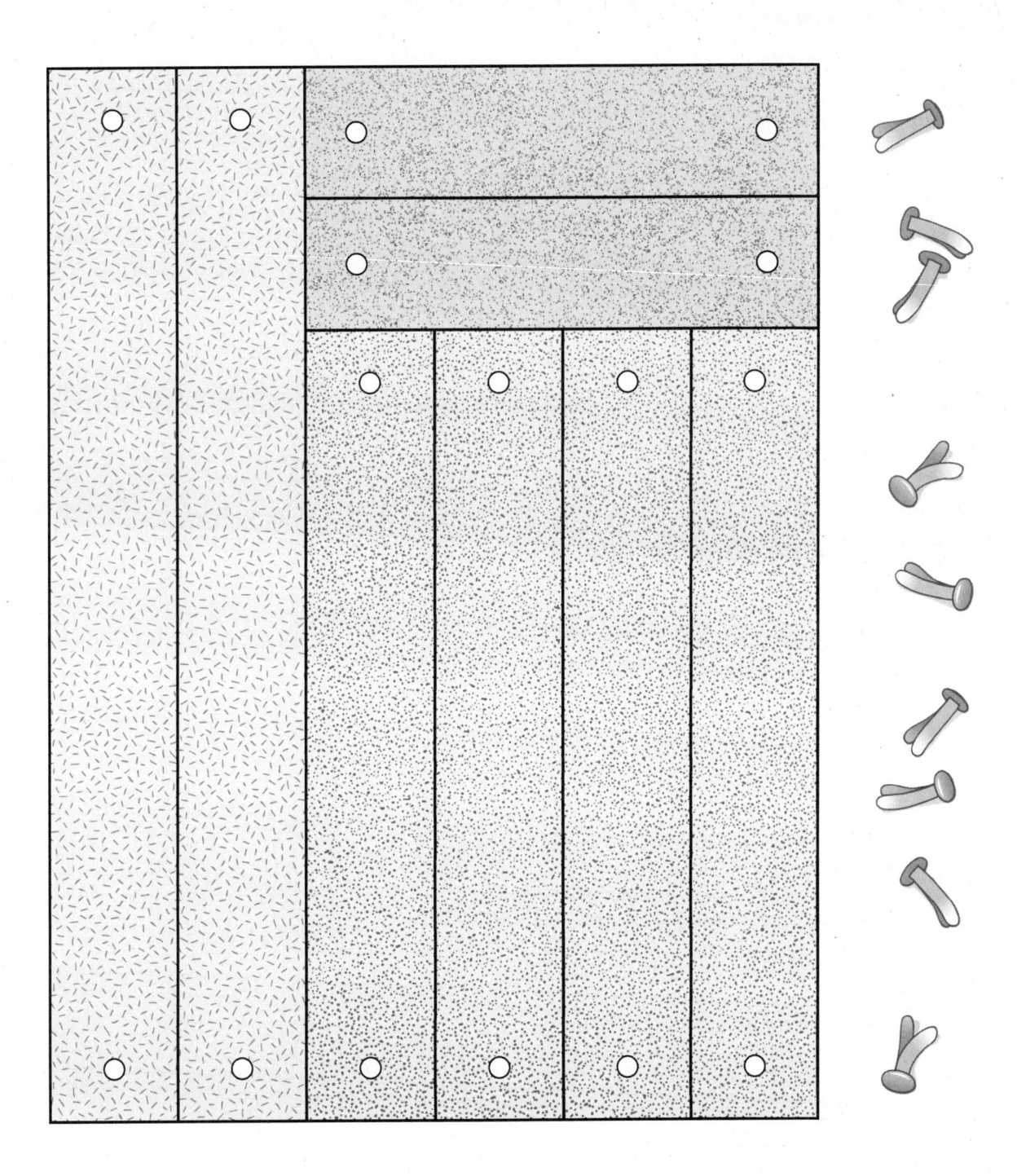

† Einzel-/Partnerarbeit

Leitideen Messen – Raum und Form

Tandembogen 🚲 Haus der Vierecke

Aufgaben für Partner B

1 Nenne zwei Vierecke mit vier gleichen Innenwinkeln.

2 Florian behauptet: Beim Drachen gibt es immer zwei gleiche Winkel. Hat er Recht?

3 Richtig oder falsch?
a) Bei einem Parallelogramm schneiden sich die Diagonalen in einem rechten Winkel.
b) Eine Raute hat vier gleich große Winkel.
c) Die Diagonalen in einem Drachen stehen senkrecht aufeinander.
d) Bei einem Parallelogramm sind die benachbarten Seiten gleich lang.

4 Nenne zwei Vierecke, in denen sich die Diagonalen gegenseitig halbieren.

5 Bei welcher Figur sind die beiden Diagonalen immer gleich lang?

Lösungen für Partner A

1 Rechteck, Raute

2 Quadrat, Rechteck, Raute, Trapez oder Parallelogramm

3 a) richtig
b) richtig
c) falsch
d) richtig

4 Trapez, Drachen

5 Drachen

Tandembogen 🚲 Haus der Vierecke

Aufgaben für Partner A

1 Nenne zwei Vierecke mit genau zwei Symmetrieachsen.

2 Nenne drei Vierecke mit mindestens zwei zueinander parallelen Seiten.

3 Richtig oder falsch?
a) Bei einer Raute schneiden sich die Diagonalen in einem rechten Winkel.
b) Bei einem Drachen gibt es zwei gleiche Innenwinkel.
c) Ein Parallelogramm hat immer gleich große benachbarte Winkel.
d) Bei einer Raute halbieren sich die Diagonalen gegenseitig.

4 Es gibt zwei Vierecke mit einer Symmetrieachse. Wie heißen sie?

5 Bei welchem Viereck wird nur eine der beiden Diagonalen von der anderen Diagonalen halbiert?

Lösungen für Partner B

1 Quadrat, Rechteck

2 Ja

3 a) falsch
b) falsch
c) richtig
d) falsch

4 Quadrat, Rechteck, Raute oder Parallelogramm

5 Quadrat

† Partnerarbeit

Leitideen Messen – Raum und Form

Winkel an Vierecken

Bestimme bei jeder Figur die angegebenen Winkelgrößen.

1 Parallelogramm

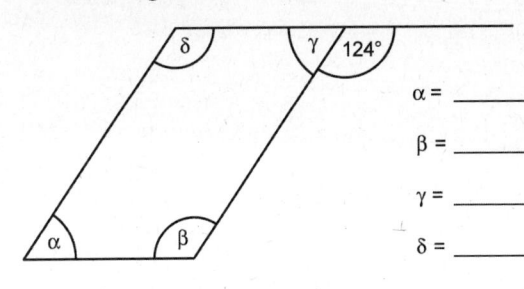

α = _____
β = _____
γ = _____
δ = _____

2 Raute

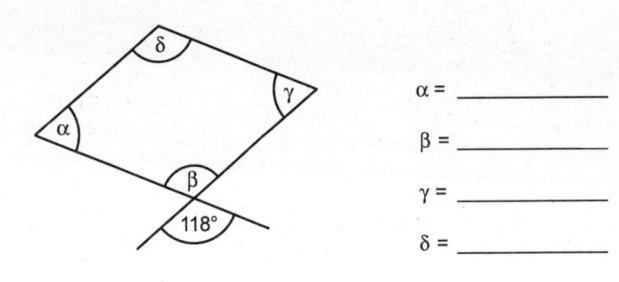

α = _____
β = _____
γ = _____
δ = _____

3 Trapez

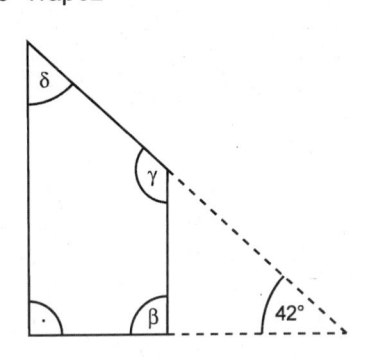

β = _____
γ = _____
δ = _____

4 Viereck

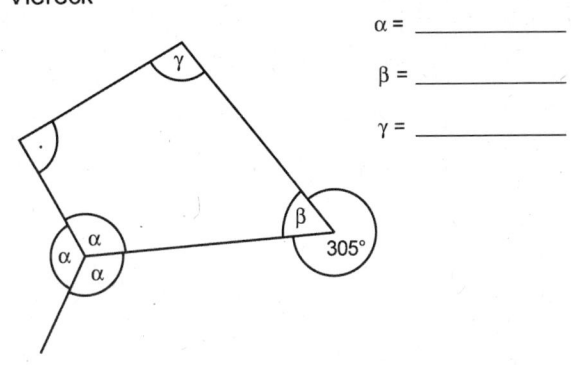

α = _____
β = _____
γ = _____

5 Drachen

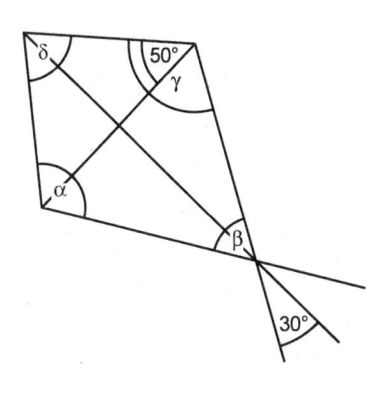

α = _____
β = _____
γ = _____
δ = _____

6 Trapez

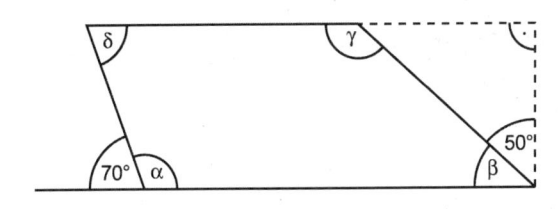

α = _____
β = _____
γ = _____
δ = _____

7 Parallelogramm

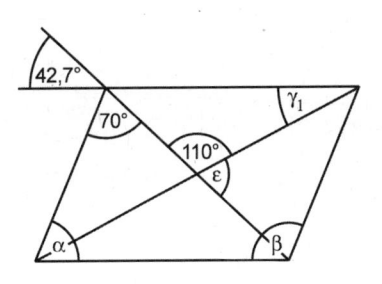

α = _____
β = _____
$γ_1$ = _____
ε = _____

8 Drachen

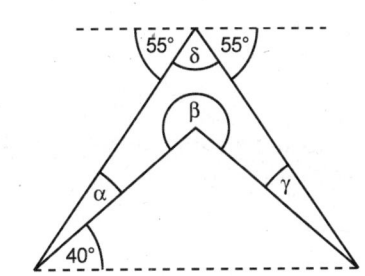

α = _____
β = _____
γ = _____
δ = _____

† Einzelarbeit

Leitideen Messen – Raum und Form

Vierecksknobeleien

1 Ergänze zum Quadrat ABCD. Der Punkt E ist der Schnittpunkt der Diagonalen.

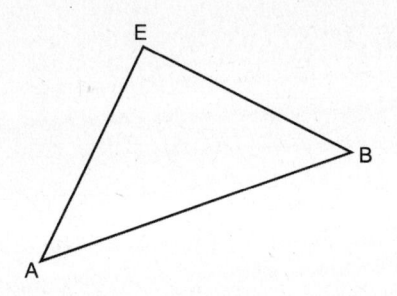

2 Konstruiere eine Raute. Die Längen der Diagonalen betragen 6,0 und 4,0 cm.

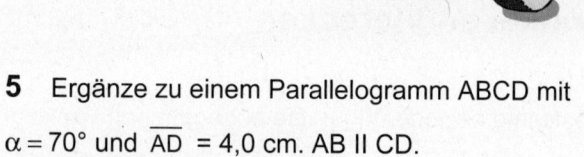

3 Ergänze die drei Eckpunkte zu einer Raute.

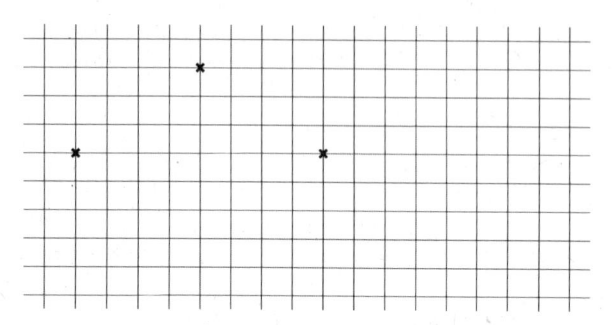

4 Ergänze zu einem Trapez. Winkel $\gamma = 130°$ $\overline{AD}$ ∥ $\overline{BC}$.

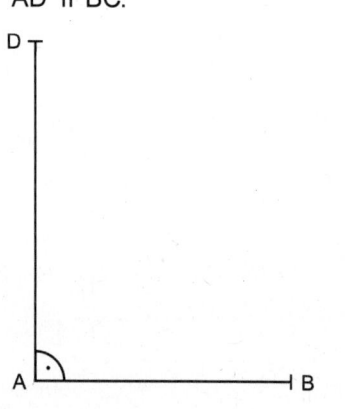

$\overline{AD}$ ∥ $\overline{BC}$

5 Ergänze zu einem Parallelogramm ABCD mit $\alpha = 70°$ und $\overline{AD} = 4,0$ cm. AB ∥ CD.

6 Ergänze zu einem symmetrischen Trapez ABCD. Winkelgröße $\alpha = 60°$. Strecke $\overline{AD} = 3,6$ cm. Die Gerade s ist Symmetrieachse.

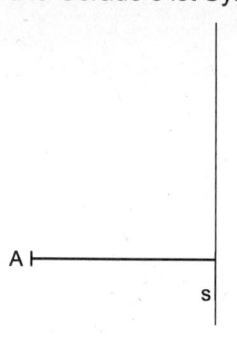

7 Ergänze zu einem Trapez ABCD. Winkelgröße $\delta = 95°$. $\overline{AD}$ ∥ $\overline{BC}$.

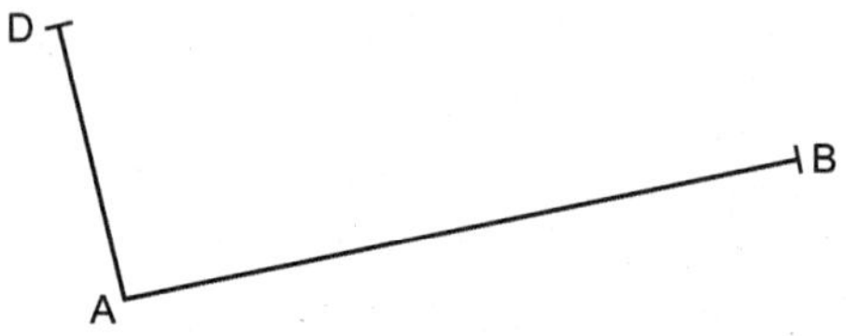

8 Ergänze die drei Eckpunkte zu einem Drachen. Findest du mehrere Lösungen?

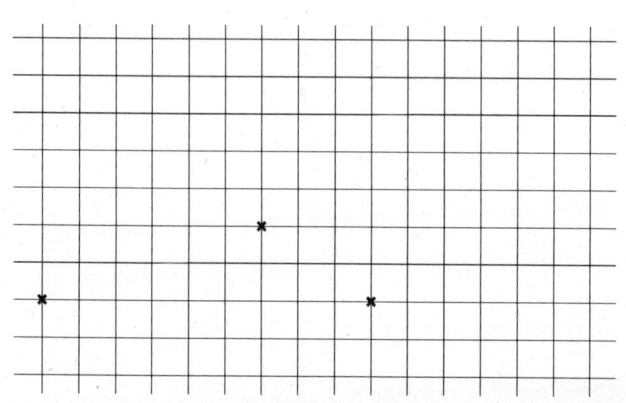

↑ Partnerarbeit
Aus: 978-3-12-740477-7 Schnittpunkt Serviceblätter 7/8

Leitideen Messen – Raum und Form

Winkel in regelmäßigen Vielecken

1 Berechne die Winkel δ und α der regelmäßigen n-Ecke und daraus ihre Winkelsumme W.

n	3	4	5	6	8	9	10	12	15	16	18	20	24	n-Ecke
δ							36°							
α								144°	156°			18°		
W										2520°				

2 Ergänze jeweils die angegebenen Winkelgrößen der regelmäßigen Vielecke. M ist der Mittelpunkt.

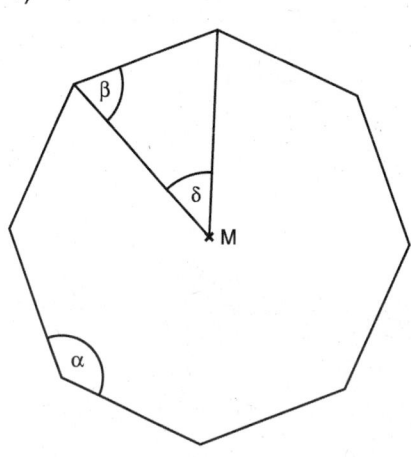

a)   b) 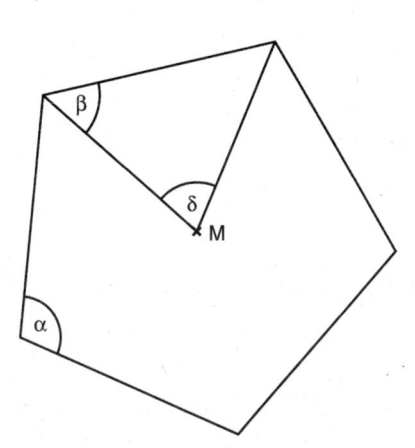   c)

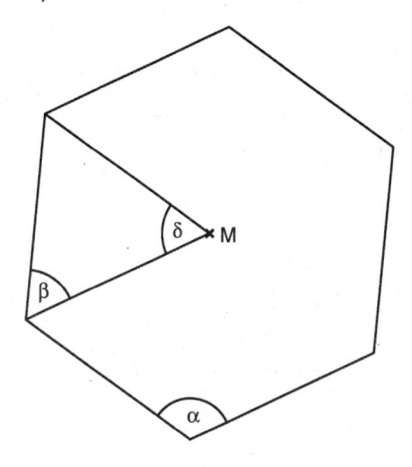

α = _____ ; β = _____ ; δ = _____   α = _____ ; β = _____ ; δ = _____   α = _____ ; β = _____ ; δ = _____

3 Paul hat auf unterschiedliche Arten begonnen, Vielecke zu zeichnen. Welches Vieleck möchte er jeweils zeichnen? Wird es immer gelingen?

a) _____   b) _____   c) _____

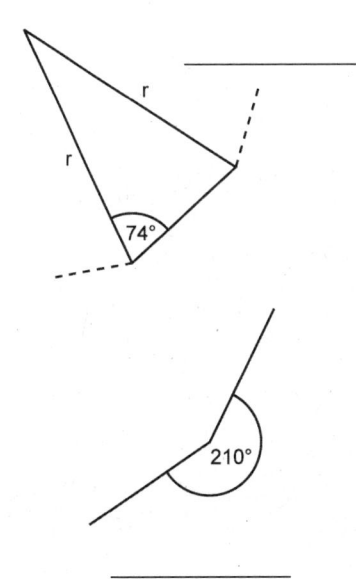

30°   135°   r, r, 74°

d) 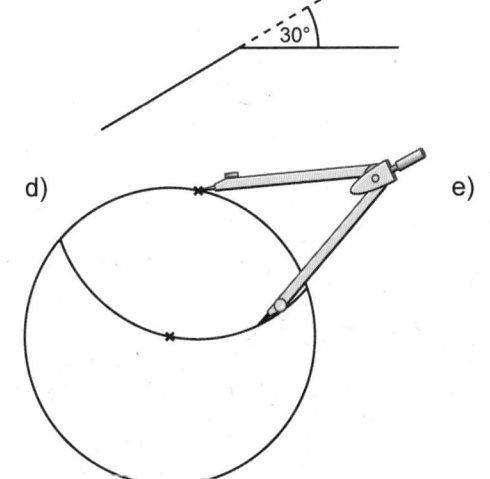 _____   e) _____   f) _____

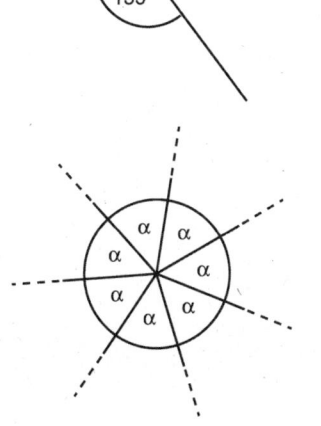

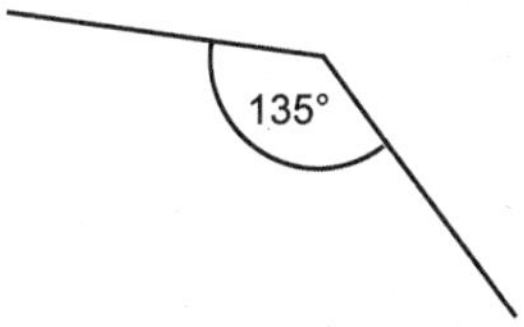

                 α α α α α α α   210°

Leitideen Messen – Raum und Form

Flächenvergleich – Spielen mit dem Tangram

Material: Schere, sieben Teile des Tangrams, Lineal

1 Schneide das rechts unten stehende Tangram-Spiel aus. Versuche mit den sieben Teilen
a) ein Trapez
b) ein Rechteck
c) ein Parallelogramm
zusammenzusetzen.
Wie groß ist die Fläche jeweils? Rechne geschickt.

2 Wähle vier Figuren von unten und versuche sie aus den sieben Teilen des Tangrams zusammenzusetzen. Zeichne dann die Lösungslinien in die kleine Figur.

3 Erfinde zwei eigene Tangram-Figuren. Zeichne die Umrisse und lasse deine Partnerin oder deinen Partner die Figuren nachlegen.

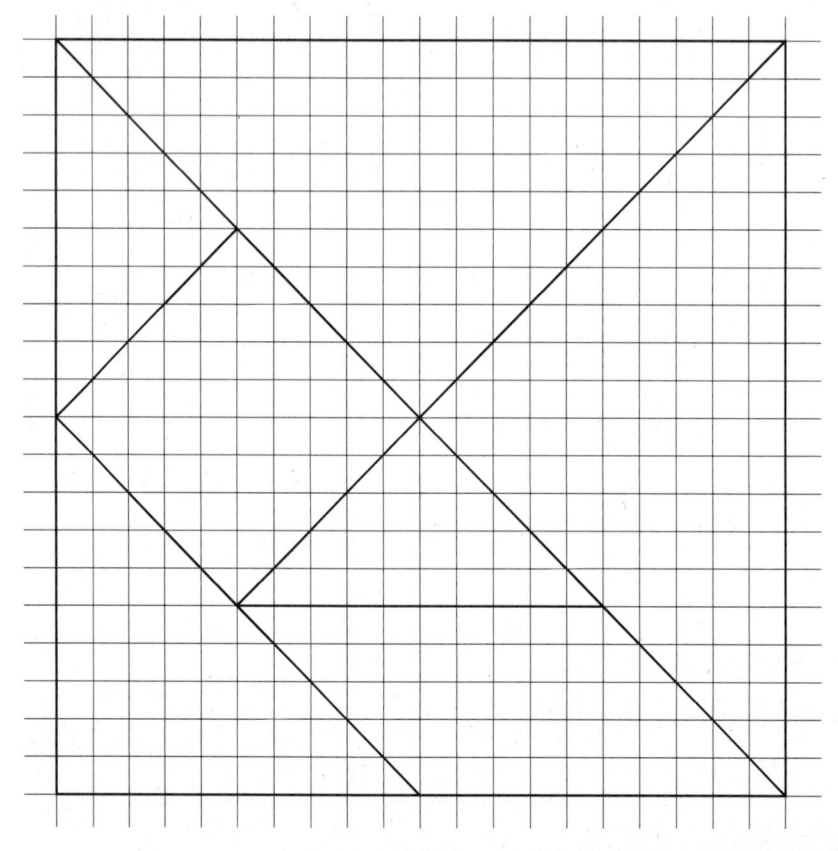

† Einzel-/Partnerarbeit

Leitideen Messen – Raum und Form

Drei und vier Ecken

1 Berechne die Strecke x und den Umfang der markierten Fläche.

a) $A_{grau} = 255\ m^2$

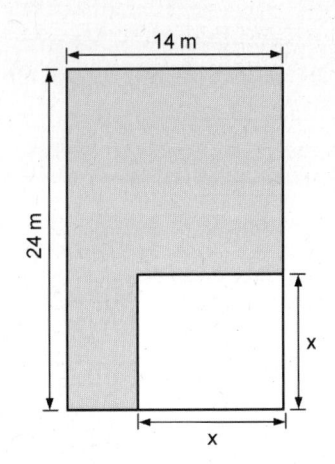

b) $A_{grau} = 348\ m^2$

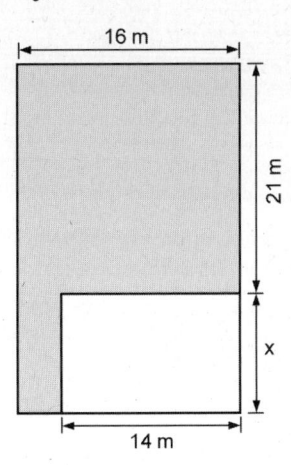

c) $A_{grau} = 2358\ m^2$

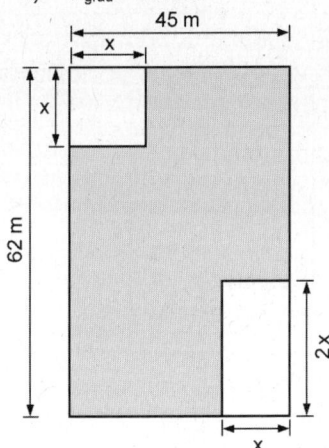

___

2 Ordne die Figuren nach ihrem Flächeninhalt. Verwende die Zeichen <, > und =. Begründe.

a) A   B   C   D   E   F   G   H
2a   a   2a   4a   2a   2a   a   4a

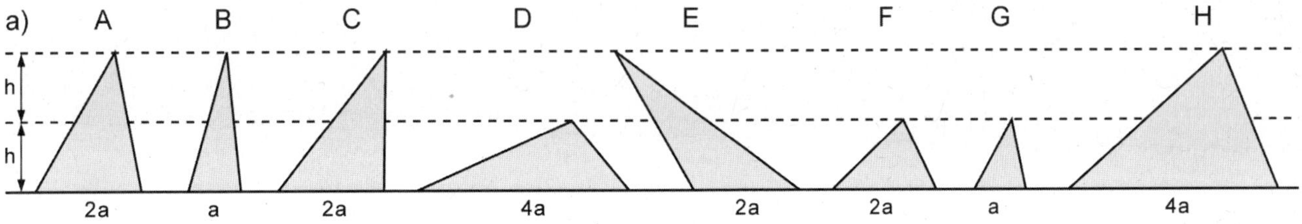

b) A   B   C   D   E   F   G   H
2a   a   2a   2a   4a   2a   2a   2a

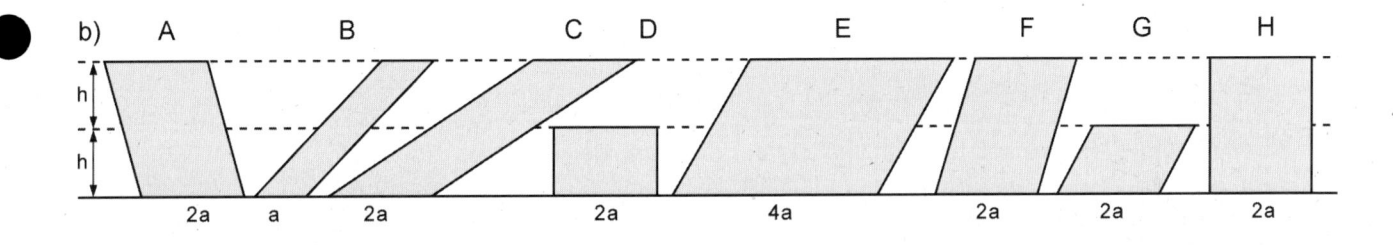

3 Bestimme den Flächeninhalt des Trapezes. Rechne auf der Rückseite.

a) $a = 12{,}8\ cm$
$d = 4{,}7\ cm$
$\varepsilon = 45°$

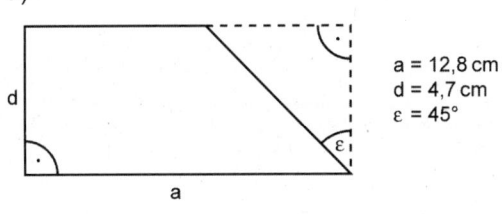

b) $a = 14{,}0\ cm$
$b = d = 6{,}6\ cm$
$h = 5{,}7\ cm$
$\varepsilon = 60°$

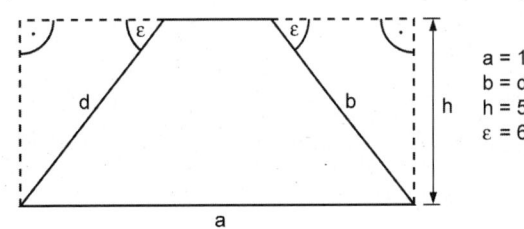

† Einzel-/Partnerarbeit

Leitideen Messen – Raum und Form

Noch mehr Ecken

1 Berechne den Flächeninhalt (Maßstab 1:10).

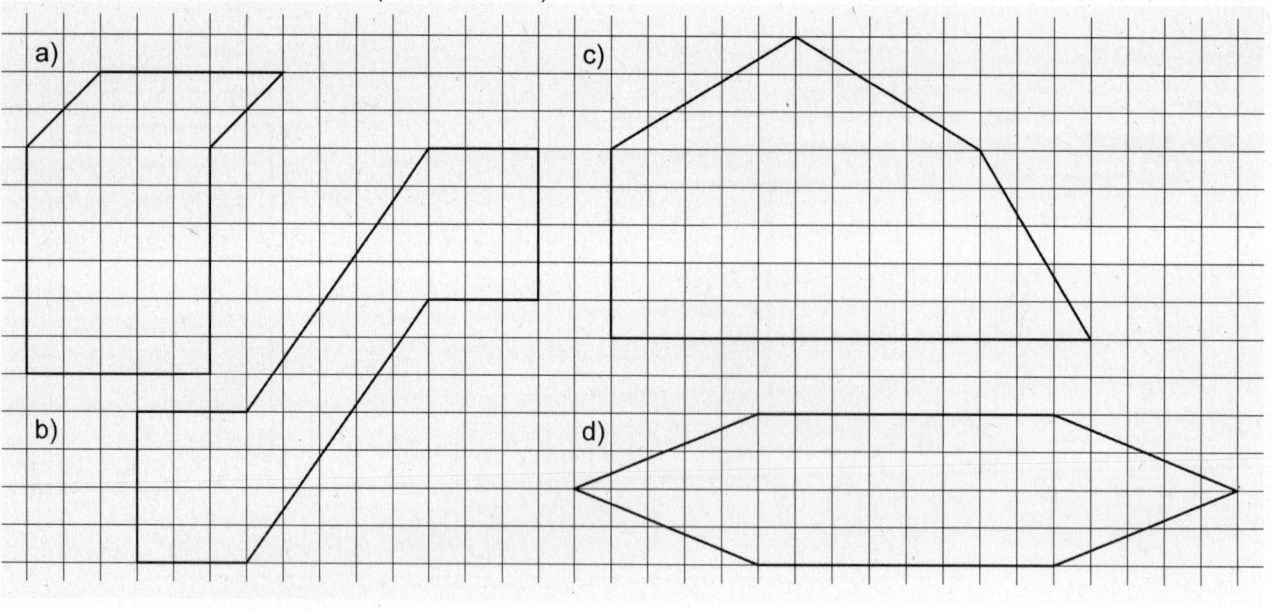

a)

b)

c)

d)

2 Eine Allgäuer Gemeinde plant ein Erlebnisbad. Berechne die Grundfläche des Beckens (Maßstab 1:400).

3 Berechne den Flächeninhalt und den Umfang der regelmäßigen Vielecke.

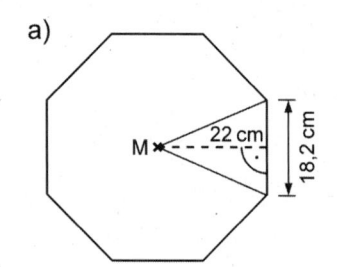

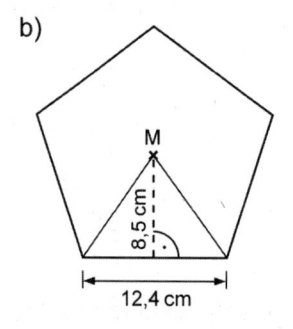

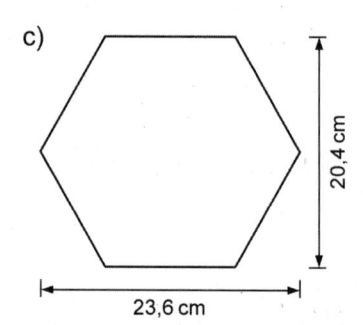

a) 22 cm; 18,2 cm

b) 8,5 cm; 12,4 cm

c) 20,4 cm; 23,6 cm

† Einzel-/Partnerarbeit

Leitideen Messen – Raum und Form

Grundstücke

1 Am Ortsrand von Fischingen werden Bauplätze angeboten. Familie Hügele möchte gerne ein Grundstück erwerben und hat ca. 70 000 € für einen Bauplatz vorgesehen. Welche Plätze kommen in Frage, wenn ein Quadratmeter 220 € kostet? (Maßstab 1:500)

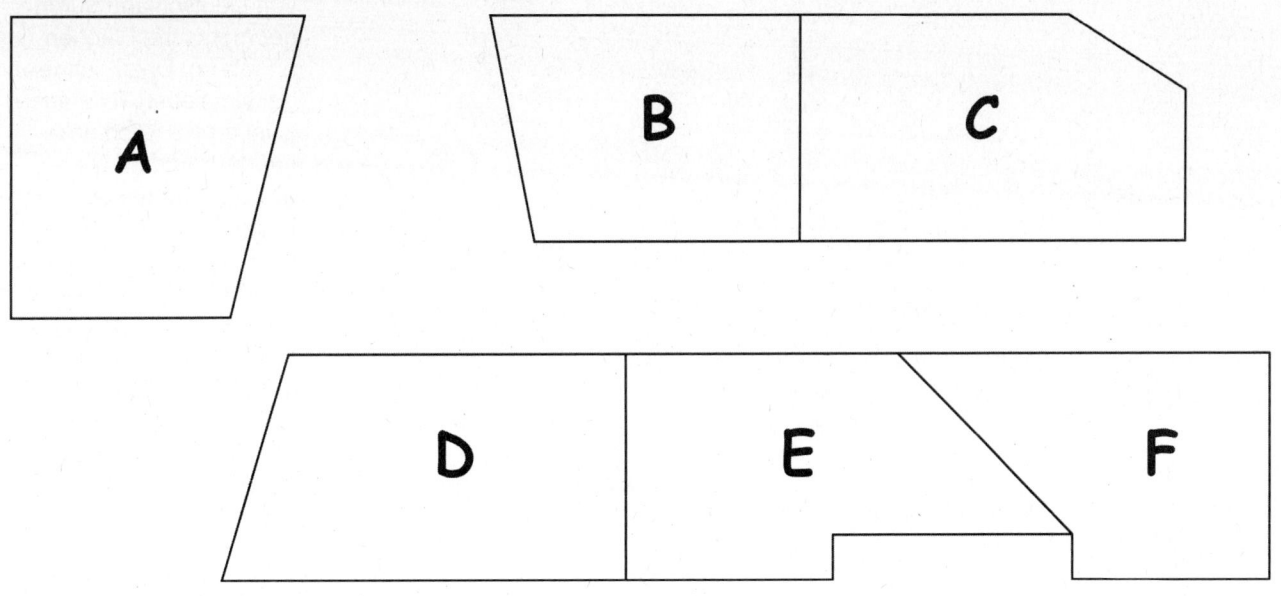

2 Auch im Nachbarort Binzen werden Baugrundstücke angeboten. Einige davon haben eigenartige Formen. Kannst du dennoch den Flächeninhalt bestimmen? Rechne auf der Rückseite. (1 Karo entspricht 3 m)

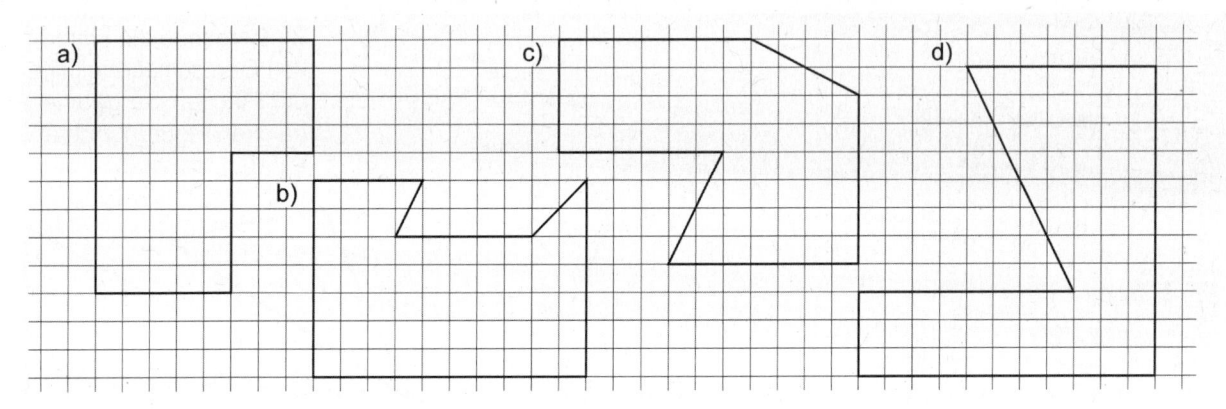

3 Bauer Schlüter besitzt einen Acker auf der Ostseite von Binzen. Da sein Hof jedoch am westlichen Ortsrand liegt, möchte er gerne tauschen. Ihm wird ein Acker am westlichen Ortsrand angeboten. Was meinst du?

Acker von Bauer Schlüter:

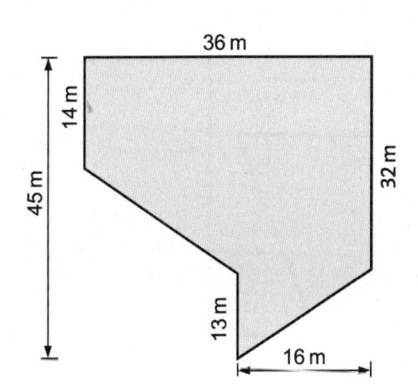

angebotener Tauschacker:

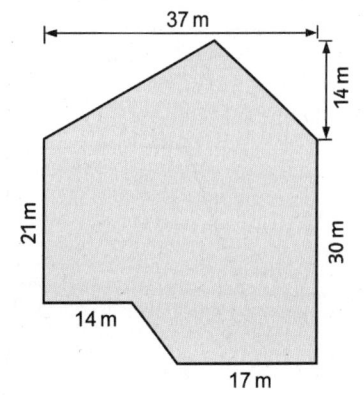

Leitideen Messen – Raum und Form

Vieleck Deutschland

Material: Schere, Blatt Papier

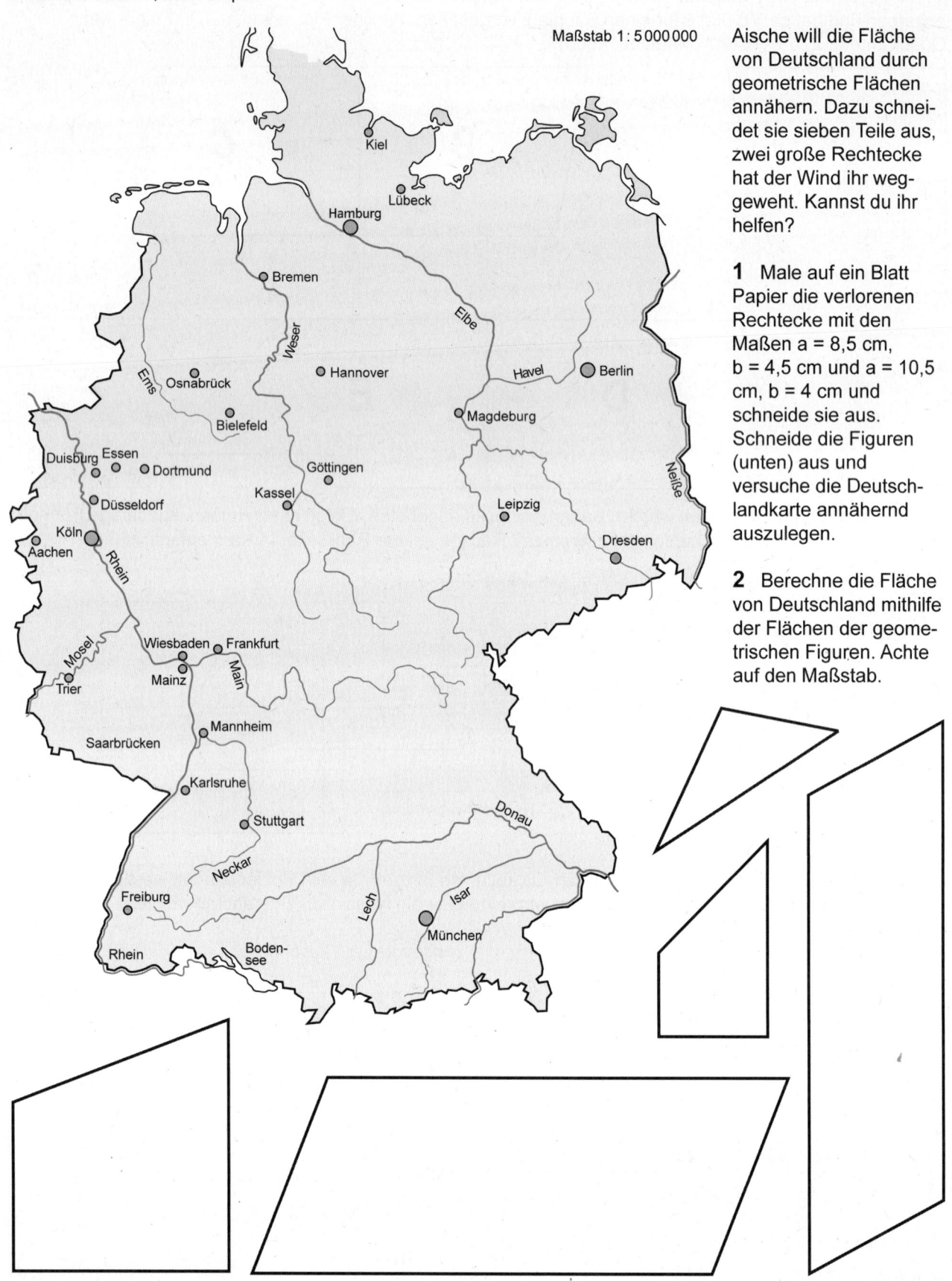

Maßstab 1 : 5 000 000

Aische will die Fläche von Deutschland durch geometrische Flächen annähern. Dazu schneidet sie sieben Teile aus, zwei große Rechtecke hat der Wind ihr weggeweht. Kannst du ihr helfen?

1 Male auf ein Blatt Papier die verlorenen Rechtecke mit den Maßen a = 8,5 cm, b = 4,5 cm und a = 10,5 cm, b = 4 cm und schneide sie aus. Schneide die Figuren (unten) aus und versuche die Deutschlandkarte annähernd auszulegen.

2 Berechne die Fläche von Deutschland mithilfe der Flächen der geometrischen Figuren. Achte auf den Maßstab.

† Einzelarbeit

Aus: 978-3-12-740477-7 Schnittpunkt Serviceblätter 7/8

© Als Kopiervorlage freigegeben.
Ernst Klett Verlag GmbH, Stuttgart 2007

Leitideen Messen – Raum und Form

Wir bauen einen Quader um (1)

Material: Schere, Klebstoff

Schneide die beiden Netze dieser und der Folgeseite aus und falte sie an den vorgegebenen Linien.
Klebe sie nun jeweils zu einem Körper zusammen.
Bildet Zweiergruppen. Baut aus euren zwei, drei oder allen vier Körpern neue Körper.
Beachtet dabei aber folgende Regel: Nur gleich große Flächen dürfen aneinander gelegt werden!

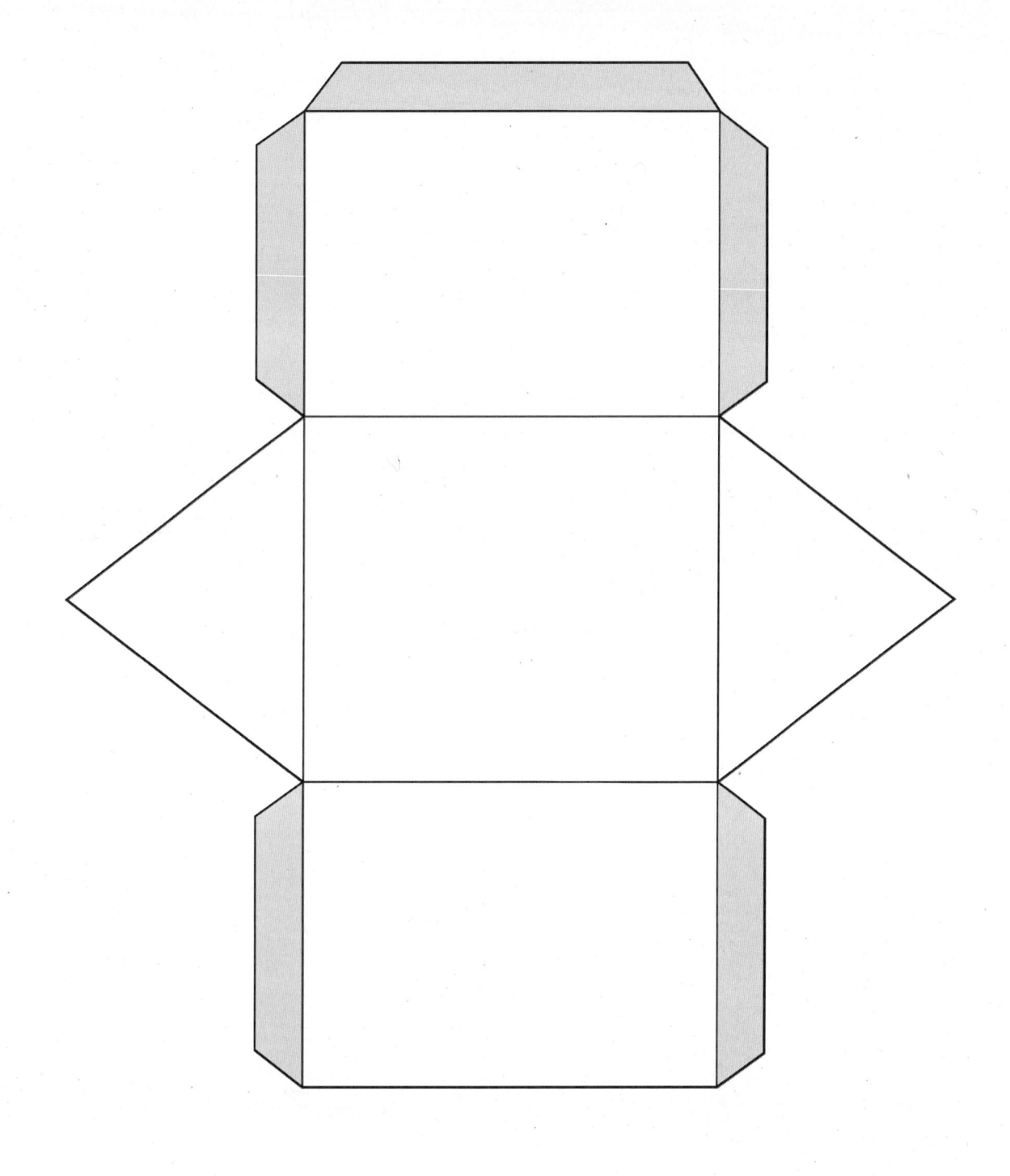

† Partnerarbeit

Leitideen Messen – Raum und Form

Wir bauen einen Quader um (2)

Material: Schere, Klebstoff

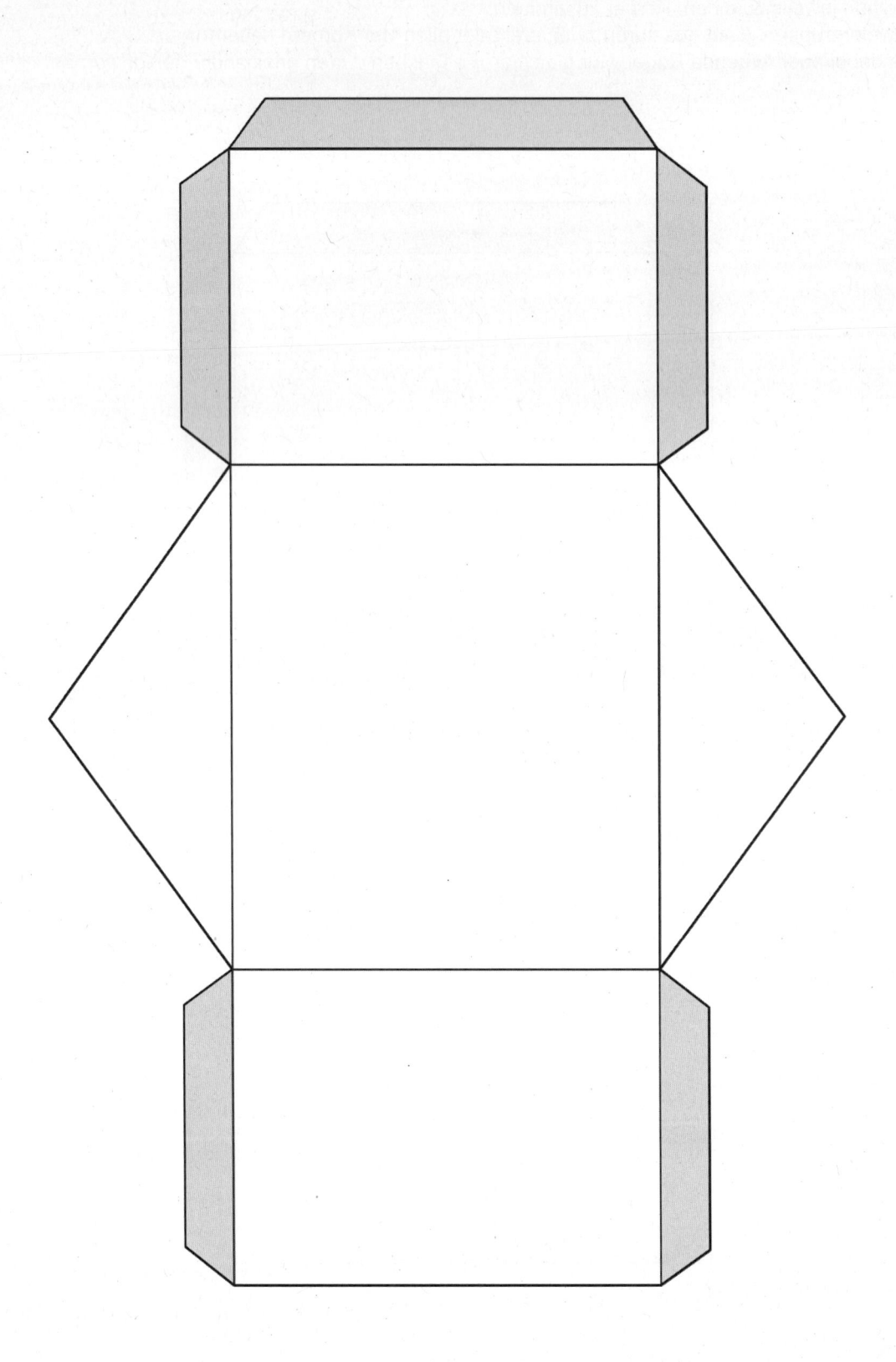

† Partnerarbeit

Aus: 978-3-12-740477-7 Schnittpunkt Serviceblätter 7/8

© Als Kopiervorlage freigegeben.
Ernst Klett Verlag GmbH, Stuttgart 2007

Leitideen Messen – Raum und Form

Wir bauen einen Quader um (3) – Eigenschaften

Vervollständigt gemeinsam die folgende Tabelle, indem ihr aus euren Prismen Körper verschiedener Grundflächen zusammensetzt und diese dann untersucht.

Körpergrundfläche	Eigenschaften
①	Die Prismenseiten 6 cm x 7 cm werden deckungsgleich aneinander gefügt. Der neue Körper ist ein Prisma mit doppelt so großer Grundfläche und doppeltem Rauminhalt. Seine Oberfläche hat sich hierbei aber nicht verdoppelt, da zwei Mantelteilflächen der ursprünglichen Prismen jetzt „im" neuen Körper liegen. Die Oberfläche von Körper ① ist _____ als die von Körper ②. ...
②	② hat den gleichen Rauminhalt wie ①. ...
③	
④	
⑤	
⑥	
⑦	
⑧	

† Partnerarbeit

Aus: 978-3-12-740477-7 Schnittpunkt Serviceblätter 7/8

© Als Kopiervorlage freigegeben.
Ernst Klett Verlag GmbH, Stuttgart 2007

Leitideen Messen – Raum und Form

Netz und Oberfläche eines Prismas

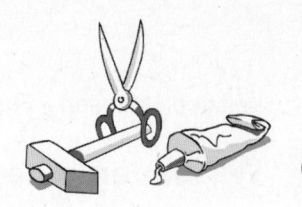

Material: Schere, Klebstoff

Schneide diejenigen Flächen aus, die du zu einem Prismennetz zusammenlegen kannst. Versuche verschiedene Prismennetze zu legen. Welche Flächen konntest du überhaupt nicht verwenden? Klebe anschließend die Netze auf ein Blatt oder in dein Heft.

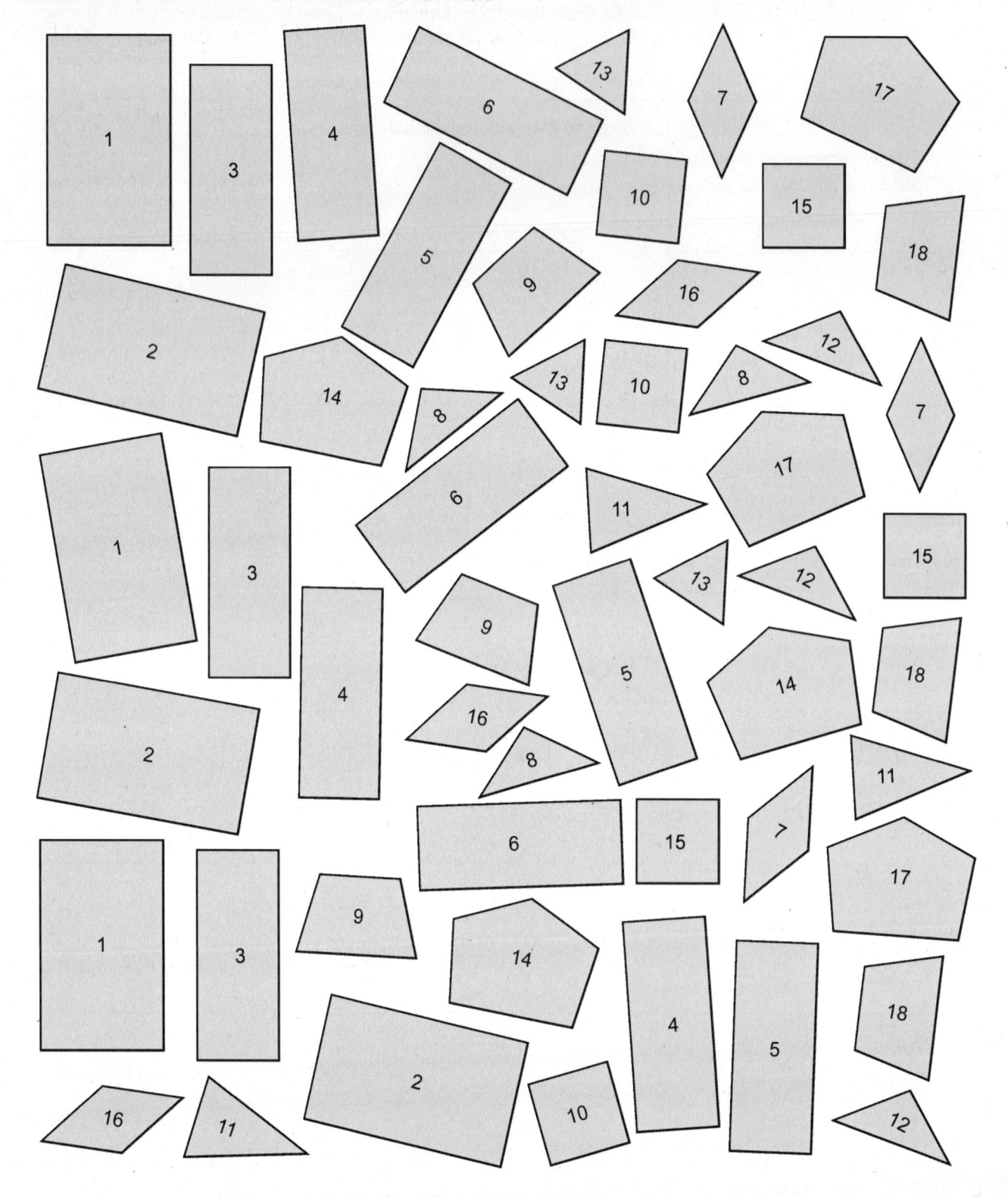

† Einzelarbeit

© Als Kopiervorlage freigegeben.

Leitideen Messen – Raum und Form

Prisma oder kein Prisma? – Aufgaben zum Knobeln

Entscheide, ob es sich um ein Prisma bzw. das Netz eines Prismas handelt. Versuche deine Entscheidung zu begründen. Markiere die Grund- und Deckfläche eines richtig erkannten Prismas bzw. Netzes mit der gleichen Farbe.

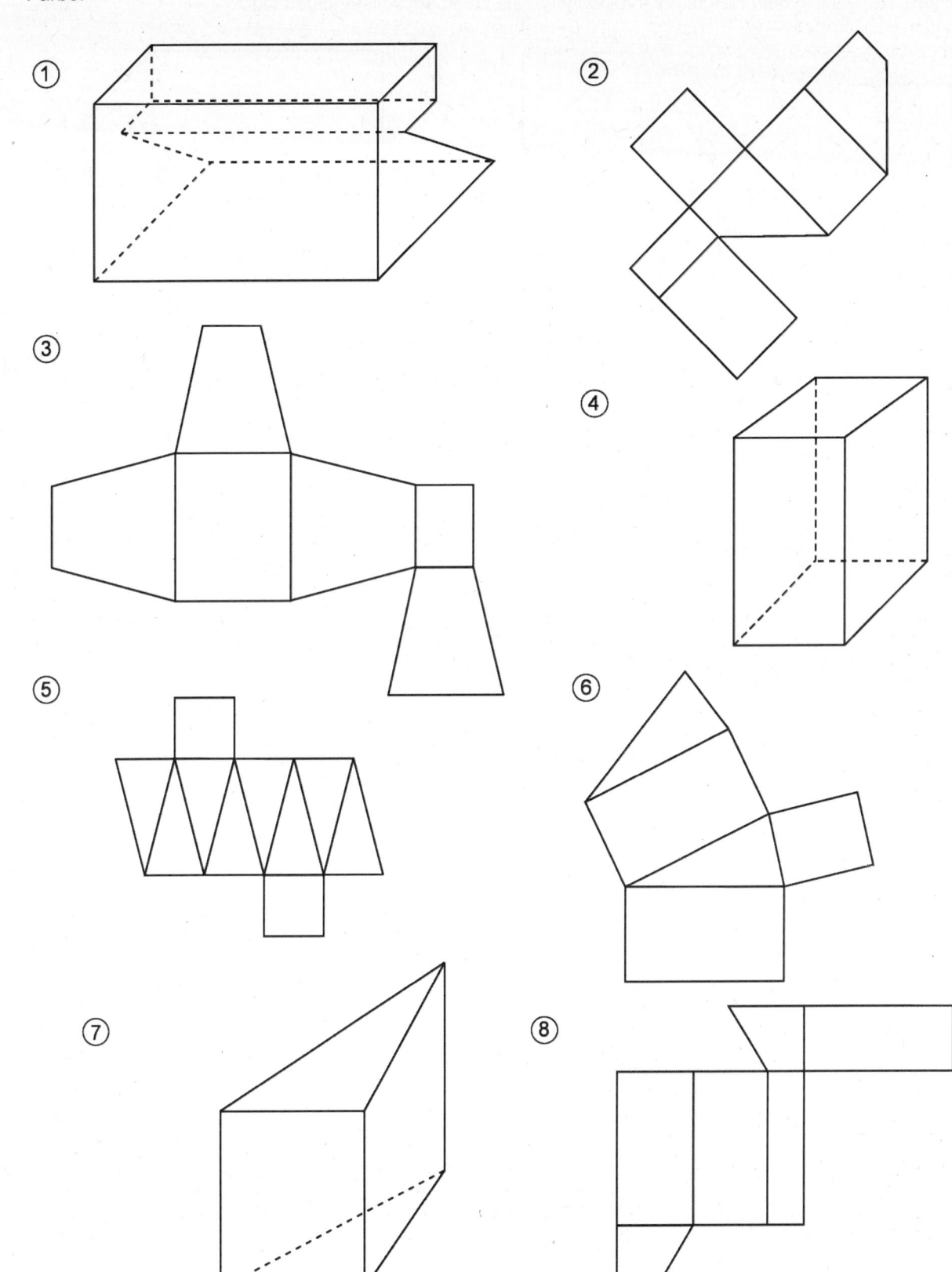

① ② ③ ④ ⑤ ⑥ ⑦ ⑧

† Einzelarbeit

Aus: 978-3-12-740477-7 Schnittpunkt Serviceblätter 7/8

Leitideen Messen – Raum und Form

Netze von Prismen

Material: Schere, Klebstoff

Entscheide, ob alle Figuren zu einem Prismennetz ergänzt werden können. Schneide die betreffenden Figuren aus, klebe sie in dein Heft und vervollständige sie zu einem vollständigen Netz.

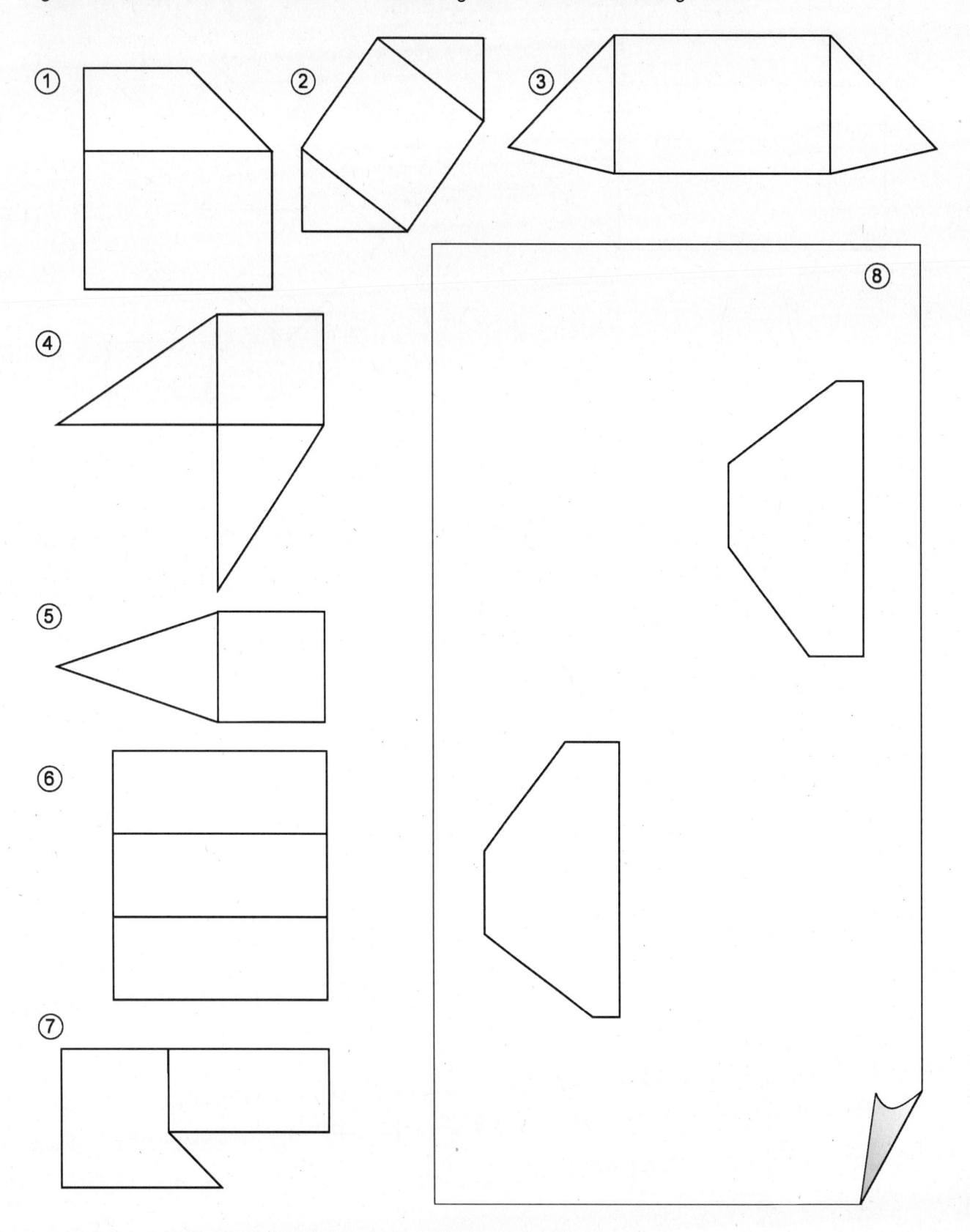

† Einzelarbeit

Aus: 978-3-12-740477-7 Schnittpunkt Serviceblätter 7/8

© Als Kopiervorlage freigegeben.
Ernst Klett Verlag GmbH, Stuttgart 2007

Leitideen Messen – Raum und Form

Oberflächenterme von Prismen

Ordne die Oberflächenterme den Prismen zu.
Achtung: Es gibt Terme, die zu keinem der abgebildeten Prismen gehören. Einem Prisma können aber auch mehrere Terme zugeordnet werden.

$O = \frac{bc}{2} + \frac{bc}{2} + a^2 + ac + ab$ ◆

$O = 2ab + (2a + 2b)c$ ◆

$O = 2(a + b + c) + a^2$ ◆

$O = 2ab + 2ac + 2bc$ ◆

$O = 2\frac{bc}{2} + a(a + b + c)$ ◆

$O = bc + a^2 + ab + ac$ ◆

$O = ab^2 + bc^2 + ac^2$ ◆

$O = 2(ab + bc + ac)$ ◆

$O = 2\frac{a+c}{2}b + (a + b + 2c)a$ ◆

$O = 2c \cdot a + 2ab$ ◆

$O = ab + bc + a^2 + ab + 2ac$ ◆

① (Quader mit Kanten a, b, c)

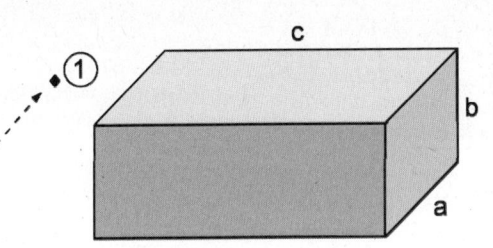

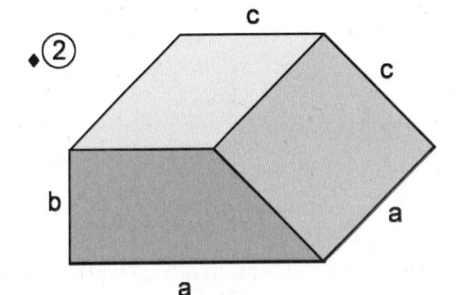

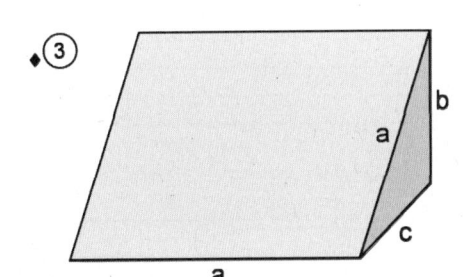

② (Prisma mit dreieckiger/trapezförmiger Grundfläche, Kanten a, b, c)

③ (Dreieckiges Prisma mit Kanten a, b, c)

Einzel-/Partnerarbeit

Leitidee Daten und Zufall

Übernachtungen im Alpenhotel

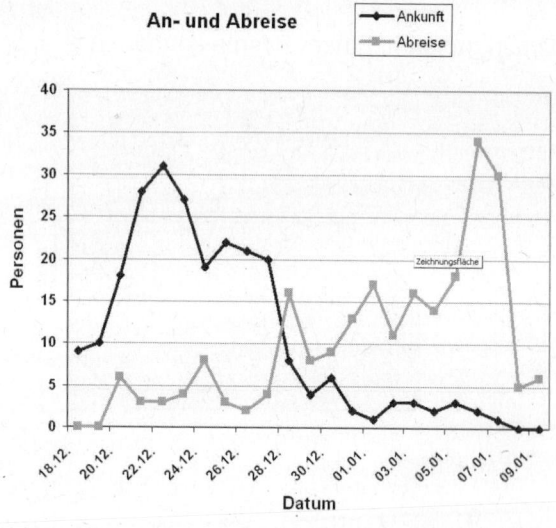

An- und Abreise — Ankunft / Abreise

In welcher Nacht waren die meisten Gäste im Hotel?

Schau dir die Grafik an. Stelle eine Vermutung auf und begründe diese. Du kannst anschließend das Problem lösen, indem du dem Beispiel unten folgend mit MS-Excel® eine Tabelle anfertigst.

Die Ankunfts- und Abreisezahlen entnimmst du der Grafik.

Am 18.12. wird die Wintersaison eröffnet. Es kommen erstmals Gäste an, es reisen keine ab. Beispiel: Am 20.12. kommen 18 Gäste an, 6 reisen ab.

Datum	Ankunft	Abreise	Übernachtungen
18.12.	9	0	9
19.12.	10	0	19
20.12.	18	6	31
...	...	...	...

Übertrage diese Tabelle in ein Exceltabellenblatt und vervollständige sie.

Beispiel: Am 20.12. kommen 18 Gäste an, 6 reisen ab. Es sind also 12 Übernachtungsgäste **plus** der 19 Übernachtungsgäste vom Vortag (19.12.), insgesamt also 31 Gäste. In MS-Excel® kann man für diese Rechnung eine **Formel** eingeben, die in Worten ausgedrückt folgendermaßen aussieht:

> Übernachtungen insgesamt = (Ankunft – Abreise) + Übernachtungen vom Vortag

D5   fx =(B5-C5)+D4

	A	B	C	D
1	Ankünfte u. Abreisen im Alpenhotel 18.12. bis 10.01.			
2	Datum	Ankunft	Abreise	Übernachtung
3	18.12.	9	0	9
4	19.12.	10	0	19
5	20.12.	18	6	31

Du kannst abschließend in der Spalte D, Zelle D26, nach der größten Übernachtungszahl suchen oder diese mithilfe einer Funktion bestimmen lassen. Dazu gibst du zum Beispiel in die Zelle D26 folgende Formel ein: =MAX(D3:D25). Suche in der Liste das zu diesem Wert (größte Übernachtungsanzahl) gehörende Datum:_____

Zusatzaufgabe: Am 01. Juni wird eine Krankenhausstation neu eröffnet. Am 22.06. steht in der Presse: „Rekord an stationären Patienten in der neuen Station am 15. Juni mit 52 Patienten". Erstelle eine mögliche Tabelle mit Patientenaufnahme und Patientenentlassung, die zu dem angegebenen Zeitraum und den zugehörigen Daten passt.

† Einzel-/Partnerarbeit

Leitidee Daten und Zufall

Geheimbotschaften

Material: Schere

Spielbeschreibung: Um Geheimbotschaften einfach zu verschlüsseln und zu entschlüsseln, ist die doppelte Drehscheibe nützlich. Schneide beide Scheiben aus und befestige im Mittelpunkt die kleinere Scheibe mithilfe einer Briefklammer auf der größeren. Nun drehst du die kleine Scheibe in eine beliebige Position. So kann z.B. das A der kleinen Scheibe unter das H der großen Scheibe gedreht werden. Um einen Text zu verschlüsseln, suchst du die Buchstaben des Textes auf der kleinen Scheibe und liest die zugehörigen Verschlüsselungen auf der großen Scheibe ab. Zum Entschlüsseln des Textes verfährst du umgekehrt. Dabei muss jedoch der Code eines Buchstabens bekannt sein, um die kleine Scheibe richtig einstellen zu können.

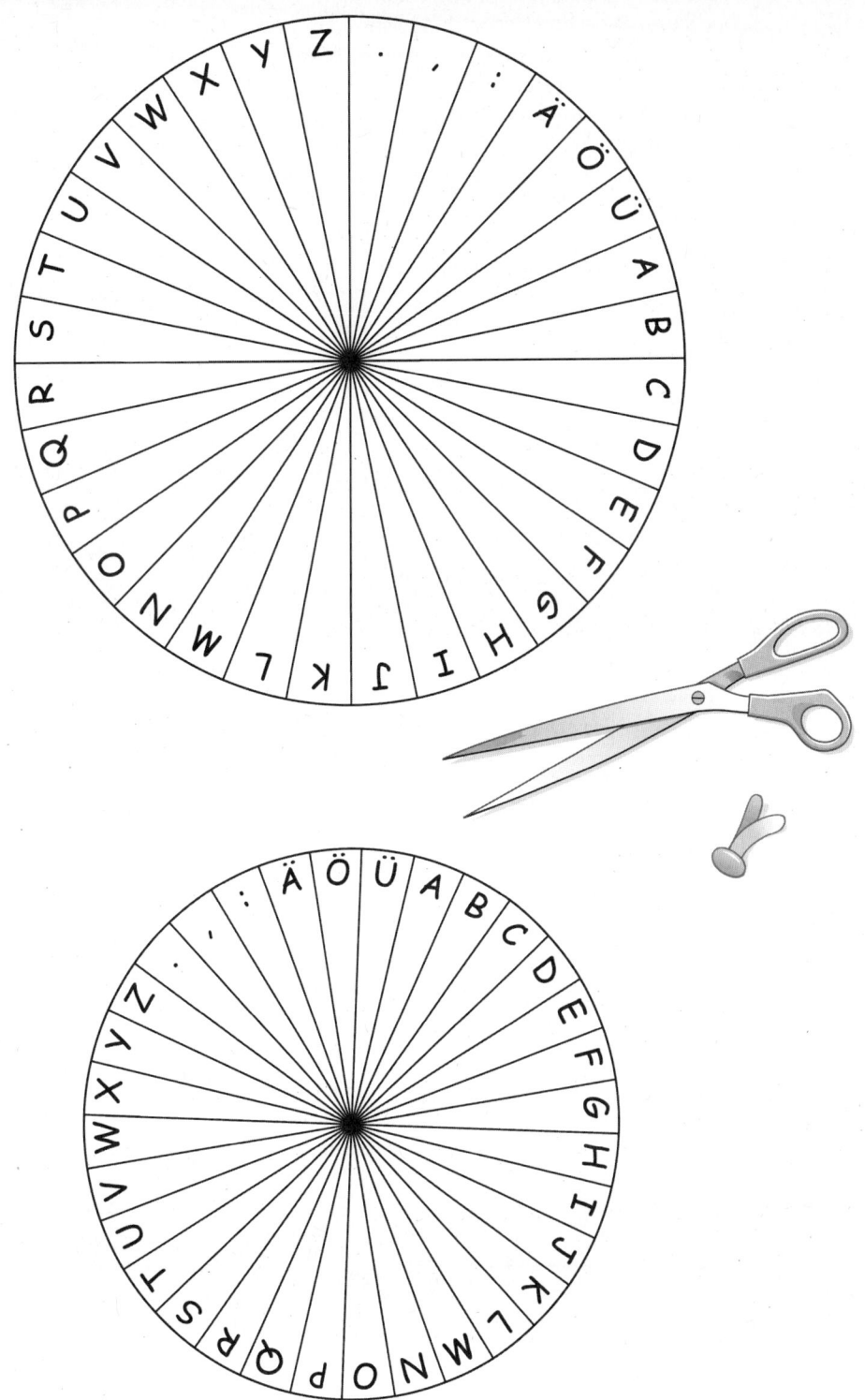

† Einzelarbeit

Leitidee Daten und Zufall

Geheimschrift

Wenn zur Verschlüsselung einer Geheimbotschaft die Buchstaben nicht in alphabetischer Reihenfolge vertauscht wurden, muss man zum Knacken des Codes die relativen Häufigkeiten der Buchstaben kennen. Man zählt in einem Zeitungsausschnitt, der beispielsweise 200 Buchstaben umfasst, wie oft ein bestimmter Buchstabe vorkommt.
Beispiel: 36 Mal kommt der Buchstabe **e** vor. Daraus lässt sich die relative Häufigkeit von $\frac{36}{200} = 0{,}18$ berechnen.

Wenn du den Text unten entschlüsseln willst, musst du feststellen, wie häufig in diesem Text welcher Buchstabe vorkommt. Insgesamt sind es **224 Buchstaben**. Der Buchstabe, der im Allgemeinen (siehe Kasten rechts) am häufigsten vorkommt, könnte für das **e** stehen. Der zweithäufigste Buchstabe könnte (**muss aber nicht**) für das **n** stehen. Auch häufig wiederkehrende Buchstabenkombinationen lassen sich leicht entschlüsseln („ch"; „sch"; „ei").

Relative Häufigkeiten

Hier kannst du die Häufigkeiten der Buchstaben entnehmen, die in der deutschen Sprache am häufigsten vorkommen:

- e 0,181
- n 0,104
- r 0,080
- i 0,075
- s 0,063
- t 0,055
- a 0,053
- d 0,051

```
EYP LYFFPBFOVTSR EPX
NPVPYWFOVXYSR YFR FOVUB
WPVXPXP RTMFPBE QTVXP
TDR.
KM TDDPB KPYRPB HPWGV-
RPB FYOV EYP WPBFOVPB,
LYOVRYNP HURFOVTSRPB
KM CPXFOVDGFFPDB, ETWYR
FYP APYB MBHPSMNRPX
DPFPB AUBBRP.
HYF VPMRP LPXEPB YWWPX
LYPEPX BPMP CPXSTVXPB
EPX OUEYPXMBN
PBRLYOAPDR.
```

	Strichliste		Strichliste		Strichliste
A		J		S	
B		K		T	
C		L		U	
D		M		V	
E		N		W	
F		O		X	
G		P		Y	
H		Q		Z	
I		R			

verschlüsselter Buchstabe: ↓   möglicher entschlüsselter Buchstabe:

1. Relative Häufigkeit: **B** 20 von 224. Das sind ≈ 0,0892 ⇨ **N**
2. Relative Häufigkeit: ☐ ___ von ___. Das sind ≈ ___ ⇨ ☐
3. Relative Häufigkeit: ☐ ___ von ___. Das sind ≈ ___ ⇨ ☐
4. Relative Häufigkeit: ☐ ___ von ___. Das sind ≈ ___ ⇨ ☐

entschlüsselter Text:

___

___

___

___

† Gruppenarbeit

Leitidee Daten und Zufall

In Schöndorfhausen (1)

Diese Geschichte spielt in einem fernen Land. Hier lebt Herr Kluge, der endlich irgendwo auf dem Land ein Haus bauen möchte. Herr Kluge geht zu einem Immobilienmakler und sagt: „Ich möchte ein Grundstück in ländlicher Gegend kaufen. Es soll ein schönes Grundstück sein. Es soll nicht allzu weit von der Stadt entfernt und trotzdem preisgünstig sein." Der Grundstücksmakler schaut auf seine Landkarte und denkt nach. Nach einiger Zeit beginnt er zu strahlen und sagt: „Ich hab's! Sehen sie, hier in Schöndorfhausen gibt es eine Immobilie, die genau ihren Vorstellungen entspricht. Ein romantischer Ort, in dem ca. 25 Familien leben." Herr Kluge verzieht beim Wort „Schöndorfhausen" das Gesicht. „Bloß nicht in Schöndorfhausen! Ich bin durch diesen Ort schon öfters durchgefahren. Das Dorf macht immer einen etwas armseligen Eindruck auf mich. Nein, dieser Ort kommt für mich nicht in Frage." Der Makler entgegnet: „Nein, nein, der Eindruck täuscht! Immerhin beträgt das durchschnittliche Familieneinkommen 82 320 Taler."

Diese Antwort überrascht Herrn Kluge. „Also gut" sagt er daraufhin zum Makler. „Ich werde mir ihr Angebot durch den Kopf gehen lassen." Herr Kluge überlegt. Vielleicht hat der Makler doch Recht. Er geht zu seinem Freund, dem Finanzbeamten Hans Sparsam. Dieser bestätigt ihm: „Mehr als die Hälfte der Familien hat tatsächlich ein Jahreseinkommen von mindestens 29 000 Taler oder mehr. Vielleicht hilft dir das weiter."
„Nein, das hört sich für mich konfus an. Ich bringe diese zwei Zahlen nicht zusammen! Da scheint etwas nicht zu stimmen." Hans Sparsam rät seinem Freund: „Dann geh doch zum Landratsamt. Dort wird man dir verbindlich sagen können, wie es um Schöndorfhausen steht."

Im Landratsamt erklärt man Herrn Kluge, dass Schöndorfhausen ein sehr armer Ort sei, in dem gut die Hälfte der Familien nicht mehr als 29 000 Taler verdient und das häufigste Einkommen sogar im Bereich von nur 18 000 Talern liegt. Mit letzter Genauigkeit kann allerdings nur einer etwas über die Einkommensverhältnisse sagen: der Schöndorfhausener Ortsvorsteher Herr Grau. Dieser habe erst kürzlich die neuesten statistischen Daten erhoben.

Herr Kluge besucht den Ortsvorsteher Grau und befragt ihn nach der Einkommensstruktur des Ortes. Herr Grau eröffnet ihm: „Ach, in Schöndorfhausen sieht es trostlos aus! Gut zwei Drittel der **Familien** hat weniger als 40 000 Taler. Das **Pro-Kopf-Einkommen** von ungefähr der Hälfte der Einwohner beträgt 7000 Taler oder weniger pro Jahr. Etwa 90% der Einwohner hat sogar nur 22 500 Taler oder weniger. Unser Dorfmillionär Reichert ist die große Ausnahme. Er lebt majestätisch auf seinem Landgut, umgeben von vielen armseligen Hilfskräften. Die Situation ist erbärmlich. Aber bitte, wenn sie mir nicht glauben wollen, rufen sie direkt bei der Statistischen Behörde an."

Langsam hat Herr Kluge die Nase gestrichen voll. Doch bevor er aufgibt, will er einen letzten Versuch zur Klärung unternehmen und ruft beim Statistischen Landesamt an. Der Beamte hört sich Herrn Kluges Geschichte an, recherchiert und analysiert aufs Genaueste die Daten Schöndorfhausens und teilt Herrn Kluge daraufhin Folgendes mit:

„Das Landratsamt hat ihnen den Zentralwert mit 29 000 Taler und den häufigsten Wert von 18 000 Talern genannt. Auch ihr Freund Sparsam hat sie richtig informiert. Die Angaben von Herrn Grau habe ich nicht im Einzelnen durchgerechnet. Aber dafür kenne ich ihn zu lange, um sagen zu können, dass seine Angaben sicher äußerst exakt sind." „Was ist dann mit den 82 320 Taler, die mir der Makler genannt hat? Hat er mich belogen?", fragt Herr Kluge völlig irritiert. „Nein", antwortet der Beamte, „er hat ihnen das arithmetische Mittel genannt, das aber in diesem Fall wirklich nicht geeignet ist." Bei diesen Worten legt Herr Kluge auf. Für ihn steht nun endgültig fest, dass alle Statistiker Zahlenverdreher sind.

Hier ist die Urliste mit den Einkommen der 25 Schöndorfhausener Familien. In Klammern ist die Anzahl der Familienmitglieder angegeben:

Urliste

1 200 000 (3)	150 000 (5)	86 000 (4)	37 000 (3)	35 000 (5)
32 000 (3)	29 000 (3)	26 000 (4)	24 000 (4)	60 000 (1)
51 000 (3)	49 000 (4)	20 000 (7)	18 000 (3)	18 000 (8)
18 000 (4)	16 000 (3)	16 000 (2)	45 000 (2)	42 000 (2)
38 000 (4)	14 000 (1)	13 000 (4)	11 000 (1)	10 000 (2)

Idee aus: Swoboda, Helmut: Knaurs Buch der modernen Statistik, Droemer Knauer 1982, Seite 34.

† Gruppenarbeit

Leitidee Daten und Zufall

In Schöndorfhausen (2)

1 Stelle eine Rangliste für das Familieneinkommen auf und berechne von jeder Familie das Pro-Kopf-Einkommen. **Tipp:** Du kannst diese Aufgabe auch mithilfe eines Tabellenkalkulationsprogramms lösen.

1. Rang: 1 200 000 (3)	___ Rang:	___ Rang:	___ Rang:	___ Rang:
Pro Kopf: 400 000	Pro Kopf:	Pro Kopf:	Pro Kopf:	Pro Kopf:
2. Rang:	___ Rang:	___ Rang:	___ Rang:	___ Rang:
Pro Kopf:	Pro Kopf:	Pro Kopf:	Pro Kopf:	Pro Kopf:
3. Rang:	___ Rang:	___ Rang:	___ Rang:	___ Rang:
Pro Kopf:	Pro Kopf:	Pro Kopf:	Pro Kopf:	Pro Kopf:
___ Rang:	___ Rang:	___ Rang:	___ Rang:	___ Rang:
Pro Kopf:	Pro Kopf:	Pro Kopf:	Pro Kopf:	Pro Kopf:
___ Rang:	___ Rang:	___ Rang:	___ Rang:	___ Rang:
Pro Kopf:	Pro Kopf:	Pro Kopf:	Pro Kopf:	Pro Kopf:

2 a) Bestimme die folgenden Kennwerte der Familieneinkommen.

Mittelwert: _____   Zentralwert: _____

häufigster Wert: _____

Um nicht die großen Zahlen in den Taschenrechner eingeben zu müssen, kannst du nur den tausendstel Teil nehmen, also statt 1 200 000 nur 1200 und so weiter. Das Ergebnis musst du dann wieder mit 1 000 multiplizieren.

b) Warum unterscheiden sich das arithmetische Mittel und der Zentralwert so stark?

_____

_____

c) Welcher Kennwert ist für Herrn Kluge am aussagekräftigsten?

_____

3 a) Wie viel Prozent der Einwohner haben ein Pro-Kopf-Einkommen von 22 500 Talern oder weniger? Wie viele Einwohner sind das?

_____

b) Ein Schüler nennt als Ergebnis 41%. Welchen Fehler hat er gemacht?

_____

4 „Alle Statistiker sind Zahlenverdreher." Formuliere auf der Rückseite einen Brief an Herrn Kluge.

† Gruppenarbeit

Leitidee Daten und Zufall

Wohin mit dem Kakao?

Der Hausmeister Herr Rey bringt den Kindern der Jahrgangsstufe 5 jeden Tag zur Pause eine Kiste Kakao in die Klasse. Da er immer nur eine Kiste tragen kann, überlegt er, wo er den Kakao im Flur lagern soll, damit er insgesamt möglichst wenig laufen muss.

1
```
|————————————|
5a    18m    5b
```

a) **Beispiel:** Die **Jahrgangsstufe 5** will Kakao. Herr Rey lagert den Kakao **direkt bei der 5a.** Markiere die Stelle in der Skizze. Wie viele Meter muss Herr Rey insgesamt gehen, um die 5. Klassen mit Kakao zu versorgen? **Rechnung:** $2 \cdot 0 \text{ m}$ (weil direkt bei der 5a) $+ 2 \cdot 18 \text{ m} = 36 \text{ m}$

```
|————————————|
5a    18m    5b
```

b) Die **Jahrgangsstufe 5** will Kakao. Der Kakao wird diesmal **1 m links von der 5b** gelagert. Markiere den Kakaostandort in der Skizze. Wie viele Meter muss Herr Rey in diesem Fall insgesamt gehen, um beide 5. Klassen mit Kakao zu versorgen? Wie erklärst du dir das Ergebnis?

Rechnung: _____

2
```
|————————————|————————|
5a    18m    5b   16m   6a
```

Die **Klassen 5a, 5b und 6a** wollen Kakao. Berechne den Weg für vier verschiedene Standorte. Welcher Weg ist für Herrn Rey insgesamt kürzer? Gibt es einen noch günstigeren Standort?

Standort bei _____ : _____   Standort bei _____ : _____

Standort bei _____ : _____   Standort bei _____ : _____

3
```
|————————————|————————|——|
5a    18m    5b   16m  6a 3m 6b
```

Die **Jahrgangsstufen 5 und 6** wollen Kakao. Berechne den Weg für verschiedene Lagerungsmöglichkeiten. Was fällt dir auf?

Standort bei _____ : _____

Standort bei _____ : _____

Standort bei _____ : _____

Standort bei _____ : _____

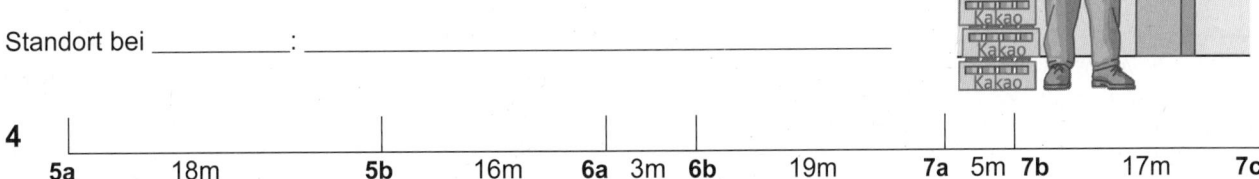

4
```
|————————————|————————|——|——————————|——|————————|
5a    18m    5b   16m  6a 3m 6b  19m  7a 5m 7b  17m   7c
```

Alle Jahrgangsstufen wollen Kakao. Wo soll Herr Rey deiner Meinung nach den Kakao lagern, damit der Gesamtweg möglichst kurz ist? **Rechne für zwei Vorschläge nach und begründe.**

Standort bei Klasse _____ : _____

Standort bei Klasse _____ : _____

5 Was fällt dir bei den Lösungen (kürzeste Wegstrecke) im Zusammenhang mit der **Anzahl an Klassen** auf, die sich mit Kakao beliefern lassen? Notiere deine Vermutungen auf der Rückseite.

Leitidee Daten und Zufall

Quiz – Der große Preis (1)

Kennwerte	Häufigkeiten	Diagramme	Stichprobe	Statistische Erhebungen
10	10	10	10	10
20	20	20	20	20
30	30	30	30	30
40	40	40	40	40
50	50	50	50	50

Spielvorbereitung: Die Klasse wird in Gruppen bis zu sechs Schülern aufgeteilt. Der Spielplan wird an die Tafel geschrieben oder auf einer Folie an die Wand projiziert. Die Gruppen können aus den verschiedenen Bereichen Fragen wählen. Es kann auch vereinbart werden, dass jede Gruppe aus jedem Bereich eine Frage wählen muss. An der Tafel werden in Tabellenform die Gruppen und der Punktestand vermerkt. Die Aufgaben werden mündlich gestellt. Diagramme oder Daten können vorbereitend auf Folien (oder auf DIN-A3-Blätter) kopiert werden.

Spielablauf: Eine Gruppe beginnt mit der Auswahl einer Aufgabe, zum Beispiel: „Diagramme 30". Diese Aufgabe wird dann an der Tafel bzw. auf der Spielplanfolie gestrichen. Sie kann nicht mehr gewählt werden. Die Gruppe erhält eine bestimmte Zeit zur Beantwortung der Frage. Die Zeit wird entweder vorher vereinbart oder je nach Aufgabe individuell festgelegt. Wird die Frage vollständig beantwortet, erhält die Gruppe die volle Punktzahl. Je nach Lösung können nach dem Ermessen der Lehrperson Punkte vergeben werden. Wird die Frage/Aufgabe falsch oder unzureichend beantwortet, kann die Frage an eine andere Gruppe weitergegeben werden. Wählt eine Gruppe eine Jokerfrage, zum Beispiel „Häufigkeiten 10" oder „Stichprobe 20", erhält sie die jeweils vorgesehenen Punkte, ohne eine Frage beantworten zu müssen. Verstößt eine Gruppe gegen die vereinbarten Regeln, können Punkte abgezogen werden.

Spielende: Das Spiel ist beendet, wenn alle Aufgaben gelöst wurden *oder* wenn das Spiel nach Vereinbarung (jede Gruppe sollte ungefähr gleich viele Aufgaben gewählt haben) für beendet erklärt wird. Die Gruppe, die den höchsten Punktestand erzielt hat, hat gewonnen.

Leitidee Daten und Zufall

Quiz – Der große Preis (2)

Kennwerte		Häufigkeiten		Diagramme		Stichprobe		Stat. Erhebungen	
10	*Nennt drei verschiedene Mittelwerte und erläutert, wie sie bestimmt werden!* Mittelwert: Die Einzelwerte werden addiert. Die Summe wird durch die Anzahl der Einzelwerte dividiert. Zentralwert (Median): Die Werte müssen der Größe nach sortiert bzw. in eine Reihenfolge gebracht werden. Der Zentralwert befindet sich in der Mitte der Rangordnung aller Merkmalsträger. Häufigster Wert (Modalwert): Merkmalswert, der in einer Datenliste am häufigsten vorkommt.	**10**	Joker :)	**10**	*Erklärt den Begriff Diagramm.* Das Egebnis einer statistischen Erhebung kann mithilfe von Diagrammen veranschaulicht werden. Grundlage ist die Häufigkeitsliste. Beispiel: Säulendiagramm	**10**	*Wozu führt man eine Stichprobe durch?* Dieses Verfahren wird oft bei Meinungsumfragen und in der Qualitätskontrolle eingesetzt, um Aussagen über eine Grundgesamtheit zu erhalten, ohne die Grundgesamtheit untersuchen zu müssen. Es spart Kosten und Zeit. Außerdem müssen bei Lebensmitteltests nicht alle Lebensmittel vernichtet werden.	**10**	*Nennt Phasen einer statistischen Erhebung!* 1. Planung 2. Daten erfassen 3. Daten aufbereiten 4. Daten analysieren
20	*Worin liegen die Vor- und Nachteile des Mittelwertes?* Vorteil: Das arithmetische Mittel lässt sich leicht bestimmen. Nachteile: In der Regel kommt der Mittelwert nicht als tatsächlicher Wert in der Datenmenge nicht vor. Problem von „Ausreißern".	**20**	*Was ist eine Häufigkeitsliste?* Eine Liste, in der angegeben wird, wie häufig jeder einzelne Wert vorkommt.	**20**	*Benennt diese Diagrammarten.* Säulendiagramm Balkendiagramm Kreisdiagramm Streifendiagramm Bilddiagramm	**20**	Joker :)	**20**	Joker :)

† Gruppenarbeit

Leitidee Daten und Zufall

Quiz – Der große Preis (3)

Kennwerte	Häufigkeiten	Diagramme	Stichprobe	Stat. Erhebungen
30	**30**	**30**	**30**	**30**
Sebastian bekommt für kleine Dienste monatlich verschiedene Geldbeträge. Die Einnahmen der letzten fünf Monate: 49 €, 51 €, 63 €, 40 €, 77 € **Nennt Mittelwert, Zentralwert, häufigsten Wert und die Spannweite.** M.: 56 € Z.: 51 € H.: existiert nicht S.: 37 €	**Bestimmt die relativen Häufigkeiten.** Die Tabelle zeigt die absoluten Häufigkeiten verschiedener Farben. rot gelb grün blau 8 13 11 18 Gesamtumfang: 50 Relative Häufigkeiten: rot gelb $\frac{8}{50}=16\%$ $\frac{13}{50}=26\%$ grün blau $\frac{11}{50}=22\%$ $\frac{18}{50}=36\%$	**Wie fertigt man ein Streifendiagramm an? Beschreibt das Vorgehen.** Länge für ein Merkmal = $\frac{\text{abs. Häufigkeit}}{\text{Gesamtzahl}} \cdot$ Streifenlänge Beispiel: Als Lieblingsfarbe wählen 10 Schüler rot, 6 Schüler rosa, 5 Schüler blau und 4 Schüler grün. Bei einer Streifenlänge von 10 cm ergibt das für rot: $\frac{10}{25} \cdot 10\text{ cm} = 4\text{ cm}$	Die Stadtverwaltung möchte wissen, wie viele Haustiere es durchschnittlich in der Stadt gibt. Ein Mitarbeiter befragt dazu die Eltern des städtischen Kindergartens. **Was meint ihr dazu?** Dieser Personenkreis ist zu eingegrenzt. Es müsste u.A. verschiedene Altersgruppen des **ganzen** Stadtgebietes befragt werden.	**Zu welchem Zweck macht man statistische Erhebungen?** **Versuche, eine allgemeine Aussage zu treffen.** Will man eine bestimmte Hypothese oder Fragestellung klären, kann man mithilfe von wissenschaftlichen Methoden (Umfrage, Experiment, Beobachtung) Daten erfassen, Daten aufbereiten und analysieren.
40	**40**	**40**	**40**	**40**
Joker ☺	Rel. Häufigkeit = $\frac{\text{Prozentsatz}}{\text{Gesamtzahl}}$ **Wo liegt der Fehler? Und wie muss es richtig heißen?** **Richtig heißt es:** Rel. Häufigkeit = $\frac{\text{abs. Häufigkeit}}{\text{Gesamtzahl}}$	Bestandsaufnahme in der Schokoladenabteilung. Ergebnis in Tafeln: Nougat 18, Marzipan 36, Vollmilch 24, Zartbitter 72, Haselnuss 10, Krokant 80. **Wie stellt man die sechs Sorten in einem Kreisdiagramm dar?** Gesamtzahl: 18 + 36 + 24 + 72 + 10 + 80 = 240 Winkelberechnung: $\frac{\text{absolute Häufigkeit}}{\text{Gesamtzahl}} \cdot 360°$ Nougat = 27° Zartbitter = 108° Marzipan = 54° Haselnuss = 15° Vollmilch = 36° Krokant = 120°	Ein Schokoladenhersteller produziert täglich 500 000 Tafeln. Bei einer Stichprobe werden 500 Tafeln gewogen, 4 Tafeln sind zu leicht. **Mit wie vielen fehlerhaften Tafeln muss pro Tag gerechnet werden? Warum reicht eine Stichprobe von 10 Tafeln nicht aus?** Es muss mit 4000 fehlerhaften Tafeln gerechnet werden. Die Auswahl von 10 Tafeln repräsentiert die Gesamtheit nicht gut genug. Gefahr der Stichprobenverzerrung.	Tina wird gefragt, wie viel Stunden sie pro Tag fernsieht. Sie sagt: „Manchmal schaue ich gar nicht, manchmal bis zu 6 Stunden." **Welche statistischen Kennwerte hat Tina angegeben? Welche Kennwerte wären aussagekräftiger gewesen?** Tina hat das Minimum und das Maximum angegeben - also die Spannweite. Aussagekräftiger wären der Mittelwert oder der Zentralwert.

Gruppenarbeit

Leitidee Daten und Zufall

Quiz – Der große Preis (4)

Kennwerte	Häufigkeiten	Diagramme	Stichprobe	Stat. Erhebungen
50	**50**	**50**	**50**	**50**
Bei einem Betriebsfest werden Spenden für einen guten Zweck gesammelt. 4 Personen spenden je 18 € 6 Personen spenden je 25 € 2 Personen spenden je 33 € *Wieviel Geld wurde insgesamt gespendet?* *Wie hoch sind Mittelwert, Zentralwert und häufigster Wert?* Es wurden insgesamt 288 € gespendet: Mittelwert 24 € Zentralwert 25 € Häufigster Wert 25 €	Eine Verbraucherinitiative untersuchte verschiedene Weingummiprodukte auf ihren prozentualen Zuckergehalt. Zuckergehalt in Weingummiprodukten Zuckergehalt (%) 77, 76, 75, 74, 73, 72, 71, 70, 69 A B C D E *Bewertet die Darstellung. Berechnet die Prozentwerte für 500 g.* Die Skalierung der y-Achse beginnt nicht bei Null. Der Koordinatenursprung wurde also verschoben. Das wirkt sich in der grafischen Darstellung so aus, dass die Unterschiede des Zuckergehaltes „aufgebläht" werden. Dabei beträgt der maximale Unterschied 25 g. Prozentualer Zuckergehalt: Produkt A 75% → 375 g Produkt B 77% → 385 g Produkt C 73% → 365 g Produkt D 74% → 370 g Produkt E 72% → 360 g	**Aus einer Zeitschrift:** **Blick in die Mülltonne** Zusammensetzung des Hausmülls in Gewichtsprozent Küchenabfälle 30% Papier und Pappe 16% Mittelmüll (8-40 mm) 16% Asche Sand u.a. 10% Glas 9% Textilien, Windeln 5% Kunststoffe 5% Metall 3% Sonstiges 6% *Ein Leser beschwert sich. Warum?* Wenn man Radius und Höhe verdoppelt, verdreifacht etc., dann erhält man wesentlich größere Volumina. Die Aussage der Daten stimmt nicht mit den grafischen Darstellungen überein. Dadurch, dass die größeren Mülltonnen auf einem Berg stehen, wird der falsche Eindruck noch verstärkt.	Ein Chemielehrer untersucht vor der Klassenarbeit stichprobenartig die Mäppchen von drei Schülerinnen und Schülern auf Spickzettel. In allen drei Mäppchen findet er Spickzettel. Insgesamt sind 30 Schülerinnen und Schüler in der Klasse. *Wie muss er mit diesem Ergebnis umgehen?* Bei kleineren Zahlen – hier bei 30 Schülern – ist es schwierig, eine geeignete Stichprobengröße festzulegen. Theoretisch müsste er aufgrund der Stichprobe davon ausgehen, dass alle Schülerinnen und Schüler einen Spickzettel haben. Das ist aber sehr unwahrscheinlich.	„Trau keiner Statistik, die du nicht selbst gefälscht hast!" (Volksmund) „Statistical thinking will one day be as necessary for efficient citizenship as the ability to read and write." H.G. Wells (1866–1946) *Nehmt Stellung zu diesen zwei Zitaten.* Zitat 1: Einerseits ist ein gewisses Misstrauen begründet, da Statistikmissbrauch durchaus vorkommt. Andererseits ist die Statistik ein Methodenbündel, eine Art Werkzeug, das an sich nicht schlecht ist. Es kommt darauf an, wie man damit umgeht. Zitat 2: Es erinnert daran, dass Statistikkenntnisse so wichtig sind, wie die Fähigkeit zu lesen oder zu schreiben, um die Verantwortung als Bürger wahrzunehmen.

✝ Gruppenarbeit

Leitidee Daten und Zufall

Der Weitsprungwettbewerb

In einer 8. Klasse wurden im Sportunterricht die Weitsprung-Ergebnisse der Mädchen gemessen.

a) Sortiere die Liste.

Ergebnisse in m

3,45	3,60	3,65	2,85	2,94
2,98	4,10	3,10	3,90	3,10
3,20	4,50	3,15	3,20	3,05
3,60	3,55	4,00	3,35	3,55
2,70	2,95	3,00	3,85	3,40

Rangplatz	1	2	3	4	5	6	7	8	9	10	11	12	13
Weite in m													

Rangplatz	14	15	16	17	18	19	20	21	22	23	24	25
Weite in m												

b) Bestimme die Kennwerte.

Minimum	Maximum	Spannweite	unteres Quartil	Zentralwert	oberes Quartil	Mittelwert

c) Vervollständige die Sätze.

- Ungefähr die Hälfte der Schülerinnen ist mindestens 3,05 m und höchstens _____ m weit gesprungen.

- Ungefähr die Hälfte der Schülerinnen ist mindestens _____ m weit gesprungen.

d) Stimmen folgende Aussagen? Begründe.

- Ungefähr 75% der Schülerinnen sind weiter als 3,60 m gesprungen. _____

- Ungefähr 50% der Schülerinnen sind höchstens 3,35 m gesprungen. _____

- Ungefähr 50% der Schülerinnen sind mindestens 3,35 m gesprungen. _____

e) Eine Schülerin sagt: „Ungefähr ein Viertel der Schülerinnen ist nicht so weit gesprungen wie ich."
Wie weit ist sie gesprungen? _____

Leitidee Daten und Zufall

Taschengeld und Hausaufgaben

1 23 Schülerinnen und Schüler aus der 8. Klasse wurden gefragt, wie viel Taschengeld sie im Monat erhalten. Das Ergebnis zeigt der Boxplot.

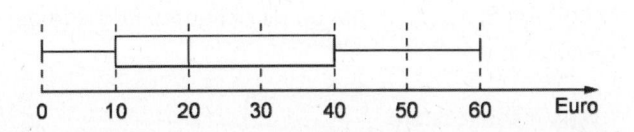

a) Bestimme die Kennwerte.

Minimum	Maximum	Spannweite	unteres Quartil	Zentralwert	oberes Quartil

b) Wieviel könnten die **einzelnen Schülerinnen und Schüler** erhalten haben? Trage ein.

Schüler/in	1	2	3	4	5	6	7	8	9	10	11	12	13	14	15	16	17	18	19	20	21	22	23
Betrag in €																							

c) Beantworte die Fragen für die von dir gewählte Verteilung aus Teilaufgabe b).
Wie viel Prozent der Schülerinnen und Schüler erhalten

- 10 € und weniger? _____
- genau 10 €? _____
- mindestens 10 und höchstens 40 €? _____
- mindestens 40 €? _____

2 Bei einer weiteren Umfrage wurden die Schülerinnen und Schüler gefragt, wie lange sie in der letzten Woche für ihre Hausaufgaben benötigt haben.

Das Ergebnis (in Stunden) zeigt folgender Boxplot.

a) Bestimme die Kennwerte.

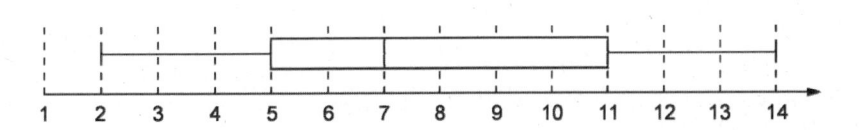

Minimum	Maximum	Spannweite	unteres Quartil	Zentralwert	oberes Quartil

b) Wie lange könnten die einzelnen Schülerinnen und Schüler dieser 8. Klasse an ihren Hausaufgaben gearbeitet haben? Trage ein.

Schüler/in	1	2	3	4	5	6	7	8	9	10	11	12	13	14	15	16	17	18	19	20	21	22	23
Zeit in h																							

c) Berechne den Mittelwert der von dir eingetragenen Verteilung aus Teilaufgabe b). _____

d) Marcel behauptet: „Ich habe die Verteilung mit dem größten aller möglichen Mittelwerte gefunden. Dieser beträgt 8,91 Stunden." Wie sieht seine Verteilung aus? Trage ein.

Schüler/in	1	2	3	4	5	6	7	8	9	10	11	12	13	14	15	16	17	18	19	20	21	22	23
Zeit in h																							

e) Bestimme die Verteilung mit dem kleinsten Mittelwert aller möglichen Mittelwerte. Wie groß ist dieser?

Leitidee Daten und Zufall

Klassenarbeit

Mit einem Boxplot kannst du dir ein gutes Bild von den Ergebnissen einer Klassenarbeit machen.

> Was war die beste, was war die schlechteste Note?
>
> Haben viele Schülerinnen und Schüler eine gute Note erzielt?
>
> Befinde ich mich mit meiner Note im Mittelfeld oder sogar in der Leistungsspitze?

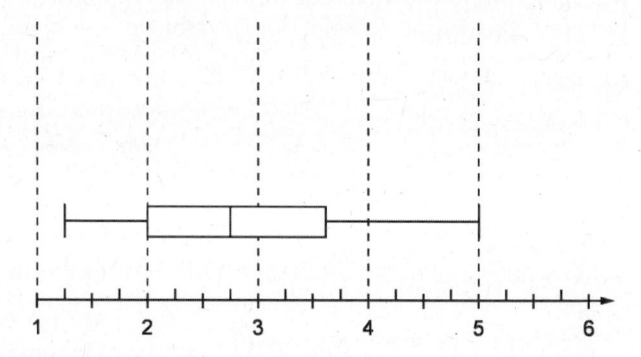

1 Erfasse die Noten einer Klassenarbeit in einer Häufigkeitsliste.

Note	1	1 minus	1-2	2 plus	2	2 minus	2-3	3 plus	3	3 minus	3-4
Häufigkeit											
Zwischensumme											

Note	4 plus	4	4 minus	4-5	5 plus	5	5 minus	5-6	6 plus	6
Häufigkeit										
Zwischensumme										

2 Bestimme die Kennwerte der Ergebnisse der Klassenarbeit.

Mittelwert	Zentralwert	Minimum	unteres Quartil	oberes Quartil	Maximum	Spannweite

3 a) Zeichne dazu den Boxplot.

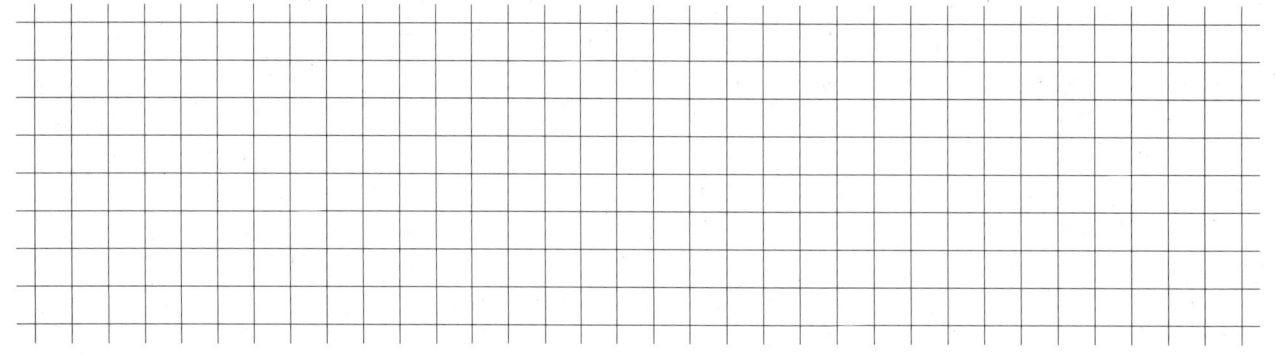

b) Wie sind die Noten bei dieser Klassenarbeit verteilt? Was kannst du über die Ergebnisse der guten und der leistungsschwächeren Schülerinnen und Schüler sagen?

_____

_____

Leitidee Daten und Zufall

PISA

In der PISA-Studie 2003 wurden die mathematischen Leistungen von 15-jährigen Schülerinnen und Schülern gemessen.

1 In der Tabelle kannst du sehen, wie viele Punkte die Jugendlichen durchschnittlich in den verschiedenen Ländern erreicht haben.

- Übertrage die Daten in ein MS-Excel®-Blatt (wie in der Abbildung).
- Sortiere die Liste nach der Anzahl der Punkte.
- Welchen Platz haben die Schülerinnen und Schüler aus

Deutschland erreicht? _____

- Bestimme die Kennwerte der Daten mit den entsprechenden statistischen Funktionen von Excel.

	A	B		D	E
1	OECD-Länder				
2	Australien	524			
3	Belgien	529			
4	Dänemark	514			
5	Deutschland	503			
6	Finnland	544		Mittelwert	499,551724
7	Frankreich	511		Median:	506
8	Griechenland	445		Oberes Quartil	524
9	Irland	503		Unteres Quartil	490
10	Island	515			
11	Italien	466			
12	Japan	534			
13	Kanada	532			
14	Korea	542			
15	Luxemburg	493			
16	Mexiko	383			
17	Neuseeland	523			
18	Niederlande	538			
19	Norwegen	495			
20	Österreich	506			
21	Polen	490			
22	Portugal	466			
23	Schweden	509			
24	Schweiz	527			
25	Slowakei	498			
26	Spanien	485			
27	Tschechien	516			
28	Türkei	423			
29	Ungarn	490			
30	USA	483			

Minimum	Maximum	Spannweite

Unteres Quartil	Zentralwert	oberes Quartil	Mittelwert

- In welchem Abschnitt liegt der Wert für die Schülerinnen und

Schüler aus Deutschland? _____

- Welche europäischen Länder haben einen Platz im oberen

Abschnitt erreicht? _____

Diese Sätze sind in zwei deutschen Tageszeitungen zu lesen. Sind sie richtig? Erkläre den „Widerspruch".

> Die Ergebnisse der deutschen Schülerinnen und Schüler sind besser als der internationale Mittelwert.
>
> Mehr als die Hälfte der Länder haben besser als Deutschland abgeschnitten.

---

2 In einer Ergänzungsstudie wurden die Leistungen in den deutschen Bundesländern ausgewertet. Bestimme die Platzierungen der drei besten deutschen Bundesländer in der internationalen Rangliste.

Bundesland	Rangplatz

	A	B	C
1	**Deutsche Bundesländer**		
2	Baden-Württemberg	512	
3	Bayern	533	
4	Berlin	488	
5	Brandenburg	492	
6	Bremen	471	
7	Hamburg	481	
8	Hessen	497	
9	Mecklenburg-Vorpommern	493	
10	Niedersachsen	494	
11	Nordrhein-Westfalen	486	
12	Rheinland-Pfalz	493	
13	Saarland	498	
14	Sachsen	523	
15	Sachsen-Anhalt	502	
16	Schleswig-Holstein	497	
17	Thüringen	510	

Welche Bundesländer haben einen Platz im ersten, zweiten, dritten oder vierten Abschnitt beim internationalen Vergleich erreicht? Erstelle eine Tabelle auf der Rückseite des Blattes mit den entsprechenden Überschriften und trage die Namen ein.

Platz im 1. Abschnitt	Platz im 2. Abschnitt	Platz im 3. Abschnitt	Platz im 4. Abschnitt

Leitidee Daten und Zufall

Perzentilbänder

Beim PISA-Test 2003 wurden die mathematischen Leistungen von Schülerinnen und Schülern gemessen. Dänemark erreichte mit 514 Punkten den 13., Deutschland mit 503 Punkten den 17. Platz. Die beiden Perzentilbänder zeigen dir nicht nur die Mittelwerte, sondern auch, wie gut die Spitzengruppen und die leistungsschwächeren Schülerinnen und Schüler in diesen beiden Ländern abgeschnitten haben.

In folgendem Text werden die Ergebnisse der zwei Länder verglichen. Ergänze ihn. Schaue dir zunächst die Leistungen der **Spitzengruppen** an.

Die besten 5% der Schülerinnen und Schüler aus den beiden Ländern erzielten jeweils mindestens

ungefähr _____ Punkte, die besten 10%

ungefähr _____ Punkte oder mehr. Mehr als

ca. _____ Punkte wurden in **Deutschland** von einem Viertel der 15-Jährigen erreicht. In **Dänemark** waren es genauso viele.

Wie sieht das Ergebnis bei den **leistungsschwächeren Schülerinnen und Schüler** aus? 5% der Schülerinnen und Schüler in **Deutschland**

erreichten weniger als ungefähr _____

Punkte, 10% weniger als ca. _____ Punkte.

Ungefähr 440 Punkte wurden von _____% der in **Deutschland** Getesteten nicht erreicht.

In **Dänemark** sieht das ganz anders aus: 95% der 15-Jährigen hatten mindestens ungefähr

_____ Punkte, 90% ungefähr _____ Punkte oder mehr. Mindestens ca. 455 Punkte

wurden von _____% der Teilnehmerinnen und Teilnehmer erreicht.

Perzentilband

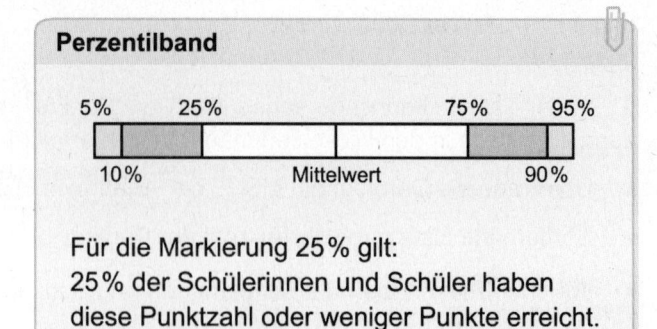

5% 25% 75% 95%
10% Mittelwert 90%

Für die Markierung 25% gilt:
25% der Schülerinnen und Schüler haben diese Punktzahl oder weniger Punkte erreicht.

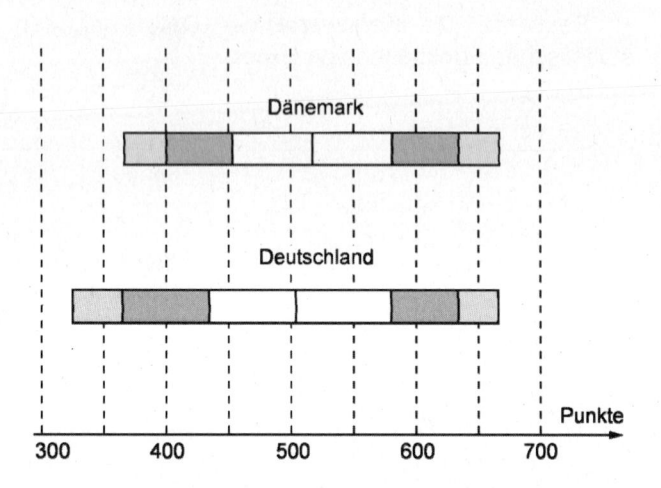

Dänemark

Deutschland

300 400 500 600 700 Punkte

Aufgabe aus dem PISA-Test

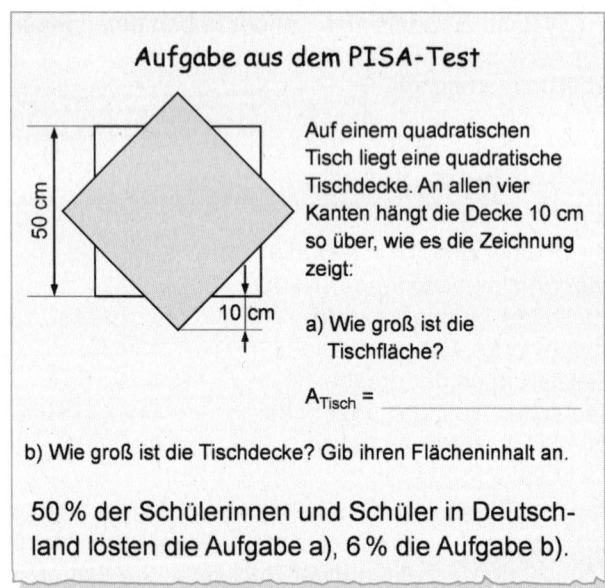

Auf einem quadratischen Tisch liegt eine quadratische Tischdecke. An allen vier Kanten hängt die Decke 10 cm so über, wie es die Zeichnung zeigt:

50 cm
10 cm

a) Wie groß ist die Tischfläche?

A_{Tisch} = _____

b) Wie groß ist die Tischdecke? Gib ihren Flächeninhalt an.

50% der Schülerinnen und Schüler in Deutschland lösten die Aufgabe a), 6% die Aufgabe b).

Welche Gemeinsamkeiten und welche Unterschiede zeigen die Perzentilbänder für die beiden Länder? Fasse zusammen.

_____

_____

_____

Leitidee Daten und Zufall

Würfeltest in Partnerarbeit

Paarnummer	1	2	3	4	5	6	7	8	9	10
	11	12	13	14	15	16	17	18	19	20

Strichliste für die eigenen Ergebnisse **100 mal würfeln**

	1	2	3	4	5	6
1–10						
11–20						
21–30						

Zusammenfassung aller Ergebnisse

Paarnummer	1	2	3	4	5	6
1						
2						
3						
4						
5						
6						
7						
8						
9						
10						
11						
12						
13						
14						
15						
16						
17						
18						
19						
20						
Summe						
relative Häufigkeit						

† Partner-/Gruppenarbeit

Leitidee Daten und Zufall

Hinderniswettlauf mit Zufallsentscheidungen

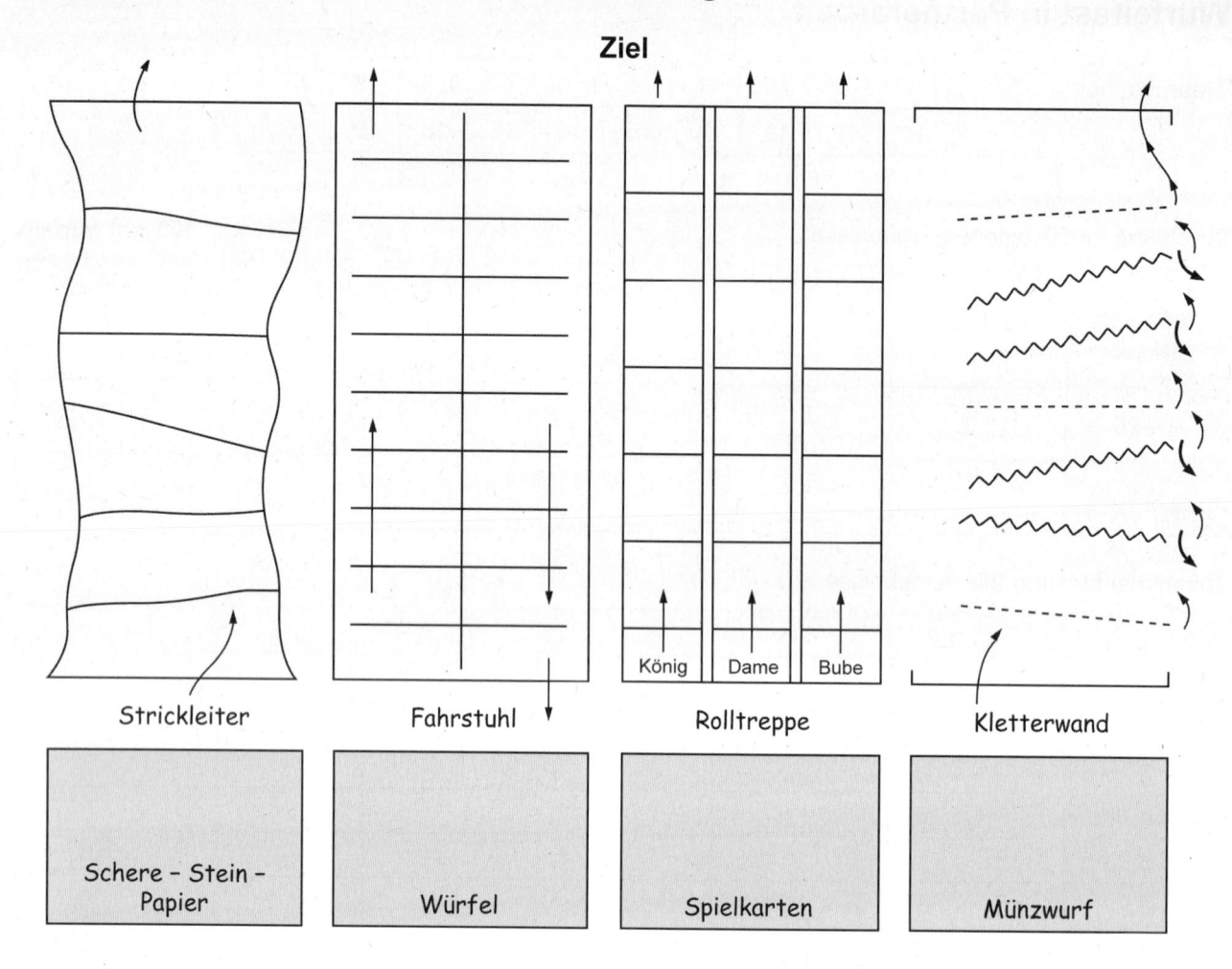

Ziel

Strickleiter	Fahrstuhl	Rolltreppe	Kletterwand
Schere – Stein – Papier	Würfel	Spielkarten	Münzwurf

(Rolltreppe-Spalten: König, Dame, Bube)

Zu zweit, dritt oder viert könnt ihr um die Wette laufen. Ihr braucht Spielfiguren, Würfel, Spielkarten, Münzen.

Spielregel
Es gibt vier verschiedene Bahnen. Wer zuerst alle seine Spielfiguren ins Ziel gebracht hat ist Sieger.
Zu Beginn stellen alle auf jeden Sammelplatz vor den Bahnen eine Spielfigur. Wenn ihr nur zu zweit spielt, stellt jeder zwei Figuren auf die Sammelplätze. Gespielt wird reihum. Wer mit dem Spiel beginnt wird ausgelost. Wer an der Reihe ist, sagt laut, mit welcher Figur er in dieser Runde spielt.

Strickleiter: Wenn du allein auf der Leiter bist, steigst du eine Sprosse weiter. Sonst suchst du Dir unter den anderen Leiterkletterern einen Gegner für „Schere – Stein – Papier" aus. Wenn du gewinnst, kannst du eine Sprosse hinaufklettern, sonst dürfen alle anderen auf der Leiter eine Sprosse weiterziehen.

Fahrstuhl: Du fährst mit dem Fahrstuhl abwechselnd aufwärts und abwärts. Ein Spielwürfel zeigt dir, wie viele Felder du vorankommst. Zum Zeichen, dass du beim nächsten Mal abwärts fährst, stellst du die Spielfigur auf die rechte Seite. Wenn du abwärts fährst, darfst du zweimal würfeln und dir die kleinere Zahl aussuchen.

Rolltreppe: Könige, Damen und Buben eines Skatspiels (also 12 Karten) werden gemischt. Du ziehst beim ersten Mal eine Karte und wählst damit die Treppe für Deine Spielfigur. Bei jedem Zug wird eine Karte gezogen (und wieder zurückgelegt). Dadurch wird entschieden, welche Rolltreppe um eine Stufe weiter fährt. Alle Figuren auf dieser Treppe fahren mit. Wenn du auf einer anderen Rolltreppe stehst, hast du Pech gehabt.

Kletterwand: Willst du auf der Kletterwand vorankommen, musst du eine Münze werfen. Bei „Zahl" bist du eine Stufe weiter. „Wappen" heißt bei den gestrichelten Linien, dass du stehen bleibst. Bei den gezackten Linien heißt es dagegen, dass du einen Schritt zurückfällst.

† Gruppenarbeit

Leitidee Daten und Zufall

Schiffe versenken – durch den Zufall gesteuert

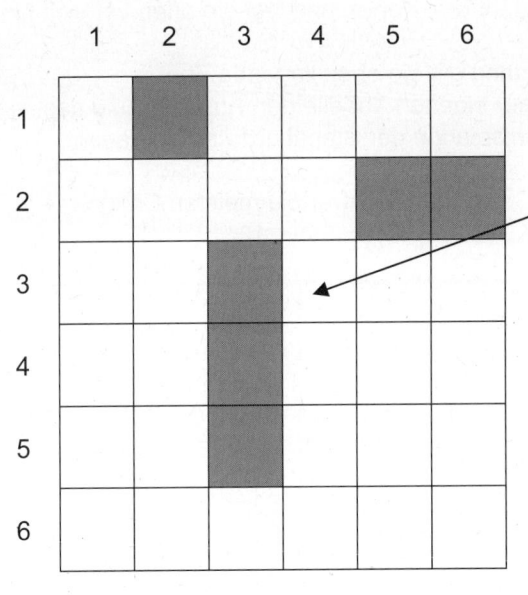

Das Ziel wählst Du durch zweimal Würfeln:
- Die erste Zahl bestimmt die Spalte, z.B. „4".
- Die zweite Zahl legt die Zeile fest, z.B. „3".

Dies ist das Feld (4 / 3)

Notiere vor jedem Zielversuch die Wahrscheinlichkeit für einen Treffer in der Tabelle unter dem Spielfeld. Kreuze alle gewürfelten Felder an, die Treffer und auch die Nieten! Wenn bereits angekreuzte Felder getroffen werden, wird der Wurf wiederholt. Das Spiel ist beendet, wenn alle getönten Schiffsfelder getroffen sind.

Wovon hängt es ab, ob die Wahrscheinlichkeit für einen Treffer groß oder klein ist? Wann steigt die Trefferwahrscheinlichkeit, wann sinkt sie? Kann es den Fall geben, dass die Trefferwahrscheinlichkeit 50% oder sogar 100% beträgt.

Versuch	1	2	3	4	5	6	7	8	9	10	11	12	13	14	15	16	17	18
Wahrsch.	$\frac{6}{36}$																	

Versuch	19	20	21	22	23	24	25	26	27	28	29	30	31	32	33	34	35	36
Wahrsch.																		

... um die Wette

Mit mehreren Spielern wird es ein Wettspiel. Jeder trägt seine Schiffe in ein Spielfeld ein (1 Dreier, 1 Zweier, 1 Einer). Weil der Zufall entscheidet, können alle ihre Spielfelder offen legen. Gewürfelt wird reihum. Jeder Zielversuch gilt für alle Mitspieler. Schätzt vorher ab, nach wie vielen Zielversuchen der erste ausscheiden muss. Wie lange wird der letzte durchhalten? Ändern sich diese Werte wenn noch mehr Freunde mitspielen?

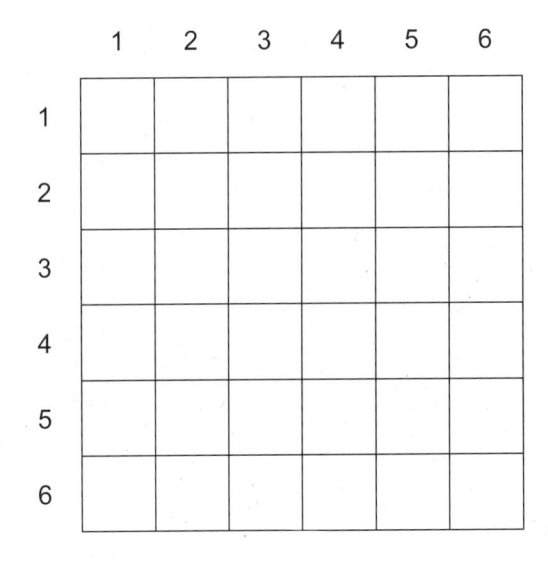

† Partnerarbeit

Leitidee Daten und Zufall

Ereignisse

Spielbeschreibung: Ihr könnt zu zweit oder zu dritt spielen. Die Ereigniskarten werden gemischt und verdeckt auf einen Stapel gelegt. Jede Mitspielerin und jeder Mitspieler zieht drei Karten und legt sie offen vor sich hin.

Für den Zufallsversuch wird ein 12er-Würfel geworfen. Als Ausgang gilt die oben liegende Zahl.
Wer eine passende aufgedeckte Ereigniskarte hat, notiert in einer eigenen Tabelle den Ausgang und das Ereignis. Die verbrauchte Ereigniskarte wird beiseite gelegt, und solange der Stapel nicht aufgebraucht ist, wird eine neue Karte gezogen.
Das Spiel endet, wenn einer von euch keine Karten mehr hat. Gewonnen hat, wer die meisten Ereignisse in der eigenen Tabelle notieren konnte.

Ereignis Zahl kleiner als 4	**Ereignis** gerade Zahl kleiner als 6	**Ereignis** Quadratzahl	**Ereignis** Primzahl
Ereignis Zahl durch **2 und** 3 teilbar	**Ereignis** Zahl nicht durch 2 oder durch 3 teilbar	**Ereignis** Zahl zwischen 7 und 11	**Ereignis** gerade Zahl größer als 5
Ereignis Zahl größer als 5 und kleiner als 9	**Ereignis** Zahl größer als 8 und keine Primzahl	**Ereignis** „1" oder „11"	**Ereignis** Zahl durch 5 teilbar
Ereignis Zahl kleiner als 7	**Ereignis** Zahl kleiner als 5	**Ereignis** Zahl ungerade und durch 3 teilbar	**Ereignis** „7" oder „8"
Ereignis Zahl größer als 10	**Ereignis** Zahl kleiner als 10 und größer als 5	**Ereignis** Zahl größer als 3 und kleiner als 7	**Ereignis** Zahl durch 4 teilbar
Ereignis „10" oder „11"	**Ereignis** ungerade Zahl größer als 5	**Ereignis** „2" oder „5" oder „10"	**Ereignis** „3" oder „12"

✝ Gruppenarbeit

Leitidee Daten und Zufall

Wer gewinnt den Rundlauf?

Material: 2 übliche Spielwürfel (6er), kleine Spielfiguren für alle 2 bis 12 Mitspieler
Vorbereitung: Der Würfel entscheidet, wer beginnt. Die erste Spielerin oder der erste Spieler wählt eines der Startfelder 2 bis 12 und setzt die eigene Spielfigur darauf. Der Reihenfolge nach wählen alle anderen aus den noch freien Startfeldern und setzen ihre Figuren.
Spiel: Bei jedem Wurf mit den beiden Würfeln bestimmt die Augensumme, wer ein Feld weiterrücken darf.
Beispiel: Eine „2" und eine „6" ergibt die Augensumme „8". Der Spieler mit dem Startplatz „8" zieht im Kreisring ein Feld weiter. Gewonnen hat, wer ein Feld mit dem Stern erreicht.

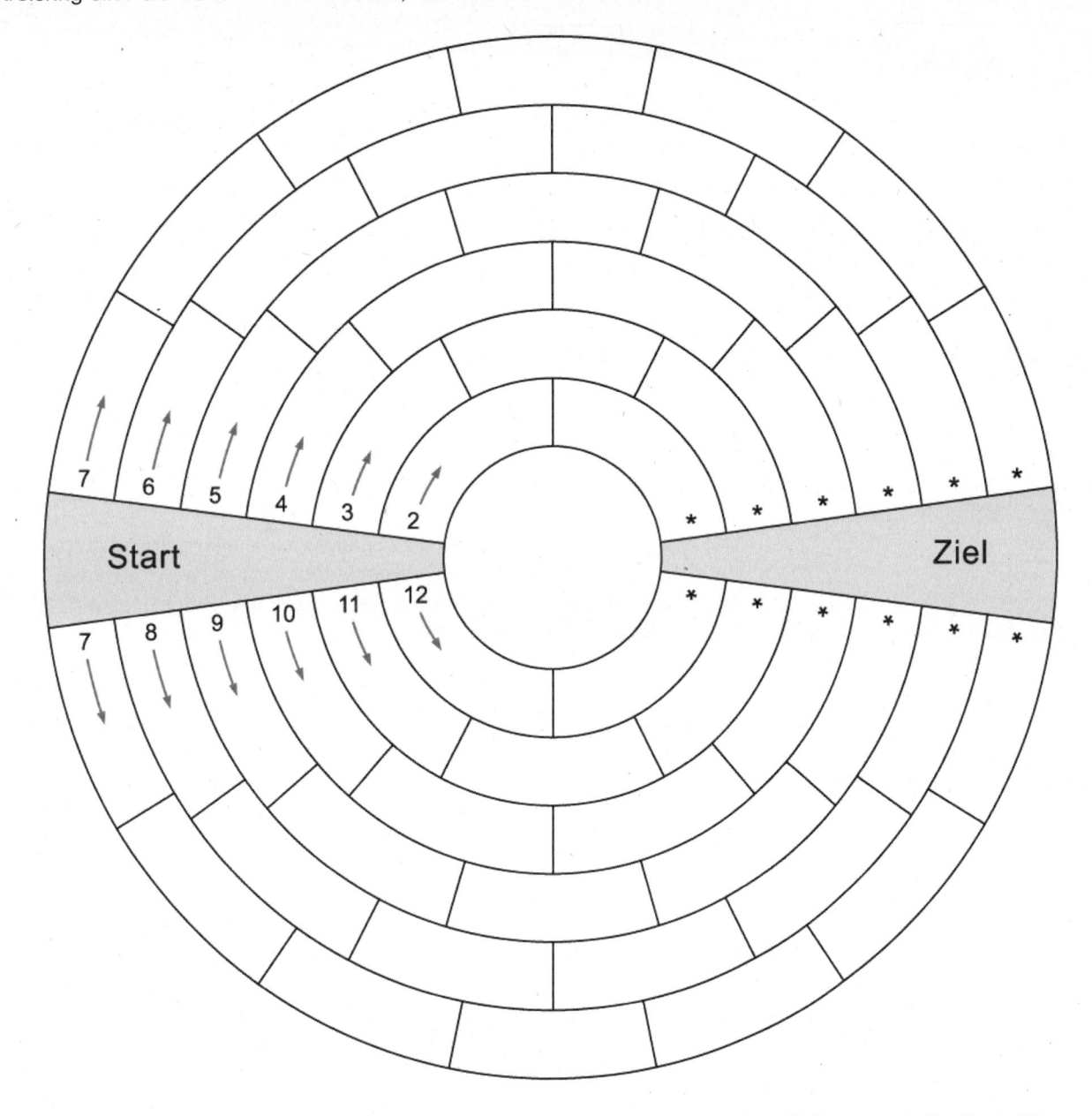

Svenja und Marcel wollen wissen, ob es besonders günstige Startplätze gibt. Sie besetzen alle Startplätze und spielen 100-mal. Die Tabelle zeigt das Ergebnis:

Startplatz	2	3	4	5	6	7	8	9	10	11	12
Siege	9	10	8	8	10	11	9	8	7	9	10

Überlegt in der Gruppe, ob eure Ergebnisse zu dieser Tabelle passen.

† Gruppenarbeit

Leitidee Daten und Zufall

Würfelraten

Hier sind die Netze von vier Farbwürfeln zu sehen. Die Farbflächen rot, grün und blau sind unterschiedlich verteilt. Die Mitspielerinnen und Mitspieler wissen nicht, welcher Würfel ausgewählt wurde. Sie sollen aus den Würfelergebnissen den richtigen herausfinden.

Wenn die Netze ausgeschnitten und zu Körpern geklebt wurden, benutzt man die Papierwürfel. Sonst nimmt man einen normalen Spielwürfel und schaut nach dem Wurf auf dem Würfelnetz nach, welche Farbe zu der Augenzahl gehört. Beispiel: Würfel Nr. 2 ergibt bei der Augenzahl 3 die Farbe rot.

①
	4 rot	
5 grün	1 grün	2 rot
	3 grün	
	6 rot	

②
	5 blau	
1 blau	2 grün	
	3 rot	
	4 blau	5 grün

③
5 blau	4 rot	
1 blau	2 rot	
	3 blau	6 rot

④
4 grün	
1 rot	
3 grün	5 blau
	6 blau
	2 grün

Der Spielleiter wählt zunächst den Spielwürfel zufällig aus und startet dann die Raterunde. Er würfelt verdeckt und sagt an, welche Farbe erscheint. Die Spieler tragen die Ergebnisse in ihre Strichlisten ein. Nach einigen Würfen kann man schon vermuten, welchen Würfel er benutzt. Sicher ist man dann aber noch nicht.
Wer eine starke Vermutung hat, kann „Stopp" rufen und darf raten. Zwei Punkte gibt es für eine richtige Antwort und die Runde ist beendet. Für falsches Raten gibt es einen Minuspunkt und die anderen dürfen weitermachen. Es ist für sie jetzt einfacher geworden.

Bestimme für jeden Würfel die Wahrscheinlichkeit, mit der die jeweiligen Farben auftauchen. Wie helfen dir diese Wahrscheinlichkeiten, schnell den benutzten Würfel zu erraten?

Der Reihe nach werden alle anderen zum Spielleiter.

Strichlisten

Runde 1	
rot	
grün	
blau	

Runde 2	
rot	
grün	
blau	

Runde 3	
rot	
grün	
blau	

† Gruppenarbeit

Leitidee Daten und Zufall

Tandembogen 🚲 Wahrscheinlichkeiten bewerten

Aufgaben für Partner B

Hier werden Situationen beschrieben, in denen Entscheidungen auf der Grundlage von Wahrscheinlichkeiten getroffen werden.
- Untersuche, welche Wahrscheinlichkeit bestimmt werden muss.
- Erläutere deiner Partnerin oder deinem Partner die Aufgabenstellung und den Rechenweg.
- Stelle dar, welche Bedeutung die Wahrscheinlichkeiten haben.
- Wie sollte deiner Meinung nach weiter verfahren werden?

1 Ein Ruderverein mit 180 Clubmitgliedern hat von einer jungen Internetfirma des Ortes ein neues Ruderboot geschenkt bekommen. Als bekannt wird, dass es vom Firmenchef auf den Namen „Höllenhund" getauft werden soll, entrüsten sich Vereinsmitglieder und machen eine Umfrage: Von 120 Befragten sind 80 gegen den Namen. Wie sollte sich der Vereinsvorstand verhalten?

2 Ein Tierarzt behandelt einen schwer kranken Hund, bei dem mit normalen Methoden keine Besserung erreicht wurde. Eine neue Therapie hat in 35 ähnlichen Fällen Erfolge gezeigt, aber auch in 5 Fällen die Erkrankung verstärkt.

Lösungen für Partner A

1 Die relative Häufigkeit $\frac{32}{96}$ erlaubt es, die Wahrscheinlichkeit für eine Ablehnung durch alle Eltern mit $\frac{1}{3}$ einzuschätzen. Eine solche Minderheit sollte – wenn möglich – berücksichtigt werden.

2 120 befragte Autofahrer von 3000 sind wohl zu wenig, um die Häufigkeit $\frac{80}{120}$ so zu deuten, dass mit der Wahrscheinlichkeit $\frac{2}{3}$ alle Autofahrer zustimmen. Der Ortsrat sollte eine bessere geplante Befragung durchführen.

Hier knicken

Tandembogen 🚲 Wahrscheinlichkeiten bewerten

Aufgaben für Partner A

Hier werden Situationen beschrieben, in denen Entscheidungen auf der Grundlage von Wahrscheinlichkeiten getroffen werden.
- Untersuche, welche Wahrscheinlichkeit bestimmt werden muss.
- Erläutere deiner Partnerin oder deinem Partner die Aufgabenstellung und den Rechenweg.
- Stelle dar, welche Bedeutung die Wahrscheinlichkeiten haben.
- Wie sollte deiner Meinung nach weiter verfahren werden?

1 In der Mensa einer Schule sollen keine Süßigkeiten mehr verkauft werden. 96 von den 403 Eltern wurden befragt. 32 sind gegen Süßigkeiten, 36 Eltern wollen sich nicht äußern.

2 Die Bewohner eines Dorfes wollen den Bau einer Ampel erreichen, um ohne Gefahr von der mit 3000 Autos am Tag stark befahrenen Bundesstraße in ihr Dorf abbiegen zu können. Herr Pauli befragt 73 Fahrer der Hauptstraße und erhält 44 Zustimmungen, seine Bekannte Frau Meyer schafft 36 positive Stimmen bei 47 Befragungen. Soll der Ortsrat eine Ampelanlage beantragen?

Lösungen für Partner B

1 Die relative Häufigkeit der Befragten zeigt zwei Drittel Gegner des Namens. Es ist wahrscheinlich, dass auch ungefähr zwei Drittel aller Mitglieder dagegen eingestellt sind.

2 Bei schwierigen medizinischen Entscheidungen müssen harte Maßstäbe angelegt werden. Es sind zwar 35 von 40 Fällen gut ausgegangen, schwerwiegender sind vielleicht die ungünstigsten. Die Wahrscheinlichkeit für eine Verschlimmerung ist mit $\frac{1}{8}$ als bedeutsam einzuschätzen.

Kopfrechenblatt 1

1 Berechne im Kopf.

a) $-16+(-14)=$ _____ $-16+14=$ _____

b) $-16-(-14)=$ _____ $-8+(-12)=$ _____

c) $34-40=$ _____ $-34-40=$ _____

d) $-34+40=$ _____ $-34-(-40)=$ _____

e) $-0{,}9-1{,}7=$ _____ $6-8{,}9=$ _____

f) $-6{,}7-4{,}5=$ _____ $7{,}4-8{,}1=$ _____

g) $7{,}4-(-8{,}1)=$ _____ $-7{,}4-8{,}1=$ _____

h) $-\frac{4}{5}+\frac{1}{2}=$ _____ $-\frac{1}{6}-3\frac{1}{8}=$ _____

Gewinne und Verluste

$-16+(-14)$ bedeutet: Man hat 16 Verlustmarken und bekommt noch 14 Verlustmarken dazu.

$-16+14$ bedeutet: Man hat 16 Verlustmarken und bekommt 14 Gewinnmarken dazu.

$-16-(-14)$ bedeutet: Man hat 16 Verlustmarken und darf 14 Verlustmarken abgeben. Somit verbessert sich der Kontostand!

2 Um wie viel ist

a) $+9{,}8$ größer als $-1{,}2$?

b) $-4{,}5$ größer als $-6{,}7$?

c) $-1{,}98$ kleiner als $-1{,}85$?

3 Welche Zahl ist

a) um 4,6 größer als -10?

b) um $\frac{1}{2}$ kleiner als $-\frac{1}{4}$?

c) um 7,2 kleiner als $+5{,}4$?

4 Welche Zahl liegt genau in der Mitte zwischen

a) -8 und $+6$?

b) $-8{,}4$ und $-6{,}2$?

c) $+4{,}2$ und $+11{,}4$?

5 Setze das richtige Zeichen (>; <; =) ein.

$-6{,}7$ ____ -10 $0{,}8$ ____ $\frac{4}{5}$ $-8{,}9$ ____ $0{,}89$ $-\frac{1}{3}$ ____ $-\frac{2}{5}$ $-6{,}3$ ____ $-6\frac{1}{4}$

Knack-die-Nuss-Ecke

Vervollständige die Zahlenfolgen.

a) $+1{,}2 \longrightarrow +0{,}8 \longrightarrow \square \longrightarrow \square \longrightarrow \square \longrightarrow -0{,}8$

b) $-4{,}8 \longrightarrow +2{,}4 \longrightarrow -1{,}2 \longrightarrow \square \longrightarrow \square \longrightarrow +0{,}15$

† Einzelarbeit

Kopfrechenblatt 2

1 Berechne und vergleiche die Schreibweisen.

a) $11 - 8 =$ _____ $-13 - (+6) =$ _____

$-11 + 8 =$ _____ $-13 + (+5) =$ _____

b) $1{,}4 - 2{,}2 =$ _____ $3{,}6 + (-4{,}5) =$ _____

$1{,}4 + 2{,}2 =$ _____ $3{,}6 - (+4{,}5) =$ _____

c) $-1{,}4 - 2{,}2 =$ _____ $3{,}6 - (-4{,}5) =$ _____

$-1{,}4 + 2{,}2 =$ _____ $-3{,}6 - (-4{,}5) =$ _____

d) $(-1{,}2) \cdot 2 =$ _____ $(-2{,}4) \cdot (+0{,}2) =$ _____

$0{,}6 \cdot (-0{,}3) =$ _____ $(+0{,}4) \cdot (-3) =$ _____

e) $20 : (-0{,}2) =$ _____ $(+12) : (-0{,}4) =$ _____

$-3{,}5 : 0{,}07 =$ _____ $(-1{,}8) : (-0{,}9) =$ _____

Die Kurzschreibweise

Bei der Kurzschreibweise wird das Vorzeichen + weggelassen.
Verbinde mit der richtigen Kurzschreibweise.

$2 - (+6)$	♦
$2 + (+6)$	♦ ♦ $2 - 6$
$2 - (-6)$	♦ ♦ $2 + 6$
$2 + (-6)$	♦

2 Vervollständige die Tabelle.

·	−3	−10	0,2	−2
−2				
2,2				

3 Schreibe das Ergebnis der Kettenaufgaben in die Kreismitte.

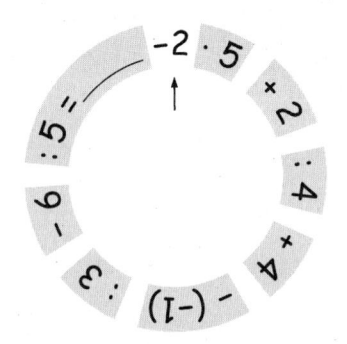

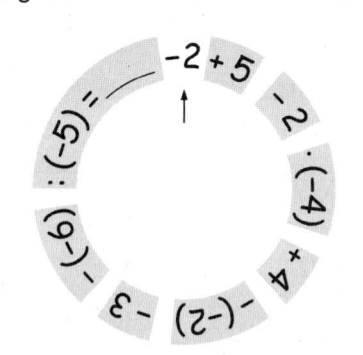

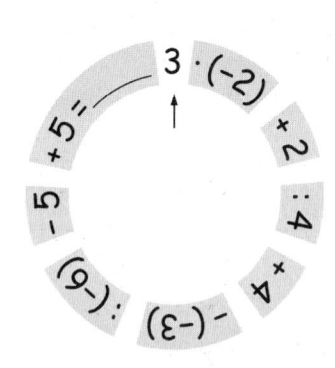

Kette 1: $-2 \cdot 5 \; +2 \; :4 \; +4 \; -(-1) \; :3 \; -6 \; :5 =$

Kette 2: $-2 + 5 \; -2 \; \cdot(-4) \; +4 \; -(-2) \; -3 \; :(-6) \; :(-5) =$

Kette 3: $3 \cdot (-2) \; +2 \; :4 \; +4 \; -(-3) \; :(-6) \; -5 \; +5 =$

Knack-die-Nuss-Ecke

Berechne.

a) $2 \cdot (-6) - (-2) \cdot 6 =$ _____

b) $3{,}4 - (2 \cdot (-2)) =$ _____

c) $-4 - (-5) + 0{,}2 \cdot \Box = 0$

d) $(-3 - 2) \cdot \Box = -2{,}5$

e) $\frac{2}{3} - \frac{1}{6} - \left(-\frac{1}{6}\right) =$ _____

f) $\frac{2}{3} \cdot \left(\frac{2}{5} - \frac{7}{10}\right) =$ _____

g) $-\frac{5}{8} - \left(-\frac{1}{4}\right) + \frac{1}{2} \cdot \frac{1}{4} =$ _____

Kopfrechenblatt 3

1 Multipliziere im Kopf.

a) $-0{,}7 \cdot (-4) =$ _____ $3{,}4 - 2 \cdot 2{,}2 =$ _____

b) $0{,}018 \cdot (-10) =$ _____ $(3{,}4 - 2{,}2) \cdot 2 =$ _____

c) $-0{,}04 \cdot 40 =$ _____ $20 \cdot 0{,}3 - 0{,}6 =$ _____

d) $-0{,}4 \cdot (-4) =$ _____ $20 \cdot (0{,}3 - 0{,}6) =$ _____

e) $0{,}4 \cdot (-40) =$ _____ $(-20) \cdot 0{,}3 - 0{,}6 =$ _____

Multiplikation von Dezimalbrüchen

Beispiele
a) $-0{,}8 \cdot 0{,}4 = -0{,}32$
b) $0{,}8 \cdot -4 = -3{,}2$
c) $-0{,}08 \cdot -4 = +0{,}32$
d) $0{,}08 \cdot -10 = -0{,}8$
e) $0{,}08 \cdot 100 = 8$

2 Löse im Kopf.

a) Die gesuchte Zahl ist von −6 gleich weit entfernt wie von +8. _____

b) Subtrahiere von −5,4 das Produkt der Zahlen −10 und 0,6. _____

c) Im Dreieck ist β = 65°. Der Winkel α ist 30° kleiner. Wie groß ist γ? _____

d) Ordne die Zahlen $-2; -2{,}2; 2\tfrac{1}{4}; 0; 1{,}1; 0{,}\overline{3}$ _____

3 Fülle die Steine der Zahlenmauer.

a) Additionsmauer
−5,4 | 5 | −0,4

b) Subtraktionsmauer
−2 | 3,5 | −5,2

c) Multiplikationsmauer
−0,2 | −4 | 10

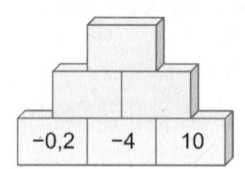

4 Vervollständige die Tabelle für Dreiecke. Notiere die Dreiecksart.

	α	β	γ	Dreiecksart
a)	120°	30°		
b)	60°		60°	
c)		90°	45°	
d)	50°	80°		

Knack-die-Nuss-Ecke

Setze alle möglichen Rechenzeichen (·, :, +, −) so ein, dass du eine wahre Aussage erhältst.

a) $-\tfrac{3}{5} \;\square\; -\tfrac{1}{2} > -1$

b) $1\tfrac{1}{2} \;\square\; \tfrac{3}{4} < -1$

c) $-0{,}78 \;\square\; -4{,}2 > 1$

d) $-8{,}3 \;\square\; 4{,}6 < -4$

e) $-2{,}3 \;\square\; (1{,}6 + 0{,}5) < -1$

f) $4{,}7 \;\square\; (1{,}3 - 1{,}26) > +100$

Kopfrechenblatt 4

1 Berechne die Aufgaben **zeilenweise**.

a) $-12 - 6 =$ _____ $-12x - 6x =$ _____

   $-12 + 6 =$ _____ $-12y + 6y =$ _____

b) $1{,}2 - 2{,}2 =$ _____ $1{,}2a - 2{,}2a =$ _____

   $3{,}4 - 4{,}1 =$ _____ $3{,}4x - 4{,}1y =$ _____

c) $-2{,}4 - 3{,}2 =$ _____ $-2{,}4xy - 3{,}2xy =$ _____

   $-2{,}4 + 3{,}2 =$ _____ $-2{,}4ax + 3{,}2az =$ _____

d) $2 \cdot (-3) =$ _____ $2x \cdot (-3) =$ _____

   $-3 \cdot (-4{,}1) =$ _____ $-2a \cdot (-0{,}3b) =$ _____

e) $3 \cdot 3 \cdot 3 \cdot 3 = 3^\square$ $x \cdot x \cdot x \cdot x =$ _____

   $2 \cdot 4 \cdot 2 \cdot 4 = 2^\square \cdot 4^\square$ $a \cdot x \cdot a \cdot x =$ _____

Buchstabenrechnen

Beim Buchstabenrechnen gelten die gleichen Regeln wie beim Zahlenrechnen. Zusätzlich musst du Folgendes beachten.

1. Addition und Subtraktion
Nur gleichartige Terme dürfen addiert werden.

2. Multiplikation
Der Malpunkt wird weggelassen.
Bei gleichen Buchstaben wird das Ergebnis als Potenz geschrieben.

2 Vervollständige die Tabelle.

x	4	0,4		
x^2				
$2x$			-8	
$x + 2$				1
$x : 2$				

3 Verbinde gleichwertige Terme.

a) $\boxed{2x + 5 - 3x}$ ♦   ♦ $\boxed{4x}$

   $\boxed{2x + 5x - 3x}$ ♦   ♦ $\boxed{-x + 5}$

   $\boxed{2x + 5 - 3y}$ ♦   ♦ $\boxed{\text{nicht zusammenzufassen}}$

b) $\boxed{2y + 3y}$ ♦   ♦ $\boxed{5y^2}$

   $\boxed{2y \cdot 2{,}5y}$ ♦   ♦ $\boxed{\text{nicht zusammenzufassen}}$

   $\boxed{2y + 5y^2}$ ♦   ♦ $\boxed{5y}$

Knack-die-Nuss-Ecke

Berechne.

a) $2x - 3y + 2y - 2x - 4y =$ _____

b) $0{,}3a \cdot \boxed{} = 1{,}2ay$

c) $2{,}6xy + 0{,}4ax - ax - 3xy =$ _____

d) $-2ab \cdot \boxed{} = 10a^2b$

e) $-3{,}6x^2 - 0{,}6x + 2x - 1{,}2x^2 =$ _____

f) $2 \cdot 0{,}3x \cdot \boxed{} \cdot 2b = 1{,}2axb^2$

Kopfrechenblatt 5

1 Berechne und vergleiche.

a) $-12-(-6)=$ _____ $-12a-(-6a)=$ _____

$-12-6=$ _____ $-12y-6y^2=$ _____

b) $-4{,}2+2{,}2=$ _____ $-4{,}2a+2{,}2a=$ _____

$-3{,}4-4{,}1=$ _____ $-3{,}4x^2-4{,}1x^2=$ _____

c) $-0{,}4\cdot(-0{,}3)=$ _____ $-0{,}4x\cdot(-3y)=$ _____

$-2{,}4\cdot 2=$ _____ $-2{,}4ax\cdot 2a=$ _____

> **Beachte!**
>
> **1. Addition und Subtraktion**
> $3b^2 + 4b^2 = 7b^2$
> $3b^2 + 4b = 3b^2 + 4b$
> $5x - x = 4x$
> $5x - 4 = 5x - 4$
>
> **2. Multiplikation und Division**
> $6a \cdot 3 = 18a$
> $a^2 \cdot a^3 = a \cdot a \cdot a \cdot a \cdot a = a^5$
> $7a \cdot 3b^2 = 21ab^2$
> $12x : 6 = 2x$

2 Löse die Klammern auf.

a) $2(x+3)=$ _____ b) $3(3x-2y)=$ _____ c) $x(2+3a)=$ _____

$-(2x-3)=$ _____ $+(2x-3)=$ _____ $-(3x+2y)=$ _____

3 Klammere aus.

a) $4x+4=$ _____ b) $4x+4y=$ _____ c) $6x-8xy=$ _____

4 Verbinde gleichwertige Terme.

a)
$\boxed{-4x\cdot(-3)}$ ♦ ♦ $\boxed{-2\cdot 6x}$

$\boxed{18x-12x:6x}$ ♦ ♦ $\boxed{12x-11x-x}$

$\boxed{-6x-6x}$ ♦ ♦ $\boxed{24x:2}$

b)
$\boxed{(x+5)\cdot 2}$ ♦ ♦ $\boxed{+(2x+10)}$

$\boxed{2x+10}$ ♦ ♦ $\boxed{3x-5+15-5x}$

$\boxed{-2(x-5)}$ ♦ ♦ $\boxed{-(2x-10)}$

Knack-die-Nuss-Ecke

1 Vervollständige.

a) $0{,}4x^2 \cdot \boxed{} = -2x^3$

b) $0{,}6xy \cdot \boxed{}\ 6xy^2$

c) $\boxed{} : (-0{,}2) = 4y$

d) $3xy - 4xz + \boxed{} - \boxed{} = -xy$

e) $2x(\boxed{}) = 6x - 12xy^2$

f) $\boxed{}(\boxed{} - 4x) = -6a^2 + 8ax$

2 Berechne die Winkel.

$\alpha =$ _____

$\gamma =$ _____

$\delta =$ _____

$\varepsilon =$ _____

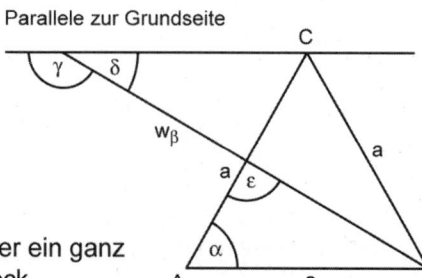

Tipp: Du siehst hier ein ganz besonderes Dreieck.

Kopfrechenblatt 6

1 Berechne **zeilenweise** und vergleiche.

a) $\quad 5x - 3x - 7x =$ _____ $\quad\quad 5x - (3x - 7x) =$ _____

$\quad\quad 4{,}2x^2 - 3x - 5x^2 =$ _____ $\quad\quad 4{,}2x^2 + (3x - 5x^2) =$ _____

b) $\quad 2(3x - 2y) =$ _____ $\quad\quad -2(3x - 2y) =$ _____

$\quad\quad 3a(2a + 1 - y) =$ _____ $\quad\quad -3a(2a + 1 - y) =$ _____

$\quad\quad 2y(3x - 4y) =$ _____ $\quad\quad 2y \cdot (3x \cdot 4y) =$ _____

c) $\quad -3x - 2y + 4y =$ _____ $\quad\quad -3x - 2y - 4y =$ _____

$\quad\quad 2a - 2b - 3a + 3b =$ _____ $\quad\quad 2a - 2b - 3a - 3b =$ _____

Wichtige Rechenregeln

1. Addition und Subtraktion
A − B + C − D = A + C − B − D
(Vertauschungsgesetz)

2. Klammern
A · (B + C − D) =
A · B + A · C − A · D
A · (B · C) = A · B · C
(Verbindungsgesetz)

−(A + B − C) = −A − B + C
+(A + B − C) = A + B − C

2 Berechne die Winkel im Kopf.

a) Das abgebildete Dreieck ist rechtwinklig-gleichschenklig.

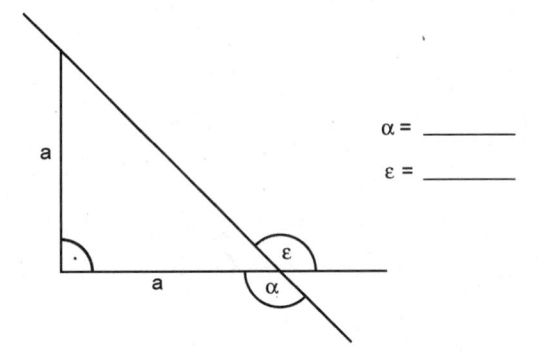

$\alpha =$ _____
$\varepsilon =$ _____

b) Das Dreieck ist gleichschenklig.

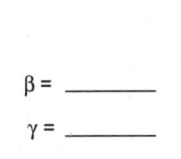

$\beta =$ _____
$\gamma =$ _____

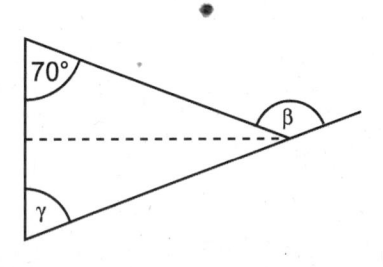

3 Berechne im Kopf.

a) $\quad -5 - 12 + 3 - 3 + 2 + 5 =$ _____

$\quad\quad -2{,}3 - 0{,}6 + 0{,}9 - 0{,}1 =$ _____

$\quad\quad -\dfrac{3}{4} + \dfrac{1}{8} + \dfrac{1}{2} - \dfrac{1}{8} =$ _____

b) $\quad 0{,}6 \cdot (-7) =$ _____

$\quad\quad -0{,}06 \cdot (-10) =$ _____

$\quad\quad -\dfrac{3}{5} \cdot \dfrac{1}{3} \cdot 2 =$ _____

c) $\quad -2{,}4 : 0{,}6 =$ _____

$\quad\quad -24 : (-0{,}6) =$ _____

$\quad\quad 3 : \left(-\dfrac{3}{5}\right) =$ _____

Knack-die-Nuss-Ecke

Stelle eine Gleichung auf und ordne die richtige Lösung zu.

a) Wenn ich von −12 das Doppelte einer Zahl subtrahiere, erhalte ich −16.

b) Wenn ich von 6 die gedachte Zahl subtrahiere, erhalte ich das Doppelte der Zahl vermehrt um 12.

c) Die Zahl ist genauso groß wie ihr Vierfaches.

a) ⬧ ⬧ 2
b) ⬧ ⬧ 0
c) ⬧ ⬧ −2

Kopfrechenblatt 7

1 Löse die Gleichungen im Kopf.

a) $2x - 3 = 5$ x = ___
$10 - 2x = 14$ x = ___

b) $4x - 3 = 3x + 4$ x = ___
$8 - x = 2x + 8$ x = ___

c) $\frac{1}{2}x - 4 = -3$ x = ___
$5 - \frac{1}{3}x = 8$ x = ___

2 Löse im Kopf.

a) Drei Flaschen Saft kosten 2,40 €. Was kosten sieben Flaschen? ___

b) Fünf Arbeiter benötigen 15 Stunden. Wie lange brauchen drei Arbeiter für dieselbe Arbeit? ___

c) Sechs Personen brauchen für eine Wanderung 12 Stunden. Wie lange benötigen zwei Personen? ___

d) In vier Stunden verdient Gerd 60 €. Wie viel verdient er in sechs Stunden? ___

3 Vervollständige die Rechennetze.

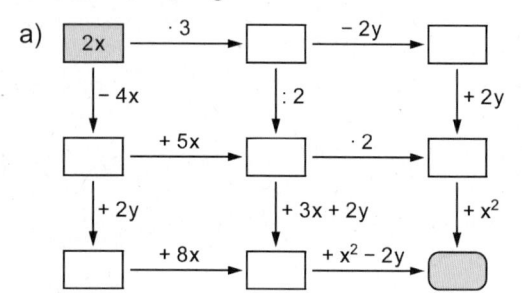

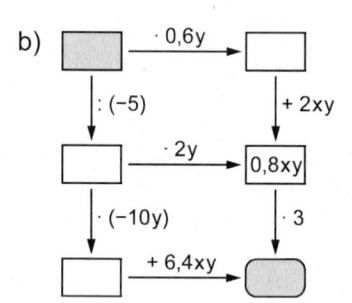

a) Start: $2x$; Pfeile: $\cdot 3$, $-2y$, $-4x$, $:2$, $+2y$, $+5x$, $\cdot 2$, $+2y$, $+3x+2y$, $+x^2$, $+8x$, $+x^2-2y$

b) Pfeile: $\cdot 0{,}6y$, $:(-5)$, $+2xy$, $\cdot 2y$, $0{,}8xy$, $\cdot(-10y)$, $\cdot 3$, $+6{,}4xy$

4 Die Tabellen gehören zu einer proportionalen und einer umgekehrt proportionalen Zuordnung. Beschrifte. Zwei Werte sind jeweils falsch. Verbessere sie.

a)
2,4	3,6	4,2	1,2	24
0,8	1,2	1,6	0,6	8

b)
4	1	2	8	40
1,6	4,8	3,2	0,8	16

Knack-die-Nuss-Ecke

Lass dich nicht reinlegen.

a) $2xy + 2x =$ ___
$2xy \cdot 2x =$ ___
$2xy - 2x =$ ___
$2xy + 2 =$ ___

b) $4x^2 + 3x =$ ___
$4x^2 - 3x =$ ___
$4x^2 \cdot 3x =$ ___
$4x^2 + 3x^2 =$ ___

c) $10a - 2 =$ ___
$10a : 2 =$ ___
$10a - 2a =$ ___
$10a \cdot 2a =$ ___

Fitnesstest 1

Zeigen und Begründen

1 Richtig oder falsch? Zeige mithilfe von Beispielen.
a) Wird von einer positiven Zahl eine negative Zahl subtrahiert, so ist das Ergebnis stets positiv.
b) Wird von einer negativen Zahl eine negative Zahl subtrahiert, so ist das Ergebnis immer positiv.

a) _____
b) _____

Wissen

2 Setze die richtigen Vorzeichen ein.

a) $(-6{,}5) + (\square\, 3{,}4) = \square\, 9{,}9$
b) $(-7{,}6) - (\square\, 8{,}2) = (\square\, 0{,}6)$
c) $(+1{,}8) + (\square\, 2{,}2) = (\square\, 0{,}4)$
d) $(\square\, \tfrac{1}{2}) - (-\tfrac{3}{4}) = (\square\, \tfrac{1}{4})$
e) $(+\tfrac{4}{5}) - (\square\, \tfrac{1}{10}) = (\square\, \tfrac{9}{10})$
f) $(-\tfrac{5}{8}) + (\square\, \tfrac{1}{4}) = (\square\, \tfrac{7}{8})$

3 Ordne nach der Größe.

$-2{,}3;\ -1\tfrac{1}{2};\ -4;\ +1;\ +1\tfrac{1}{2};\ -1{,}4;\ -1\tfrac{1}{4};\ -10$: _____

4 a) Berechne im Kopf. Verbinde mit der richtigen Bruchrechenregel.

$-\tfrac{2}{5} - \tfrac{1}{2} =$ _____ ♦ ♦ die beiden Nenner und Zähler addieren

$-\tfrac{2}{5} + \tfrac{1}{2} =$ _____ ♦ ♦ zuerst auf denselben Nenner erweitern, dann die Nenner und Zähler addieren

$-\tfrac{1}{4} - \left(-2\tfrac{1}{2}\right) =$ _____ ♦ ♦ auf denselben Nenner erweitern und dann nur die Zähler addieren

b) Um wie viel ist

$+1{,}2$ größer als $-1{,}2$? _____

$-12{,}6$ kleiner als $-1{,}2$? _____

$-6{,}8$ kleiner als $+12{,}3$? _____

Rechentechnik

5 Fasse zusammen.

$-2{,}2 - (-4{,}5 + 4{,}45) - \left(-8\tfrac{1}{4}\right)$

_____
_____
_____

6 Berechne im Kopf.

a) $0{,}8 : (-0{,}04) =$ _____
$-0{,}08 : (-0{,}04) =$ _____
$-8 : 0{,}4 =$ _____
$8 : (-0{,}04) =$ _____

b) $-16{,}2 - 4{,}2 =$ _____
$-16{,}2 + 4{,}2 =$ _____
$-16{,}2 - (-4{,}2) =$ _____
$16{,}2 - (-4{,}2) =$ _____

Knack-die-Nuss-Ecke

a) Berechne die fehlende Zahl und bestimme ihr Vorzeichen.

$(-56{,}8) + (\square) + (-112{,}45) = 300{,}7$
Rechne auf der Rückseite.

$\square =$ _____

b) Finde zum Ergebnis $-42{,}68$ drei Aufgaben mit unterschiedlichem Vorzeichen. Rechne auf der Rückseite.

Fitnesstest 2

Zeigen und Begründen

1 Im Dreieck beträgt die Winkelsumme 180°. Zeige dies am abgebildeten Dreieck. Notiere die Beweisführung.

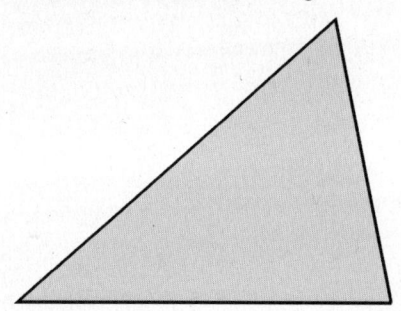

Wissen

2 Verbinde die Aufgabe mit der passenden Regel und berechne im Kopf.

$-\dfrac{2}{3} : \dfrac{4}{5} = \square$ $-\dfrac{5}{8} - \dfrac{1}{4} = \square$ $\dfrac{3}{5} \cdot \dfrac{1}{2} = \square$ $\left(-\dfrac{2}{3}\right) \cdot \left(-\dfrac{1}{4}\right) = \square$

| mit dem Kehrbruch multiplizieren | auf den Hauptnenner erweitern | Zähler mal Zähler und Nenner mal Nenner | Minus mal minus gibt plus. |

Rechentechnik

3 Berechne schriftlich auf der Rückseite.

a) $-324{,}56 - (-189{,}9)$ b) $45{,}08 : (-2{,}3)$ c) $-4{,}04 \cdot (-5{,}9)$ d) $(-1{,}4)^3$

Grundwissen Geometrie

4 Ordne dem Dreieck die richtige Bezeichnung zu. Notiere die besonderen Dreieckseigenschaften.

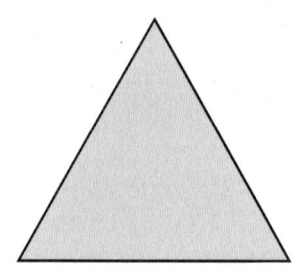

Knack-die-Nuss-Ecke

Unterteile das Parallelogramm so, dass ein rechtwinkliges, zwei stumpfwinklige und ein spitzwinkliges Dreieck entstehen. Beschrifte die entstandenen Dreiecke mit den passenden Fachbezeichnungen.

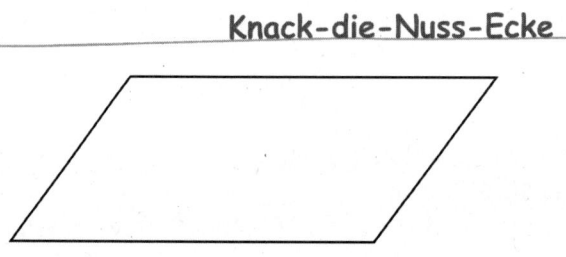

Einzelarbeit

Fitnesstest 3

Zeigen und Begründen

1 Markus möchte ein Dreieck mit den Seitenlängen c = 5,2 cm; b = 3,9 cm und a = 10,0 cm konstruieren. Was meinst du? Begründe ohne zu zeichnen.

Wissen

2 Setze die richtigen Vorzeichen ein.

a) $\frac{1}{3} \cdot \left(\square \frac{4}{5}\right) = \left(-\frac{4}{15}\right)$
b) $-\frac{5}{8} - \left(\square \frac{1}{4}\right) = \left(-\frac{3}{8}\right)$
c) $\square \frac{3}{5} : \left(-\frac{2}{3}\right) = \left(+\frac{9}{10}\right)$

3 Es ist $348 \cdot 805 = 280\,140$. Gib für die folgenden Aufgaben das Ergebnis mit dem richtigen Vorzeichen an.

a) $-3,48 \cdot (-80,5) =$ _____
b) $-34,8 \cdot 0,805 =$ _____
c) $348 \cdot (-8,05) =$ _____

Rechentechnik

4 Berechne im Kopf.

a) $2,8 : (-0,4) =$ _____
$(-2,8) : (-0,4) =$ _____
$-0,28 : 0,4 =$ _____

b) $1,2 \cdot (-0,4) =$ _____
$0,12 \cdot (-4) =$ _____
$-12 \cdot (-0,04) =$ _____

c) $-1,2 - 4,2 =$ _____
$-1,2 + 4,2 =$ _____
$-1,2 - (-1,2) =$ _____

5 Anja berechnet einen Term folgendermaßen:

- 8 - (-3) • 4 - 12
= - 5 • 4 -12
= - 20 - 12
= - 32

a) Beschreibe ihren Fehler und rechne richtig.

b) Ergänze den ursprünglichen Term in der ersten Zeile so, dass Anjas Rechnung richtig ist.

Knack-die-Nuss-Ecke

Berechne den Winkel β.

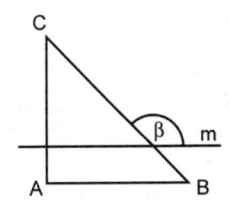

a) Das Dreieck ist rechtwinklig-gleichschenklig und m ist parallel zu $\overline{AB}$.

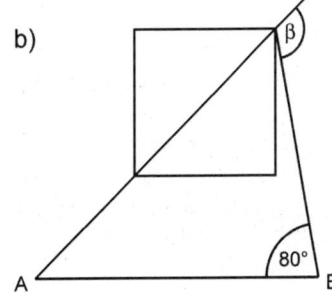

β = _____

b) $\overline{AB}$ ist parallel zur Quadratseite.

β = _____

Fitnesstest 4

Zeigen und Begründen

1 $24 - 12 - (-3) \cdot 2$

a) Rahme das richtige Ergebnis ein.

30   18   6

b) Welche typischen Fehler wurden bei den anderen Ergebnissen gemacht? Beschreibe sie.

Rechentechnik

2 Berechne die Terme schrittweise.

a) $-12{,}2 - (4{,}5 - 6) + 0{,}2 \cdot 4$

b) $-4 : 0{,}2 + 0{,}2 \cdot (-50) + 0{,}6 : \dfrac{3}{5}$

Raumvorstellung

3 Welche Dreiecke entstehen? Verbinde.

In ein Quadrat wird eine Diagonale eingezeichnet.	♦	♦	rechtwinklige Dreiecke
In eine Raute wird eine Diagonale eingezeichnet.	♦	♦	rechtwinklig – gleichschenklige
In ein gleichseitiges Dreieck wird eine Höhe eingezeichnet.	♦	♦	gleichschenklige Dreiecke
		♦	gleichseitige Dreiecke

Wissen

4 Wann sind zwei Terme gleichwertig? Beschreibe und gib ein Beispiel an. Zeige die Gleichwertigkeit.

Knack-die-Nuss-Ecke

Aus zwei Drahtstücken der Länge x, zwei Drahtstücken der Länge 2x und zwei Drahtstücken der Länge 3x soll ein Rechteck gelegt werden. Dabei müssen alle sechs Stücke verwendet werden.
a) Wie viele verschiedene Möglichkeiten gibt es?
b) Stelle zu einer der Möglichkeiten einen Term zur Umfangberechnung auf.
Löse auf der Rückseite.

† Einzelarbeit

Fitnesstest 5

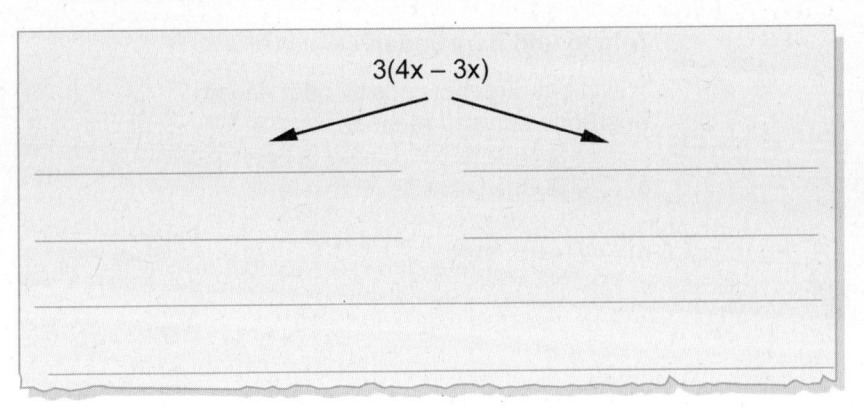

Zeigen und Begründen

1 Die Klammer $3(4x - 3x)$ kann auf zweierlei Arten aufgelöst werden. Zeige beide Wege und begründe, weshalb beide möglich sind.

$$3(4x - 3x)$$

Rechentechnik

2 Berechne schriftlich auf der Rückseite

a) $-34{,}7 \cdot (-10{,}9)$ b) $1{,}23 : (-0{,}9)$ c) $-123{,}4 - (-200{,}87)$

Geometrische Grundkonstruktionen

3 Konstruiere ein gleichseitiges Dreieck mit der Seitenlänge a = 5,0 cm (Rückseite). Konstruiere den Punkt, der von allen drei Eckpunkten gleich weit entfernt ist. Zeichne Inkreis und Umkreis. Wo liegt der Höhenschnittpunkt? Zähle besondere Eigenschaften auf.

Wissen

4 a) Die Winkelsumme im Dreieck beträgt _____ .   Zwei Nebenwinkel ergänzen sich zu _____ .

Scheitelwinkel sind _____ .   Stufenwinkel sind _____ .

b) Welche Winkel sind

Stufenwinkel? _____

Nebenwinkel? _____

Scheitelwinkel? _____

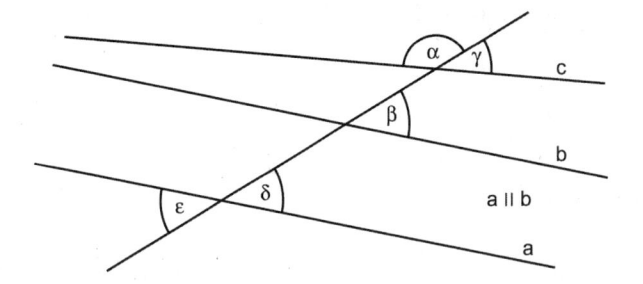

a ∥ b

Knack-die-Nuss-Ecke

Betrachte die zwei Terme $T_1 = 3 \cdot (2 - x)$ und $T_2 = 3 \cdot (x - 2)$.

a) Welcher Term ist für x = 8 größer? _____

b) Welcher Term ist für x = −4 größer? _____

c) Für welche Einsetzung haben beide Terme denselben Wert? _____

d) Gib eine Bedingung für die Zahlen an, für die der Term 1 größer als Term 2 ist. _____

† Einzelarbeit

Fitnesstest 6

Zeigen und Begründen

1 Ist das Ergebnis positiv oder negativ? Begründe ohne zu rechnen.

a) $(-358{,}96) - (-434{,}78)$

b) $-211{,}45 - 309{,}8$

Rechentechnik

2 Berechne schriftlich auf der Rückseite.

a) $-405{,}7 - 99{,}98 + 123{,}8$

b) $12{,}4 \cdot (-0{,}72)$

c) $-16{,}06 : (-0{,}33)$

Grundwissen Geometrie

3 Berechne die Winkel. Welchen Winkel kannst du nicht berechnen? Begründe. Es gilt: $g \parallel \overline{AB}$; $\alpha = 90°$.

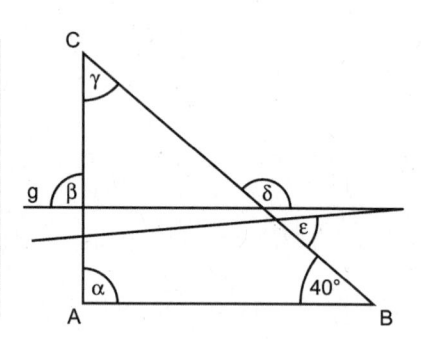

Wissen

4 Erläutere den Unterschied. Gib auch den Termwert an. $(-2)^4$ und -2^4

5 Gib zu den Bruchrechenregeln passende Aufgaben an und berechne sie.

a) Zähler mal Zähler und Nenner mal Nenner. _____

b) Den Zähler mit der Zahl multiplizieren. Der Nenner bleibt. _____

Knack-die-Nuss-Ecke

Ich kann die gesuchte Zahl exakt berechnen.

$(\square) - 7{,}3 \cdot (-0{,}6) = -7{,}52$

$\square = $ _____

† Einzelarbeit

Fitnesstest 7

Zeigen und Begründen

1 Zeige auf der Rückseite, ob die Gleichung eine, keine oder unendlich viele Lösungen hat. Begründe.

a) $7x + 3{,}2 = 4x - 3{,}4$
b) $4x - (2x + 3) = 2(x - 2) + 1$

Rechentechnik

2 a) Beschreibe seinen Fehler und fasse den Term richtig zusammen.

Klaus berechnet einen Term folgendermaßen:

$3xy - xy \cdot 4 + 5xy$
$= 2xy \cdot 4 + 5xy$
$= 8xy + 5xy$
$= 13xy$

b) Ergänze den ursprünglichen Term in der ersten Zeile so, dass die Rechnung richtig wird.

3 Vervollständige die Tabelle für die proportionalen Zuordnungen.

a)
Anzahl	Preis (€)
9	108
1	
5	

b)
Gewicht (kg)	Preis (€)
14	98
21	

Wissen

4 **Beschreibe** den Lösungsgang.

a) $7x + 3{,}2 = 4x - 3{,}4$

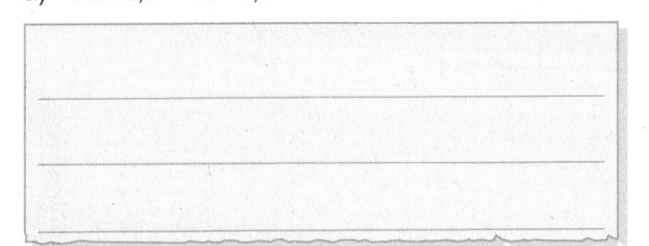

b) $\frac{2}{3}x - \frac{1}{4} = \frac{1}{2} - \frac{1}{6}x$

Knack-die-Nuss-Ecke

Die Figur besteht aus drei gleichschenkligen Dreiecken.
Wie groß ist die Winkelsumme am gemeinsamen Eckpunkt E?

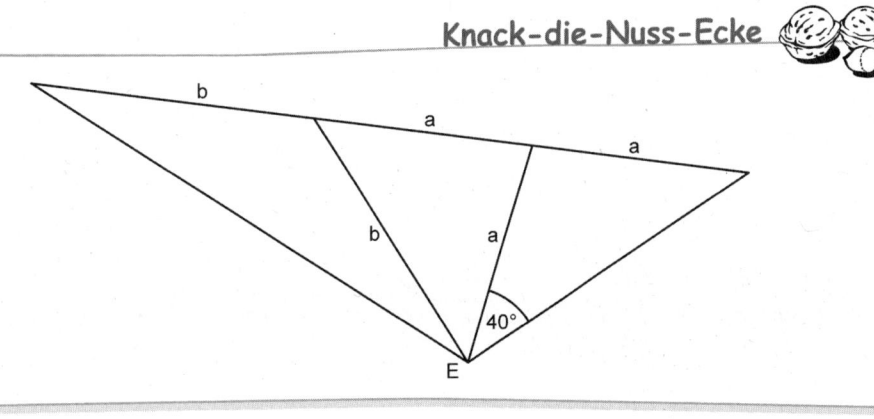

Fitnesstest 8

Raumvorstellung

1 Welche Figuren kannst du aus vier gleich großen (nicht gleichschenkligen) rechtwinkligen Dreiecken legen? Kreuze an.

Rechteck ○   Parallelogramm ○   Symmetrisches Trapez ○
Quadrat ○   Raute ○   Unsymmetrisches Trapez ○

Rechentechnik

2 Löse die Gleichungen auf der Rückseite. Verbinde mit dem passenden Ergebnis.

$$2x - 3 = 5x + 6 \qquad 12x - (4x + 8) + 2 = 2(x - 3) \qquad \frac{1}{2}(x - 4) - \frac{1}{4}x = \frac{1}{12}x + \frac{1}{3}x$$

$$0 \qquad\qquad -3 \qquad\qquad -12$$

3 Fasse im Kopf zusammen.

a) $4x + 2x^2 - 6x =$ _____   b) $8a^2 - 3a \cdot 2 + 2a^2 =$ _____

$5ab - 4a - ab =$ _____ $8y - (4y^2 - 7y) =$ _____

4 Löse die Klammern auf.

$3x(4x - 2) =$ _____

$-3a(a - 2 + ab) =$ _____

Grundwissen Geometrie

5 Welche der vier Innenwinkel ($\alpha, \beta, \gamma, \delta$) sind in dem jeweiligen Viereck gleich groß?

a) Quadrat _____   b) symmetrisches Trapez _____   c) Rechteck _____

d) Raute _____   e) unsymmetrisches Trapez _____   f) Parallelogramm _____

6 Vervollständige die Tabelle für ein Quadrat. Ist die Zuordnung Seitenlänge → Umfang bzw. Seitenlänge → Flächeninhalt proportional? Begründe auf der Rückseite.

Seitenlänge	2 cm	3 cm	4 cm	5 cm	10 cm
Umfang					
Flächeninhalt					

Knack-die-Nuss-Ecke

Martin geht einkaufen. Im ersten Laden gibt er die Hälfte seines Geldes für Bücher aus.
Im nächsten Laden gibt er die Hälfte des Restgeldes für Pralinen aus. Er hat immer noch
Geld. Von diesem Geld gibt er die Hälfte und noch 2 Euro mehr für Getränke aus.
Es bleiben 2 Euro übrig.
Wieviel Geld hatte er dabei?
Löse auf der Rückseite.

† Einzelarbeit

Fitnesstest 9

Raumvorstellung

1 Jeweils zwei der drei Vierecke haben eine gemeinsame Eigenschaft, die die dritte Figur nicht hat. Streiche diese dritte Figur und notiere die entscheidende gemeinsame Eigenschaft.

a) Rechteck, Quadrat, symmetrisches Trapez: _____

b) Raute, Drachenviereck, Quadrat: _____

c) Parallelogramm, symmetrisches Trapez, Trapez: _____

Rechentechnik

2 Löse die Gleichungen auf der Rückseite. Verbinde mit dem passenden Ergebnis

| $5x+3 = 3x+2(x-5)$ | $10x-(3x+4)-6 = 5(x-2)$ | $\frac{1}{4}(2x+4)-\frac{1}{2}x = \frac{1}{4}x+\frac{1}{12}x$ |

| 0 | keine Lösung | 3 |

3 Stelle einen Term mit den Variablen a und x auf, dessen Wert 24 ist.
Dabei soll gelten: $a = 2$ und $x = 3$. _____

4 Ergänze die Terme.

a) $2x\left(\square - \square + 4y\right) = 2x^2 - 4x + \square$

b) $\square \cdot \left(2x - 3 - \square\right) = -10ax \square + 5a$

Zeigen und Begründen

5 2,2% von 1500 € sind 33 €. Überprüfe die folgenden Behauptungen ohne zu rechnen und kreuze an. Begründe ein Beispiel ausführlich.

                      richtig falsch   richtig falsch

a) 1,1% von 1500 € sind 66 € ☐ ☐   b) 2,2% von 3000 € sind 66 € ☐ ☐

4,4% von 3000 € sind 66 € ☐ ☐   4,4% von 3000 € sind 132 € ☐ ☐

11% von 300 € sind 33 € ☐ ☐   1,1% von 3000 € sind 33 € ☐ ☐

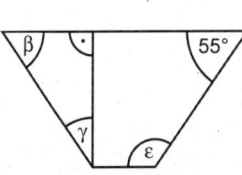

Beispiel: _____

Knack-die-Nuss-Ecke

Berechne die geforderten Winkel.

a) (Dreieck mit Winkeln 35°, 70°, 55°, α, δ)
$\alpha =$ _____
$\delta =$ _____

b) Das Trapez ist gleichschenklig. (Trapez mit 55°, β, γ, ε)
$\gamma =$ _____
$\beta =$ _____
$\varepsilon =$ _____

Fitnesstest 10

Rechentechnik

1 Vereinfache die Terme. Löse auf der Rückseite. Verbinde mit dem passenden Ergebnis.

| $30x^2 - 2x(5x-3) - 6x - 8x^2$ | $3(5xy - 2 + 3x) - (15xy - 6)$ | $2x \cdot 3(4x - 2x) - 12x^2 + 3x$ |

| $12x^2$ | $3x$ | $9x$ |

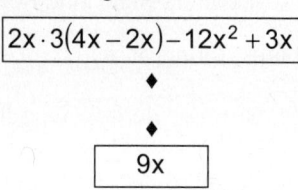

2 Fasse im Kopf zusammen.

a) $4x^2 + 2x^2 - 6x =$ _____

   $5ab + 4a - ab =$ _____

   $-2y^2 + 2x^2 - y =$ _____

b) $a^2 - 3a \cdot 2 + 2a =$ _____

   $8y^2 - (4y^2 - 7y) =$ _____

   $12y : 6 - 2 =$ _____

3 Löse die Klammern auf.

$3x(4y - 2x) =$ _____

$-3a(a - 2 + ab) =$ _____

$-(3x^2 + 4 - 2y) =$ _____

4 40% von 1020 € sind 408 €. Löse durch Überlegung.

a) 80% von 1020 € _____

   120% von 1020 € _____

   80% von 510 € _____

b) 20% von 2040 € _____

   20% von 510 € _____

   60% von 510 € _____

Zeigen und Begründen

5 Ein Händler gewährt auf alle Waren 12,5 % Rabatt. Prüfe, ob die Zuordnung Warenpreis (€) → Rabatt (€) proportional ist. Rechne mindestens vier geeignete Beispiele mit einem selbst gewählten Warenpreis (Rückseite). Trage deine Werte in die Tabelle ein. Begründe deine Feststellung.

Preis (€)			
Rabatt (€)			

Feststellung: _____

Knack-die-Nuss-Ecke

Jens wurde in dieser Woche dreimal wegen Zuspätkommens ins Klassenbuch eingetragen: Montag (4 min), Dienstag (6 min) und Freitag (5 min).
Der Klassenlehrer ermahnt Jens: „Du kamst in dieser Woche durchschnittlich um drei Minuten zu spät".
Sebastian meint es besser zu wissen: „Jens kam in dieser Woche durchschnittlich fünf Minuten zu spät".
Jens verteidigt sich: „Am Mittwoch kam ich um 10 Minuten und am Donnerstag um 8 Minuten zu früh. Ich kam also diese Woche um drei Minuten zu früh".
Tina sagt daraufhin: „Das ist ja noch schlechter! Damit warst du in dieser Woche im Durchschnitt rund 7 Minuten unpünktlich".
Rechnerisch stimmen alle Aussagen. Kannst du erklären, wie jeweils gerechnet wurde? Welche Lösung ist sinnvoll? Worin liegt das Problem? Notiere deine Überlegungen auf der Rückseite.

Fitnesstest 11

Zeigen und Begründen

1 Zeige durch eine geeignete Einsetzung, dass die Terme nicht äquivalent sind.

a) $2x$ und x^2

b) $2 + x$ und $2x$

c) $4y + 2x$ und $6xy$

d) $x + x^2$ und x^3

Rechentechnik

2 Der Dreisatz ist ein wichtiges Rechenverfahren für proportionale Zusammenhänge. Vervollständige.

a) 1,4 kg kosten 7,28 €. Was kosten 2,5 kg?

1,4 kg ⟶ _____ €

_____ ⟶ _____

_____ ⟶ _____

b) Berechne 12,4 % von 1500 €.

100 % ⟶ _____

_____ ⟶ _____

_____ ⟶ _____

Raumvorstellung

3 Ordne die Streckenzüge der Länge nach. Verwende die Zeichen <; > und =. _____

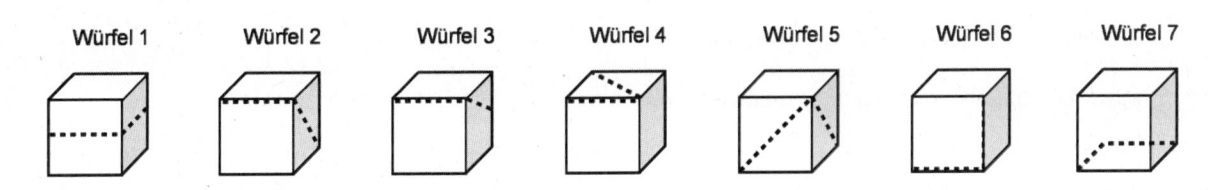

Würfel 1, Würfel 2, Würfel 3, Würfel 4, Würfel 5, Würfel 6, Würfel 7

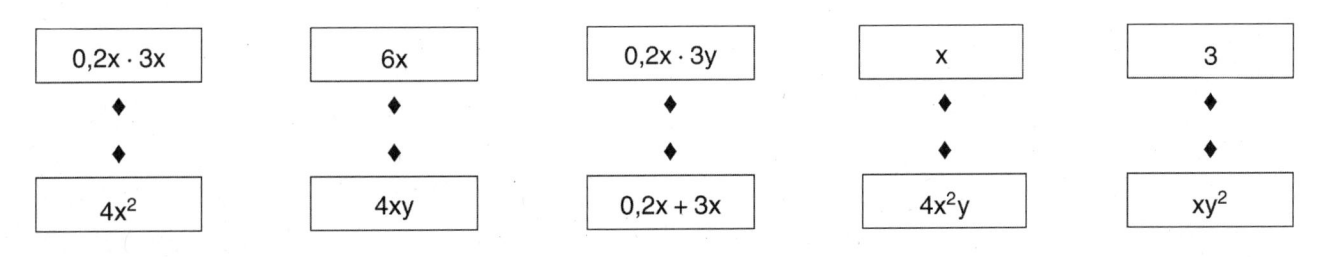

Wissen

4 Welche Terme kannst du addieren? Färbe sie in der gleichen Farbe.

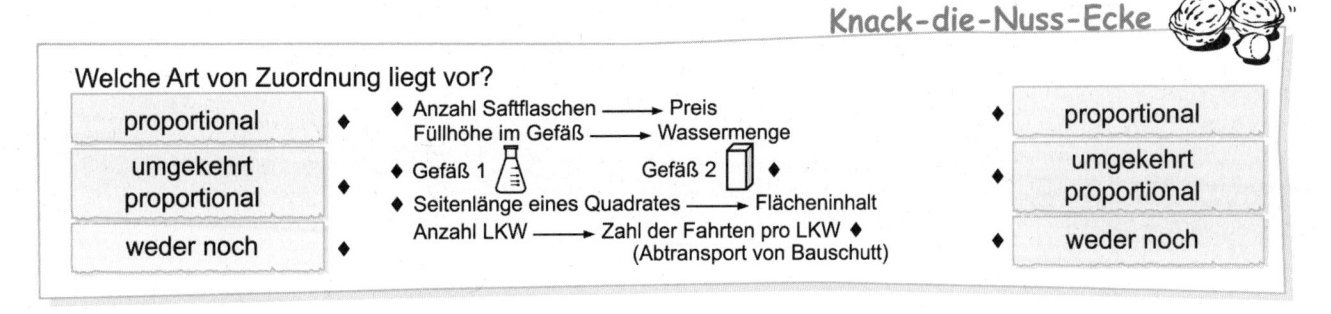

$0,2x \cdot 3x$	$6x$	$0,2x \cdot 3y$	x	3
$4x^2$	$4xy$	$0,2x + 3x$	$4x^2y$	xy^2

Knack-die-Nuss-Ecke

Welche Art von Zuordnung liegt vor?

- proportional
- umgekehrt proportional
- weder noch

- Anzahl Saftflaschen ⟶ Preis
- Füllhöhe im Gefäß ⟶ Wassermenge
- Gefäß 1 / Gefäß 2
- Seitenlänge eines Quadrates ⟶ Flächeninhalt
- Anzahl LKW ⟶ Zahl der Fahrten pro LKW (Abtransport von Bauschutt)

- proportional
- umgekehrt proportional
- weder noch

Fitnesstest 12

Zeigen und Begründen

1 Forme den Term auf zwei verschiedene Arten zum selben Ergebnis um. Begründe, weshalb beide Arten möglich sind.

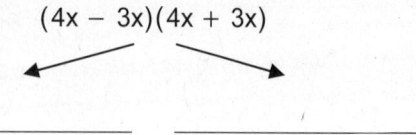

$$(4x - 3x)(4x + 3x)$$

Begründung: _____

Rechentechnik

2 Ordne das richtige Ergebnis zu. Rechne auf der Rückseite.

$-2{,}48 \cdot (-1{,}09)$ $-12{,}78 - (-14{,}84)$ $1{,}4 : (-0{,}6)$ $194{,}8 - 197{,}23$

| 2,7032 | 2,06 | −2,43 | $-2{,}\overline{3}$ |

Grundwissen Geometrie

3 Vervollständige die Sätze so, dass du eine wahre Aussage erhältst.

a) Die Winkelsumme im Dreieck beträgt _____ °.

b) Im gleichseitigen Dreieck haben alle Winkel _____ °.

c) Im rechtwinklig-gleichschenkligen Dreieck ist ein Winkel _____ °. Die beiden anderen haben _____ °.

4 Konstruiere (auf der Rückseite des Blattes) ein gleichseitiges Dreieck mit der Seitenlänge a = 5,0 cm. Konstruiere den Umkreismittelpunkt und miss den Umkreisradius. Was kannst du über Inkreismittelpunkt und Höhenschnittpunkt aussagen?

Wissen

5 Finde je ein Zahlenbeispiel zum angegebenen Schema.

a) $A(B + C - D) = AB + AC - AD$

b) $(A + B)(A - B) = A^2 - B^2$

Knack-die-Nuss-Ecke

Passen die folgenden Terme zum Schema $A \cdot B + A \cdot C$? Wenn ja, gib A, B und C an und führe die Umformung $A \cdot B + A \cdot C = A(B + C)$ durch.

a) $2xz + 2ax$

b) $2(y - 3) + 3 \cdot y - 3$

c) $(y - 3)z + (y - 3)(z - 4)$

Fitnesstest 13

Wissen

1 **Beschreibe** den Lösungsgang stichwortartig. $\frac{4}{x} + \frac{6}{5x} = 2$

Rechentechnik

2 Fasse die Terme zusammen (Rückseite des Blattes). Ordne dann das richtige Ergebnis zu.

| $(x-2)^2 - (x-2)(x+2)$ | $(x+3)^2 + 2(x-1)^2$ | $(x+3)(x+3) - (x+3)(x+2)$ | $(x+4)^2 - (x-4)^2$ |

| $3x^2 + 2x + 11$ | $-4x+8$ | $x-3$ | $x+3$ | $16x$ | $4x^2 + 13$ |

Zeigen und Begründen

3 Wähle für x drei verschiedene Zahlen und setze sie in die beiden Terme ein. Was fällt dir auf? Begründe.

x	$2(x-1)$	$3x - (x+2)$	Beobachtung

Begründung: _____

Geometrische Grundkonstruktionen

4 a) Konstruiere ein Dreieck mit c = 6,5 cm; b = 4,2 cm und a = 5,4 cm. Zeichne die Abstände der Eckpunkte von den gegenüber liegenden Seiten ein und miss jeweils die Länge. Wie heißen diese Linien?

Abstand von A: _____; von B: _____; von C: _____   Bezeichnung der Linien: _____

b) Kannst du ein Dreieck mit c = 6,5 cm; b = 4,2 cm und a = 1,8 cm konstruieren? Untersuche, wie lang die Seite a mindestens sein muss (auf der Rückseite).

a muss mindestens _____

Knack-die-Nuss-Ecke

Hannes hat in seinem Mäppchen sieben Stifte unterschiedlicher Länge. Er nimmt drei und legt aus ihnen ein Dreieck.

a) Gib drei Möglichkeiten an. _____

b) Wie viele unterschiedliche Möglichkeiten gibt es? _____

c) Wie viele dieser Dreiecke sind stumpfwinklig? _____

5,0 cm
8,0 cm
12 cm
13 cm
15 cm
17 cm
24 cm

Fitnesstest 14

Wissen

1 Gib die Definitionsmenge an. Wo muss sie nicht angegeben werden? Begründe.

a) $\frac{2}{3}x + \frac{x}{4} = \frac{3}{4}$

b) $\frac{x}{4} + \frac{6}{5x} = 2$

c) $4x + 12 - (x + 2) = 20 - x$

Rechentechnik

2 Beherrschst du noch alle wichtigen Rechenregeln der Algebra? Löse im Kopf.

a) $(x - 2)(x + 5) = $ _____

b) $3x(4x + 2xy) = $ _____

c) $5x^2 - 2x - x^2 + 4x = $ _____

d) $3x - 3 = x + 7 \quad x = $ _____

e) $6xy + 3x = $ ___ (_____)

f) $2a^2 - (a^2 - a) = $ _____

g) $\left(y - \frac{1}{2}\right)\left(y + \frac{1}{2}\right) = $ _____

h) $(a - 2b)^2 = $ _____

i) $(2b + a)^2 = $ _____

3 Berechne schriftlich auf der Rückseite (ohne Taschenrechner!).

−143,23 − (−181,9)   ♦   ♦ 44,693   −39,37 ♦   ♦ −4,79 + (−23,5) − 11,08

−2,39 · (−18,7)   ♦   ♦ 38,67   −1,225 ♦   ♦ −0,49 : 0,4

Zeigen und Begründen

4 Zeige anhand von vier Zahlenbeispielen, dass die Gleichung $2(x - 1) = 3x - (x + 2)$ mehr als eine Lösung hat. Begründe mithilfe einer Umformung und gib die Anzahl der Lösungen an. Umformung:

x	2(x − 1) =	3x − (x + 2) =	gleich?

$2(x - 1) = 3x - (x + 2)$

Knack-die-Nuss-Ecke

Berechne β.
a) Das Dreieck ist gleichseitig.

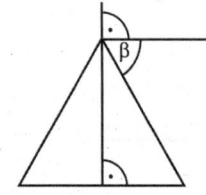

β = _____

b)   30°

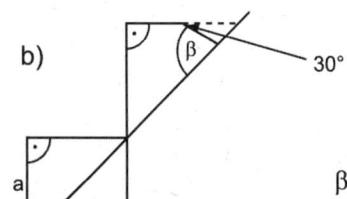

β = _____

Fitnesstest 15

Wissen

1 Zu welchen Termen passt die schraffierte Fläche? Verbinde.

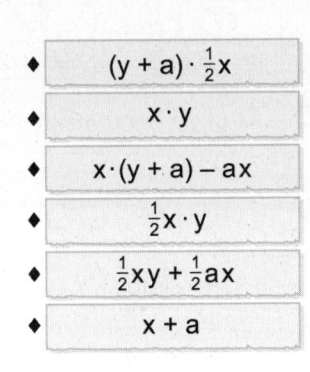

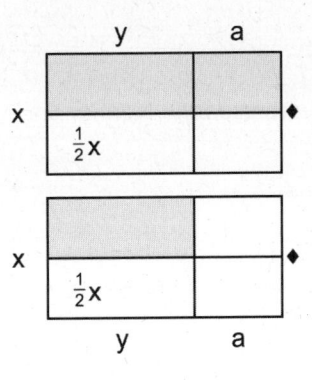

- $(y + a) \cdot \frac{1}{2}x$
- $x \cdot y$
- $x \cdot (y + a) - ax$
- $\frac{1}{2}x \cdot y$
- $\frac{1}{2}xy + \frac{1}{2}ax$
- $x + a$

- $(y + a) \cdot x - xy$
- $2a^2$
- $\frac{3}{4} \cdot x \cdot (y + a)$
- $\frac{1}{2}x \cdot a$
- $2y + 2a$
- $a \cdot x$

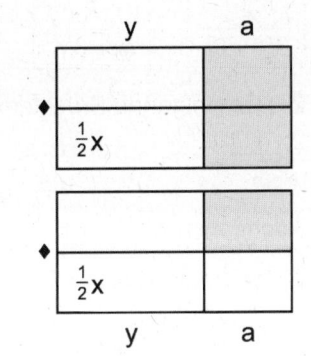

Rechentechnik

2 Vervollständige den Dreisatz. Erfinde eine passende Situation.

12,5 % ⟶ 2000 €

100 % _____

3 Berechne im Kopf.

a) $-\frac{1}{2} \cdot \left(-\frac{3}{4}\right) =$ _____

b) $-\frac{1}{2} - \left(-\frac{3}{4}\right) =$ _____

c) $-\frac{1}{2} : \left(-\frac{3}{4}\right) =$ _____

d) $-\frac{1}{2} + \left(-\frac{3}{4}\right) =$ _____

Rechnung: _____

Grundwissen Geometrie

4 Eine Raute hat die Diagonalenlänge e = 4,0 cm. Sie soll einen Flächeninhalt von A = 12,0 cm² haben.

a) Berechne die Länge der zweiten Diagonale f.

b) Zeichne die Raute (auf der Rückseite) und miss die Innenwinkel.

c) Zeichne eine Raute mit doppelt so großem Flächeninhalt ohne vorherige Rechnung.

d) Überprüfe deine Überlegung aus Teilaufgabe c) durch Rechnung.

Knack-die-Nuss-Ecke

a) Was kannst du über den Flächeninhalt der Trapeze aussagen? Begründe mithilfe der Flächeninhaltsformel. _____

b) Zeichne eine Trapezfläche mit doppeltem (halbem) Flächeninhalt ein.

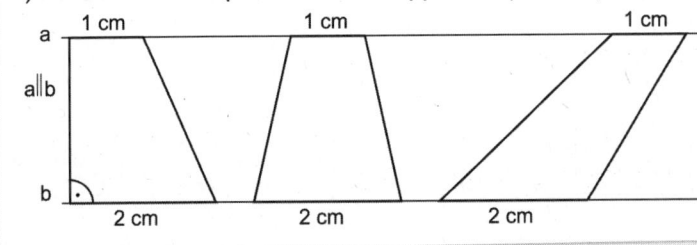

† Einzelarbeit

Fitnesstest 16

Wissen

1 Welche Terme haben dieselbe Definitionsmenge? Färbe in derselben Farbe.

| $\dfrac{2}{3(x-3)}$ | $\dfrac{2}{(x-3)^2}$ | $\dfrac{4x}{3x-9}$ | $\dfrac{4x}{(x-3)(x+3)}$ | $\dfrac{7x+2}{x^2-6x+9}$ | $\dfrac{6x}{3x^2-27}$ | $\dfrac{1}{x^2-9}$ |

2 Der folgende Bruchterm soll die Definitionsmenge $D = \mathbb{Q} / \{4\}$ haben. Gib drei verschiedene Nenner an.

$\dfrac{2x+4}{\square}$ _____ oder _____ oder _____

Rechentechnik

3 Löse die Gleichungen (auf der Rückseite). Verbinde mit dem richtigen Ergebnis bzw. Gleichungstyp.

a) lineare Gleichung ♦ ♦ $3x - (x + 4) = 2x + 3(x - 1) + 8$ ♦ ♦ -6

b) Gleichung mit Brüchen ♦ ♦ $\dfrac{x}{2x+4} + 3 = \dfrac{3x+3}{3x+6}$ ♦ ♦ -3

c) Bruchgleichung ♦ ♦ $\dfrac{1}{2}x - \dfrac{x}{8} = \dfrac{1}{4}(x - 3)$ ♦ ♦ -2

Grundwissen Geometrie

4 Zähle typische Eigenschaften der Figur auf (Stichworte). Gib auch die Formel zur Flächenberechnung an.

a) Parallelogramm b) Symmetrisches Trapez c) Raute

a) _____

b) _____

c) _____

5 Bei welcher Dreiecksart liegt der Umkreismittelpunkt

a) außerhalb des Dreiecks? _____

b) auf einer Dreiecksseite? _____

Zeichne passende Dreiecke und konstruiere den Umkreis (Rückseite).

Knack-die-Nuss-Ecke

a) Berechne die schraffierte Fläche (Maße in cm).

b) Der Punkt X wird entlang der Strecke AB verschoben. Ändert sich der Flächeninhalt? Begründe.

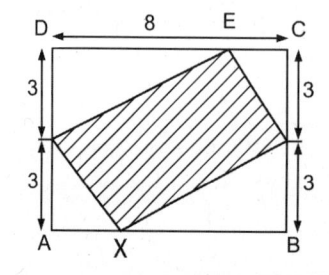

(Rechteck ABCD mit $DE = 8$, $DA = 3+3 = 6$, $BC = 3+3 = 6$; X liegt auf AB, E liegt auf DC; schraffiertes Viereck DEBX bzw. DXBE)

Fitnesstest 17

Wissen

1 Ordne den Gleichungen den richtigen Hauptnenner und Definitionsbereich zu. Färbe in derselben Farbe.

$\frac{x}{x+3} + \frac{1}{6} = x + 2$	$6x$	$D = Q \setminus \{-3\}$	$\frac{6}{3x} - \frac{1}{3} = \frac{x}{2} + \frac{x+3}{6}$
$\frac{1}{x} + \frac{1}{6} = 2$	$6(x+3)$	$D = Q \setminus \{0\}$	$\frac{1}{2x+6} = \frac{4}{3x+9}$
	$(x+3)(x-3)$	$D = Q \setminus \{-3; +3\}$	
$\frac{1}{x+3} + 3 = \frac{1}{x-3}$	$(x+3)^2$	$D = Q \setminus \{-3; 3\}$	$\frac{1}{x^2-9} = \frac{4}{x+3}$

Rechentechnik

2 Beherrschst du noch alle wichtigen Rechenregeln der Algebra? Löse im Kopf.

a) $(x-2)(x-3) = $ _____   b) $-x^2 - 2x + x^2 + 4x = $ _____   c) $8ay + 6y = $ _____

d) $4a^2 - (3a^2 - 2a) = $ _____   e) $(y - 2x)(y + 2x) = $ _____   f) $(3a - 2b)^2 = $ _____

3 In der Klasse 7a (24 Schüler) haben $\frac{1}{3}$ kein Schwimmabzeichen: _____ Prozent,

12 Kinder das bronzene Abzeichen: _____ Prozent,

4 Kinder das silberne Abzeichen: _____ Prozent und

2 Kinder das goldene Abzeichen: _____ Prozent

a) Berechne die Prozentsätze auf eine Nachkommastelle genau.

b) Addiere die Prozentsätze. Was fällt dir auf? Finde eine Erklärung.

Grundwissen Geometrie

4 Zeichne (auf der Rückseite) Rauten mit dem Umfang u = 14 cm. Miss jeweils die Länge der Diagonalen e und f und berechne den Flächeninhalt. Zeige, dass der Flächeninhalt von der Winkelgröße α abhängt. Für welchen Wert von α erreicht der Flächenwert sein Maximum?

Knack-die-Nuss-Ecke

Ein Parallelogramm hat die Grundseite a und die Höhe h_a. Wie ändert sich der Flächeninhalt,
a) wenn a vervierfacht und h_a halbiert wird? _____
b) wenn beide verdoppelt werden? _____

Wie ändert sich bei einem symmetrischen Trapez der Flächeninhalt, wenn
a) die Höhe verdoppelt wird und die Seiten a und c gleich bleiben? _____
b) a verdoppelt wird und h und c gleich bleiben? _____
c) a, c und h verdoppelt werden? _____

Gelten diese Aussagen auch für ein allgemeines Trapez? _____

- vervierfacht
- verdoppelt
- bleibt gleich
- keine Aussage möglich

Fitnesstest 18

Wissen

1 Zeichne drei verschiedene Geraden a, b und c (keine Ursprungsgeraden) durch den Punkt P und gib ihre Gleichungen an. Zeichne zu einer der Geraden die parallele Gerade durch den Ursprung. Bezeichne sie mit g und gib ebenfalls die Gleichung an.

a: _____ b: _____

c: _____ g: _____

Welche Gemeinsamkeit haben parallele Geraden?

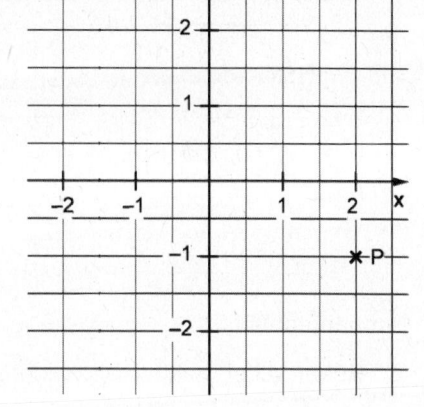

_____

2 Martin ordnet dem ersten Schaubild den Prozentsatz 60% zu. Ist das möglich? Begründe. Ordne richtig zu.

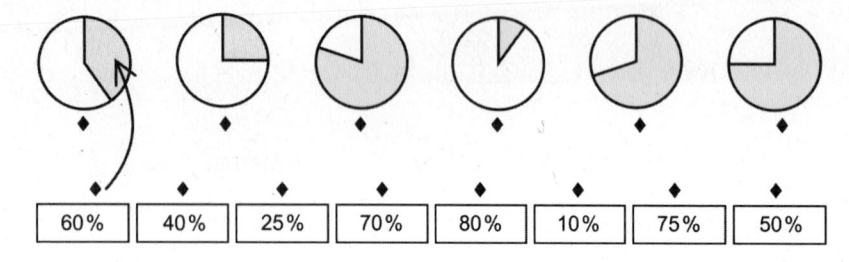

| 60% | 40% | 25% | 70% | 80% | 10% | 75% | 50% |

Rechentechnik

3 Berechne schriftlich auf der Rückseite (ohne Taschenrechner).
a) $2{,}34 \cdot (-6{,}05)$ — $-12{,}167$
b) $-123{,}78 - (-108{,}99)$ — $10{,}75$
c) $-4{,}3 : (-0{,}4)$ — $-14{,}79$
d) $(-2{,}3)^3$ — $-14{,}157$

4 Berechne im Kopf.
a) $\left(-\frac{1}{2}\right) \cdot 1\frac{1}{2} =$ _____ $-\frac{1}{2} - \left(-1\frac{1}{2}\right) =$ _____
b) $-1\frac{1}{4} - \frac{1}{4} =$ _____ $-\frac{1}{4} \cdot \left(-\frac{1}{2}\right) =$ _____
c) $-\frac{3}{4} - \left(-\frac{1}{2}\right) =$ _____ $-\frac{1}{4} : \left(-\frac{1}{2}\right) =$ _____

Grundwissen Geometrie

5 Richtig oder falsch? Begründe.

	richtig	falsch
a) Wenn in einem Dreieck alle Winkel gleich groß sind, sind auch die Seiten gleich lang.	☐	☐
b) In stumpfwinkligen Dreiecken können nie zwei Seiten gleich lang sein.	☐	☐
c) Wenn ein Viereck keine rechten Winkel und vier gleich lange Seiten hat, ist es eine Raute.	☐	☐

Knack-die-Nuss-Ecke

Ein Kaufhaus erhöht den Preis für ein Radio um 20%. Als festgestellt wird, dass es nicht mehr verkauft wird, wird der neue Preis um 20% gesenkt. Um wie viel Prozent hat sich der Preis insgesamt geändert? Begründe. _____

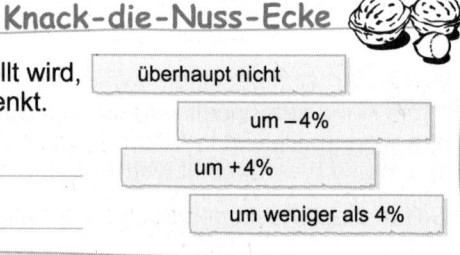

- überhaupt nicht
- um -4%
- um $+4\%$
- um weniger als 4%

Fitnesstest 19

Zeigen und Begründen

1 Zeige durch eine geeignete Rechnung, ob die Zahlenpaare Lösung der Gleichung $3x - 2y + 7 = 0$ sind.

a) $(-2\,;\,1)$

b) $(3\,;\,1)$

c) $(-7\,;\,-7)$

d) $(1{,}5\,;\,3{,}5)$

Rechentechnik

2 Ordne das richtige Ergebnis zu. Rechne auf der Rückseite.

| $-1{,}5x - 6 = -3y$ | $6y + 2x + 3 = 0$ | $2y + 4 = -6x$ | $4x - 2y = -6$ |

| $y = 2x + 3$ | $y = \frac{1}{2}x + 2$ | $y = -3x - 2$ | $y = -\frac{1}{3}x - \frac{1}{2}$ |

Grundwissen Geometrie

3 Stelle eine Gleichung für die Summe der Kantenlängen auf und gib zwei verschiedene Lösungen an. Die Kantensumme des Körpers beträgt 400 cm.

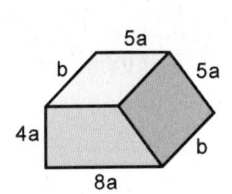

(Körper mit Kantenbeschriftungen: 5a, 5a, 4a, 8a, b, b)

Wissen

4 Wie heißt die lineare Gleichung, die zu folgenden Zahlenpaaren gehört?

$(0\,;\,8)$
$(1\,;\,6)$
$(2\,;\,4)$
$(3\,;\,2)$
$(4\,;\,0)$

Knack-die-Nuss-Ecke

Bauunternehmer Gruber will 150 Tonnen Kies zu einer Baustelle transportieren lassen. Ihm stehen hierzu aber nur zwei unterschiedlich große LKW zur Verfügung. Der kleine LKW kann nur 5 Tonnen transportieren, der größere LKW 7,5 Tonnen. Wie kann Herr Gruber die LKW einsetzen?

† Einzelarbeit

Fitnesstest 20

Wissen

1 Die abgebildeten Geraden gehören zu einem Gleichungssystem. Die Gleichungen sind leider nicht mehr vollständig vorhanden. Finde die Lösung.

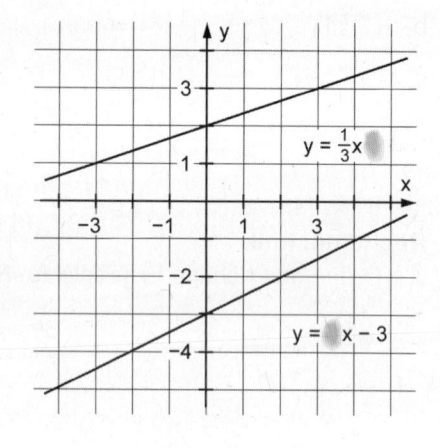

$y = \frac{1}{3}x$ ▮

$y = $ ▮$x - 3$

Rechentechnik

2 Zu welchem Gleichungssystem passt welche Lösung? Löse im Kopf und färbe jeweils in derselben Farbe.

| (−1 \| 0) | (−2 \| 3) | (2 \| −6) | (1 \| 2) |

a)
$-x + 3y = 11$
$x + 5y = 13$

b)
$y = 2x$
$y = -2x + 4$

c)
$y = -7x + 8$
$-3x = y$

d)
$y - 1 = x$
$-1 - y = x$

3 $(a + 2b)^2 - (a - 2b)^2 + (a - 2b)(a + 2b) - a^2$

Überprüfe welches Ergebnis richtig ist: $8ab - 4b^2$ oder $4b^2$? Rechne auf einem extra Blatt. Findest du den typischen Fehler, der zum falschen Ergebnis führt? Kennzeichne die Fehlerstelle.

Wissen

4 Bilde aus den gegebenen Gleichungen je ein Gleichungssystem, das eine Lösung, keine Lösung und unendlich viele Lösungen hat. Begründe deine Entscheidung auf der Rückseite. Hinweis: Du musst nicht alle Gleichungen verwenden und darfst sie auch mehrfach einsetzen.

(I) $y = 0{,}2x + 0{,}125$ (II) $y = 1{,}5x + 0{,}5$ (III) $y = 0{,}5x + 0{,}5$ (IV) $y = \frac{1}{5}x + \frac{1}{8}$

(V) $y = 2x - 3{,}25$ (VI) $y = -\frac{1}{5}x - 2{,}5$ (VII) $y = \frac{1}{5}x - \frac{1}{8}$ (VIII) $y = 6x - 6$

Knack-die-Nuss-Ecke

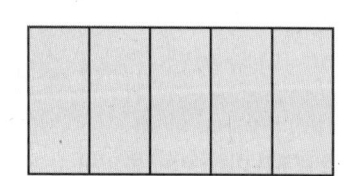

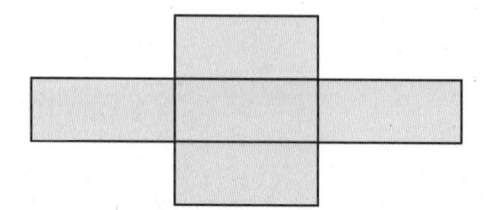

Die linke und die rechte Figur sind aus gleichen Rechtecken aufgebaut.
Die linke Figur hat einen Umfang von 44 cm und die rechte Figur hat einen Umfang von 60 cm.
Berechne die Länge und Breite eines Rechtecks.

Fitnesstest 21

Wissen

1 a) Bestimme die Funktionsgleichung der Geraden und berechne die „Nullstelle".
(Schnittpunkt mit der x-Achse)

y = _____;   Berechnung der Nullstelle: _____

N(__|__)

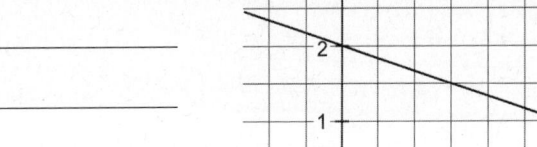

b) Zeichne zusätzlich den Graphen der Funktion $y_2 = 1{,}5x - 1$ in das Schaubild ein.

c) Welche Gerade ist zu y_2 parallel und verläuft durch den Ursprung?

_____

d) Welche Graphen gehören zu proportionalen Funktionen?

_____

2 Was berechnet man mit folgenden Formeln? Forme sie nach a um.

a) $A = \frac{1}{2} a \cdot h_a$

b) $A = \frac{1}{2}(a+c) \cdot h$

c) $A = a \cdot h_a$

Rechentechnik

3 Löse das Gleichungssystem möglichst vorteilhaft (Rückseite).
(I) $5y + 3x = 44$
(II) $3x = 4y + 8$

4 Bestimme die Lösungsmenge (Rückseite).
$(4x + 8)(x - 7) - (2x + 9)(2x - 9) = -15$

Knack-die-Nuss-Ecke

Die Schrägbilder stellen quadratische Säulen mit den Maßen a = 4 cm und h = 5 cm dar.
a) Zeichne jeweils ein Netz mit dem auf der Oberfläche verlaufenden Streckenzug.
b) Schneide die Netze aus und falte zum Prisma. Kontrolliere deine Lösung.

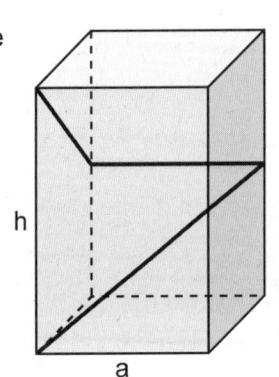

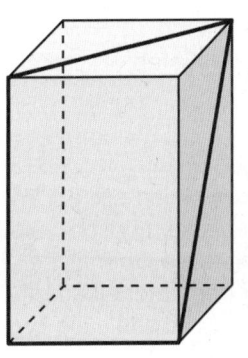

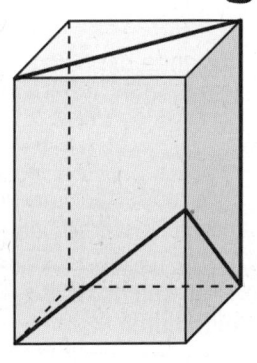

↑ Einzelarbeit

Fitnesstest 22

Zeigen und Begründen

1 Begründe mithilfe einer Zeichnung, warum die Winkelsumme in einem Achteck 1080° beträgt. Zeichne auf die Rückseite.

Wissen

2 $y_1 = 2x - 3$ $y_2 = x + 1$ $y_3 = 2x$ $y_4 = -2x$ $y_5 = 2x^2 + 3$
      $y_6 = \frac{1}{2}x - 3$ $y_7 = -\frac{1}{2}x - 5$ $y_8 = x^2$ $y_9 = 2x + 3$ $y_{10} = 4$

a) Wähle eine Funktionsgleichung aus und finde dann weitere Gleichungen, die mit der ausgewählten Gleichung etwas gemeinsam haben. Beschreibe die gemeinsame Eigenschaft stichwortartig.

b) Welche Gleichungen haben mit $y = -10x$ eine Gemeinsamkeit? Notiere diese.

c) Welche Gleichung beschreibt eine Parallele zur x-Achse?

d) Welche Gleichung passt zur Tabelle? Vervollständige die Tabelle.

x	−2	−1	0	+3
y	−1	0		

x	−2	−1	0	+3
y	4		4	

Raumvorstellung

3 Die Zeichnungen stellen Würfelnetze mit der Kantenlänge a = 4,0 cm dar. Es gilt $\overline{BC} = \frac{1}{2}a$.

a) Zeichne jeweils ein Schrägbild (mit Blick auf die Vorderfläche) und zeichne das Dreieck ABC ein. A und B liegen auf einem Eckpunkt.

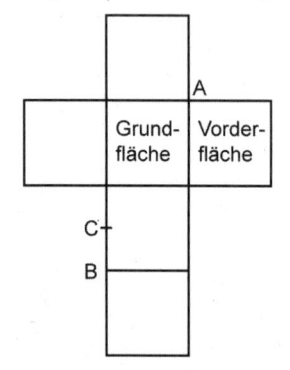

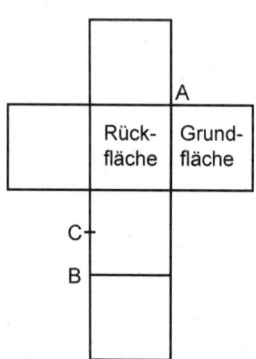

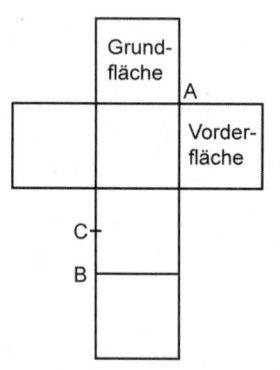

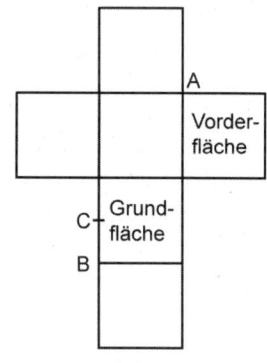

b) Zeichne die Netze im Maßstab 1:1 auf ein kariertes Blatt und überprüfe deine Schrägbilder durch Ausschneiden und Falten.

Knack-die-Nuss-Ecke

Eine quaderförmige Verpackung soll ein Volumen von einem Liter haben.
a) Welche Kantenlängen sind möglich? Gib drei Beispiele an.
b) Sind für deine Beispiele die Oberflächen jeweils gleich?
c) Für welche Maße ist der Materialbedarf (die Oberfläche) minimal?
Zeige durch Rechnungen und stelle die Ergebnisse in einer Tabelle dar.

Fitnesstest 23

Raumvorstellung

1 Das Prisma besteht aus vier gleichen Würfeln mit der Kantenlänge von je 4 cm. Es ist bis zur gestrichelten Linie mit Wasser gefüllt.
a) Kannst du herausfinden, wie hoch das Wasser steht, wenn das Prisma auf der dunklen Fläche steht?
b) Wie hoch reicht das Wasser, wenn du es nach vorne kippst? Begründe.

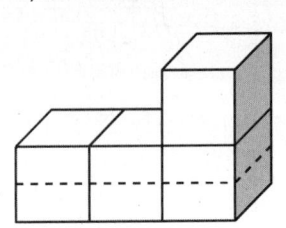

a)

b)

Grundwissen Geometrie

2 Die Grundfläche des abgebildeten Dreiecksprismas ist rechtwinklig. Sein Rauminhalt beträgt 60 cm³. Wie groß können die Strecken a, b und h sein? Findest du mehrere Möglichkeiten?

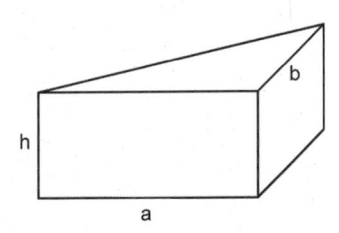

3 Ergänze die unvollständigen Prismenschrägbilder. Verdeckte Strecken sind gestrichelt gezeichnet.

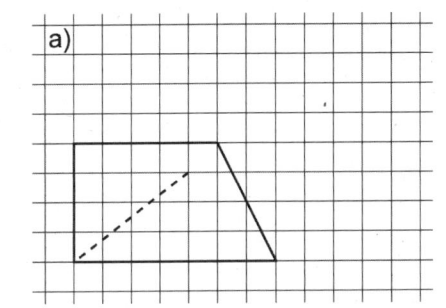

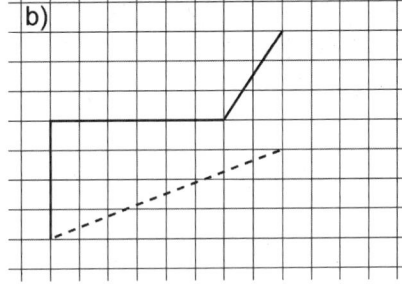

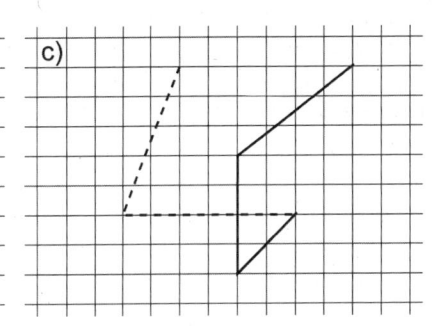

a)   b)   c)

Knack-die-Nuss-Ecke

Kann es sein, dass beide Prismen das gleiche Volumen besitzen? Begründe.
Was kannst du über die Oberflächen aussagen?

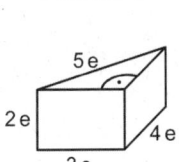

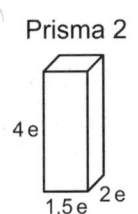

Prisma 1: 5e, 2e, 3e, 4e
Prisma 2: 4e, 1,5e, 2e

Nachweis:

† Einzelarbeit

Fitnesstest 24

Rechentechnik

1 Berechne auf der Rückseite. Verbinde das Ergebnis mit dem jeweiligen Ergebnistyp.

a) Bei einer Verkehrskontrolle an 550 Fahrzeugen wurden 99 Fahrzeuge mit Mängeln entdeckt.
b) In der letzten Mathematikarbeit hatten 35% aller Schüler die Note „befriedigend". Dies waren 14 Schüler.
c) Ein Einfamilienhaus kostete im letzen Jahr komplett 460 000 €. Die Preissteigerung beträgt 2,5%.
d) Die Kreuzfahrt der Familie Rösch kostet 2300 €. 5% der Reisekosten sind sofort zu bezahlen.
e) Von 1700 Eintrittskarten wurden im Vorverkauf 952 Karten ausgegeben.
f) Eine Autofabrik liefert 176 000 Fahrzeuge ins Ausland. Dies waren 44% der Jahresproduktion.

11 500	Prozentwert
56%	
18%	Grundwert
400 000	
40	Prozentsatz
115	

2 Die 60 Schüler der Klassenstufe 8 haben eine Umfrage durchgeführt. Vervollständige den Auswertungsbogen (Tabelle und Diagramm). Rechne im Kopf.

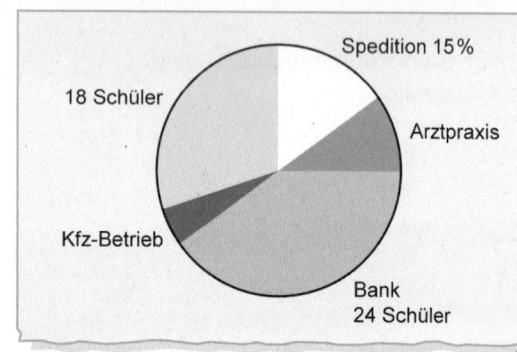

Kreisdiagramm: Spedition 15%, 18 Schüler, Arztpraxis, Kfz-Betrieb, Bank 24 Schüler

Spedition		
Einzelhandel		18 Schüler
Bank		
Kfz-Betrieb	5%	

Wissen

3 Oliver bekommt auf seinem Sparkonto 1,2% Zinsen. Er bringt seinen Ferienverdienst von 340 € auf sein Konto. Berechne den Zins, den er nach einem Jahr bekommt.

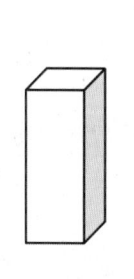

Knack-die-Nuss-Ecke

Ein Quader hat die Kantenlängen 24 cm, 15 cm und 40 cm. Um wie viel Prozent verändern sich die Kantenlängen, wenn er in einen Würfel mit der Kantenlänge von 20 cm umgewandelt wird? Um wie viel Prozent ist das Quadervolumen größer?

Fitnesstest 25

Rechentechnik

1 Berechne schriftlich auf der Rückseite und vervollständige die Tabelle mit den richtigen Ergebnissen.

Kapital	Zinssatz	Zeitfaktor	Zinsen
8200 €		$\frac{3}{4}$ Jahr	369 €
4000 €	5%		140 €
	8%	48 Tage	62 €

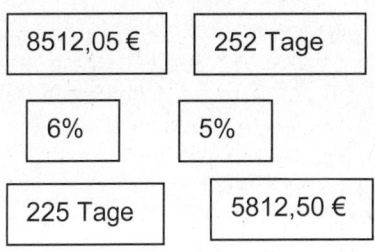

8512,05 €	252 Tage
6%	5%
225 Tage	5812,50 €

2 Wie groß ist der veränderte Prozentsatz p^+% bzw. p^-%? Ordne den Aussagen die richtige Prozent- und Dezimalschreibweise zu. Färbe in derselben Farbe.

a) Ermäßigung um 25%
b) 6% Rabatt
c) Wertsteigerung um 6%
d) Wertminderung um 16%
e) Erhöhung um ¼ des Preises

vermehrter Grundwert
verminderter Grundwert

84%	0,94
75%	1,06
106%	1,25
94%	0,75
125%	0,84

3 „Trekking-Discount" verändert dauernd seine Preise. Berechne die prozentualen Änderungen im Kopf.

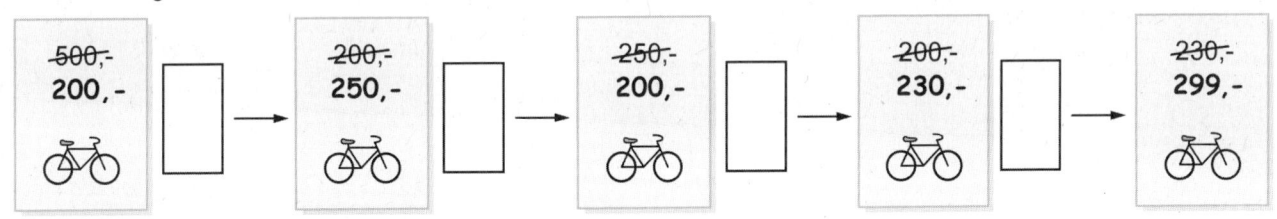

~~500,-~~ 200,- → ~~200,-~~ 250,- → ~~250,-~~ 200,- → ~~200,-~~ 230,- → ~~230,-~~ 299,-

4 Vergleiche die Stimmentwicklung der Parteien.

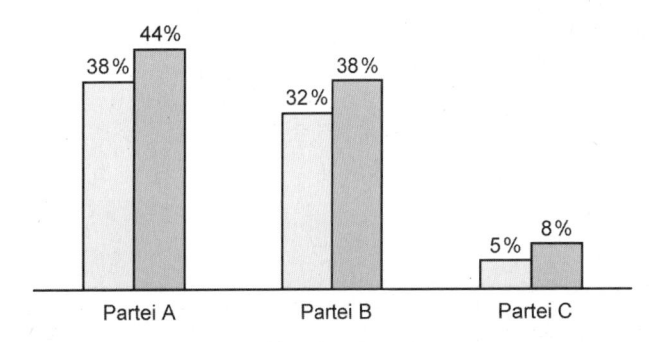

Partei A: 38%, 44%
Partei B: 32%, 38%
Partei C: 5%, 8%

Knack-die-Nuss-Ecke

Oliver bekommt auf seiner Bank 1,5% Sparbuchzinsen, Sabrina dagegen bei ihrer Bank 2%. Sie bekommt nach einem viertel Jahr auf 100 € Sparsumme also 50 Cent Zinsen.
Wie lange muss Oliver bei einer gleichen Sparsumme warten, um ebenfalls 50 Cent zu erhalten?

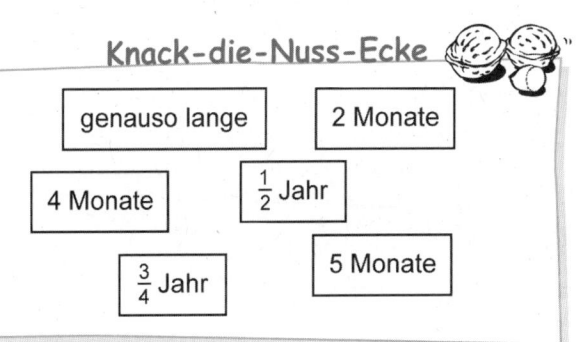

genauso lange	2 Monate
4 Monate	$\frac{1}{2}$ Jahr
$\frac{3}{4}$ Jahr	5 Monate

† Einzelarbeit

Lösungen der Kopiervorlagen

Lösungen

Leitidee Zahl

Höhlenforscher, Seite 11

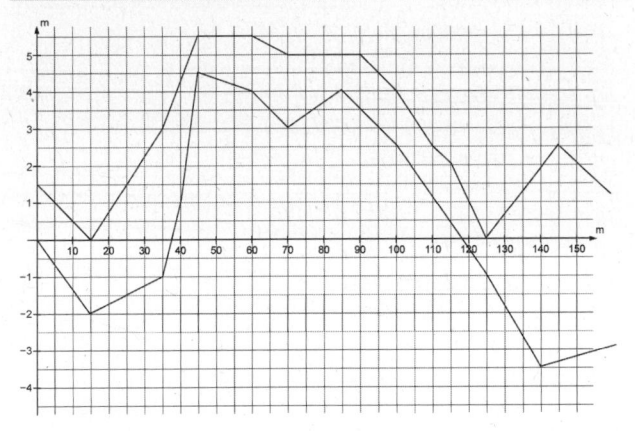

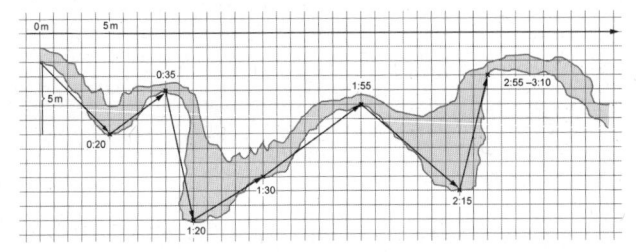

Auch den Bildschirm gibts kariert, Seite 12

1 b) A(0|0); B(0|−5); C(3|−5); D(3|−3); E(7|−3)

c) ungefähr 76 Schritte, wenn man diagonal läuft

3 a) D(1,5|0,5)

b) Die y-Koordinaten von D und C sind gleich, die x-Koordinaten haben verschiedene Vorzeichen.

c) Auf einer Parallelen zur x-Achse durch den Punkt P(0|−0,5).

d) Auf einer Parallelen zur x-Achse durch den Punkt A oder durch den Punkt B.

e) C(−2,5|−0,5); D(2,5|−0,5)

Gewinne und Verluste – Subtraktionsübungen, Seite 16

1
a) $+7-(-3)=10$
   $+7+3=10$
b) $-4-(+6)=-10$
   $-4-6=-10$
c) $-9-(-8)=-1$
   $-9+8=-1$

2 a) Uwe hat 8 Verlustmarken, er muss 12 Gewinnmarken abgeben.
$(-8)-(+12)=-8-12=-20$

b) Mia hat 12 Gewinnmarken, sie darf 12 Verlustmarken abgeben.
$(+12)-(-12)=+12+12=+24$

3
	a)	b)	c)
	−2	−2	28
	0	−26	0
	−22	−3	−3
	0,2	−5,3	0,2
	−1,3	−11,1	−8,8

4

$(-32,34)-(-69,19)$ ◆——◆ $(+32,34)-(+69,19)$
$(-32,34)-(+69,19)$ ◆——◆ $(-32,34)+(+69,19)$
$(+69,19)-(+32,34)$ ◆——◆ $(-32,34)+(-69,19)$

Das Abgeben von 69,19 Verlustmarken und das Aufnehmen von 69,19 Gewinnmarken ist dasselbe.

Minusklammern, Seite 18

1 a) beide Male 110

c) Begründung: Der Spielstand bleibt unverändert, wenn statt der Abgabe von 40 Verlustmarken und anschließend 80 Verlustmarken gleich 120 Verlustmarken abgegeben werden.

2
$50-10-5-25=10$
$50-(10+5+25)=10$

3 Klaus besitzt 12 Gewinnmarken. Er muss zuerst 4 und anschließend 9 Gewinnmarken abgeben.
$12-4-9=-1$

4 $1237-(103+78+578)=478$

5 a) $36-12+8=32 \qquad 12+3+5=20$

Aufgaben zum Zeigen und Begründen, Seite 19

1 a) Das Ergebnis ist positiv, denn die positiven Zahlen werden addiert und die negativen Zahlen werden subtrahiert, vergrößern also die Summe. (Das Weglassen von Verlustmarken verbessert den Punktestand.)

b) Das Ergebnis ist positiv: man hat vier negative Faktoren, und je zwei zusammen ergeben eine positive Zahl.

c) Das Ergebnis ist negativ: Da keine Klammer steht, wird das Minuszeichen nicht mitpotenziert. Es gilt $-0,4^4 = -(0,4^4)$.

d) Das Ergebnis ist positiv: die negative Zahl, die subtrahiert wird, hat einen größeren Wert als die andere negative Zahl. (Um mehr Verlustmarken abzugeben, als man besitzt, muss man Gewinnmarken aufnehmen.)

2 a) $-123,3+12,8-(-124,3)-6,8-12,8+(+6,8)$
$=(-123,3-(-124,3))+(+12,8-12,8)+(-6,8+6,8)$
$=-123,3+124,3=1$

b) $(-0,5) \cdot (-3) \cdot (-2) \cdot 25 \cdot \frac{1}{3} \cdot (-0,04)$
$= ((-0,5) \cdot (-2)) \cdot \left((-3) \cdot \frac{1}{3}\right) \cdot (25 \cdot (-0,04))$
$= 1 \cdot (-1) \cdot (-1)$
$= 1$

3

Behauptung	Richtig oder falsch	Gib ein Beispiel bzw. ein Gegenbeispiel an
Wenn zwei negative Zahlen subtrahiert werden, ist das Ergebnis immer negativ.	falsch	$-2-(-5)=+3$
Werden eine positive und eine negative Zahl addiert, so hat das Ergebnis das Vorzeichen der Zahl, die weiterentfernt von Null liegt.	richtig	$-100+(+105)=+5$
Ein Produkt aus drei Zahlen, bei dem mindestens eine Zahl negativ ist, ist immer negativ.	falsch	$(-2) \cdot (-1) \cdot (+1) = +2$
Eine Summe kann nie einen negativen Summenwert haben.	falsch	$(+4)+(-6)=-2$

4 $-14{,}2+3{,}2-4 = -14{,}2-4+3{,}2 = -4-14{,}2+3{,}2$; beide Terme ergeben -15

5 $-\frac{1}{3} = -\frac{20}{60}$; $-\frac{1}{5} = -\frac{12}{60}$; Die Mitte zwischen den beiden Zahlen wäre $-\frac{16}{60}$. Da $-\frac{1}{4}$ aber gleich $-\frac{15}{60}$, stimmt die Aussage nicht.

Anteile in Prozent, Seite 20

1

a)	99 von 300 = $\frac{99}{300} = \frac{33}{100} = 0{,}33 = 33\%$
b)	62 von 200 = 31%
c)	225 von 500 = 45%
d)	22 von 50 = 44%
e)	9 von 25 = 36%
f)	15 von 20 = 75%
g)	7 von 12,5 = 56%
h)	13 von 52 = 25%
i)	17 von 85 = 20%
j)	4 von 40 = 10%
k)	2,6 von 5 = 52%
l)	49 von 700 = 7%
m)	36 von 400 = 9%
n)	21 von 150 = 14%

2

Prozent	Bruch	Dezimalbruch
48%	$\frac{48}{100}$	0,48
52%	$\frac{13}{25}$	0,52
33%	$\frac{33}{100}$	0,33
80%	$\frac{80}{100} = \frac{4}{5}$	0,80
12,5%	$\frac{125}{1000} = \frac{1}{8}$	0,125
88%	$\frac{44}{50} = \frac{88}{100}$	0,88
77%	$\frac{77}{100}$	0,77
45%	$\frac{9}{20} = \frac{45}{100}$	0,45
4%	$\frac{4}{100} = \frac{1}{25}$	0,04

3 Man kann die Anteile der Lebensmittel an der Ballaststoffaufnahme am besten vergleichen, indem man sie in Prozent umwandelt. Man erhält:

Brot und Gebäck: $\frac{17}{50} = \frac{34}{100} = 34\%$

Obst: $\frac{27}{100} = 27\%$

Gemüse: $\frac{4}{25} = \frac{16}{100} = 16\%$

Kartoffeln: $\frac{13}{100} = 13\%$

andere Getreideprodukte: $\frac{2}{25} = \frac{8}{100} = 8\%$

Hülsenfrüchte: $\frac{1}{100} = 1\%$

andere Lebensmittel $\frac{1}{100} = 1\%$

4
a) 6 von 10 $= \frac{6}{10} = \frac{60}{100} = 60\%$
b) 1 von 5 $= \frac{1}{5} = \frac{20}{100} = 20\%$
c) 3 von 10 $= \frac{3}{10} = \frac{30}{100} = 30\%$
d) 4 von 4 $= \frac{4}{4} = \frac{100}{100} = 100\%$
e) 2 von 8 $= \frac{2}{8} = \frac{25}{100} = 25\%$
f) 1 von 3 $= \frac{1}{3} = \frac{33,\overline{3}}{100} = 33,\overline{3}\%$

Prozente mit dem Taschenrechner, Seite 22

1 7%

2 G = 300 l; P = 90 l; 30%

3 G = 300 €; P = 66 €; 22%

4 G = 600 m; P = 90 m; 15%

5 G = 200 €; P = 34 €; 17%

6 G = 25 kg; P = 24 kg; 96%

7 G = 250 ha; P = 40 ha; 16%

8 G = 75 €; P = 63 €; 84%

9
Tomaten: $33,\overline{3}\%$
Paprika: ca. 43,5%

Mathematik aus der Zeitung, Seite 26

1 Apfelsina GmbH: Wird der Radius der Apfelsinenscheibe verdreifacht, verneunfacht sich deren Flächeninhalt. Somit wird grafisch eine größere Steigung des Vitamin-C-Gehaltes vorgetäuscht. Außerdem füllt die Apfelsinenscheibe den Trinkkrug aus. Es entsteht damit der Eindruck, das Getränk bestehe fast ausschließlich aus gesundem Vitamin C.
Milchhof AG: Durch die doppelt so groß gezeichnete Flasche wird die Umsatzsteigerung nicht korrekt dargestellt. Eine Verdoppelung des Radius des Flaschenbodens sowie der Gesamthöhe bewirkt eine Verachtfachung des ursprünglichen Volumens. Die Flasche dürfte nur bei gleich bleibendem Radius doppelt so groß gezeichnet werden.
Mülltonnen: Auch hier wird durch die Verdoppelung, Verdreifachung usw. des Radius bei gleichzeitiger Verdoppelung, Verdreifachung der Höhe grafisch ein sehr viel größeres Volumen vorgetäuscht.

2 Bundestagswahl: Die Ergebnisse der einzelnen Parteien sind im Diagramm nicht korrekt dargestellt. Die SPD, PDS und die Grünen haben zusammen mehr als 50% (nämlich genau 55%) und nehmen im Kreisdiagramm genau die Hälfte ein. Somit wird das Ergebnis der Wahl verfälscht.
Frauen in Männerberufen: Ein Fünftel entsprechen 20%. Wenn in Ostdeutschland „mehr als ein Fünftel" der Frauen in klassischen Männerberufen zuhause sind, werden es wohl sicher nicht mehr als 25% sein (sonst würde man von einem Viertel sprechen). Somit sind in Westdeutschland mit 26,5% mehr Frauen in Männerberufen tätig als im Osten.
Maßlos untertrieben: Die Reduzierung von 635,54 € auf 293,16 € ist deutlich mehr als 16%.
Wirklich 19% billiger? Wenn man vom Endpreis eines Produktes (inkl. MwSt.) 19% abzieht, würde man nur 81% dieses erhöhten Grundwertes zahlen (also 81% des um 19% erhöhten Nettopreises). Stellt man diesem Wert den Nettopreis gegenüber, stellt man fest, dass er geringer ausfällt als dieser (da 0,81 · 1,19 = 0,9396).
Im Beispiel: Wenn für eine Hose ein Nettopreis von 120 € angesetzt wird, zahlt der Endverbraucher 120 € · 1,19 = 142,80 €. Erlässt das Kaufhaus die MwSt., zahlt der Käufer am 3. Januar nur 120 €. Würde er aber 19% weniger zahlen als üblich, müsste er nur 142,80 € · 0,81 = 115,67 € zahlen.

Prozentkreise in MS-Excel®, Seite 27

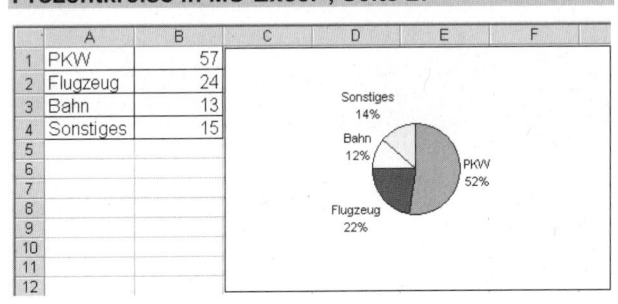

	A	B
1	PKW	57
2	Flugzeug	24
3	Bahn	13
4	Sonstiges	15

Sonstiges 14%
Bahn 12%
PKW 52%
Flugzeug 22%

Alkohol im Blut, Seite 28

Lösungen des Quiz:
Stefan: 6 · 0,33 Liter = 2 Liter

Alkoholmenge A in g: $A = 2000 \cdot 5 \cdot \frac{0,8}{100} = 80$ g

Blutalkoholkonzentration in ‰: $C = \frac{80}{(60 \cdot 0,7)} = 1,9$ ‰

Alkoholkonzentration nach 4 Stunden:
1,9 ‰ − 4 · 0,15‰ = 1,3 ‰
Silvia: Alkoholmenge: A = 1,5 · 45 · 0,6 = 40,5 g
Menge Alcopops: $V = 40,5 \cdot \frac{100}{(5 \cdot 0,8)} = 1012$ cm³

Ungefähr 3 Fläschchen
Alkoholfrei: 25 · 2 = 50 Liter

Einfache Zinsen, Seite 29

1
6300 € — 55,55 €
850 € — 315 €
2400 € — 42,50 €
1111 € — 226 €
4520 € — 120 €

2 Der Zinssatz beträgt immer 4%.

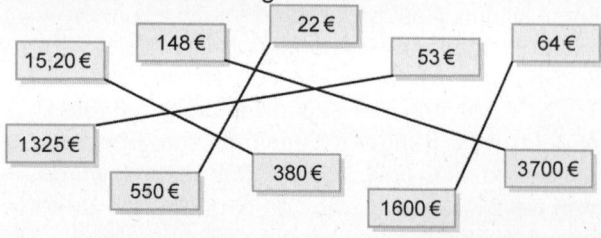

15,20 € — 380 €
148 € — 3700 €
22 € — 550 €
53 € — 1325 €
64 € — 1600 €

3
Z = 100 € — 2400 €, K = 2400 € mit 4%
Z = 96 € — K = 2400 € (6,5%)
10% — K = 1250 €
K = 640 €
8% — Z = 45,50 €
K = 700 € — Z = 64 €

4 Frau Widmaier erhält für 1250 € in einem Jahr 62,50 € Zinsen. Wie hoch ist der Zinssatz?

Von Säule zu Säule, Seite 30

1 a) Man berechnet entweder vom Kapital ausgehend oder von den Zinsen ausgehend die Jahreszinsen. Dann bestimmt man die Teilzinsen oder den Zinssatz.

b) Statt durch 12 zu dividieren oder zu multiplizieren setzt man 360 ein.

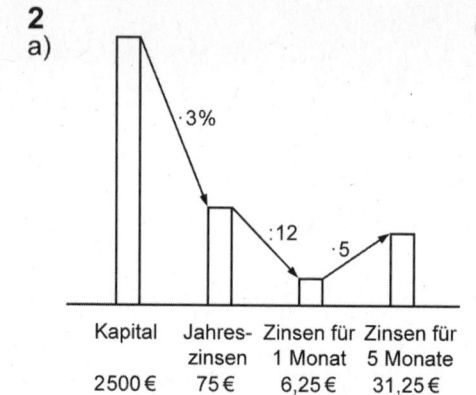

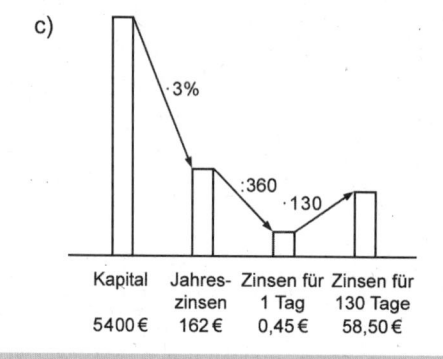

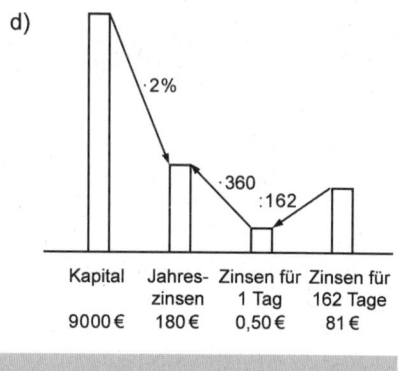

2
a) ·3% :12 ·5
Kapital 2500 € | Jahreszinsen 75 € | Zinsen für 1 Monat 6,25 € | Zinsen für 5 Monate 31,25 €

b) ·2,5% :12 ·7
Kapital 6000 € | Jahreszinsen 150 € | Zinsen für 1 Monat 12,50 € | Zinsen für 7 Monate 87,50 €

c) ·3% :360 ·130
Kapital 5400 € | Jahreszinsen 162 € | Zinsen für 1 Tag 0,45 € | Zinsen für 130 Tage 58,50 €

d) ·2% :360 ·162
Kapital 9000 € | Jahreszinsen 180 € | Zinsen für 1 Tag 0,50 € | Zinsen für 162 Tage 81 €

Sparen Jahr für Jahr, Seite 31

1

	A	B	C	D	E	F
1	Patricks Sparplan					
2						
3			Zinssatz	0,025		
4			Jährliche Rate	300		
5						
6	Datum	Überweisung am 01.01.	Kontostand am 01.01.	Zinsen	Kontostand	Datum
7	Anfang 2006	=$C$4	=B7	=C7*$C$3	=C7+D7	Ende 2006
8	Anfang 2007	=$C$4	=E7+B8	=C8*$C$3	=C8+D8	Ende 2007
9	Anfang 2008	=$C$4	=E8+B9	=C9*$C$3	=C9+D9	Ende 2008
10	Anfang 2009	=$C$4	=E9+B10	=C10*$C$3	=C10+D10	Ende 2009
11	Anfang 2010	=$C$4	=E10+B11	=C11*$C$3	=C11+D11	Ende 2010

	A	B	C	D	E	F
1	Patricks Sparplan					
2						
3			Zinssatz	2,5%		
4			Jährliche Rate	300,00 €		
5						
6	Datum	Überweisung am 01.01.	Kontostand am 01.01.	Zinsen	Kontostand	Datum
7	Anfang 2006	300,00 €	300,00 €	7,50 €	307,50 €	Ende 2006
8	Anfang 2007	300,00 €	607,50 €	15,19 €	622,69 €	Ende 2007
9	Anfang 2008	300,00 €	922,69 €	23,07 €	945,75 €	Ende 2008
10	Anfang 2009	300,00 €	1.245,75 €	31,14 €	1.276,90 €	Ende 2009
11	Anfang 2010	300,00 €	1.576,90 €	39,42 €	1.616,32 €	Ende 2010

a) Am Ende des Jahres 2010 könnte Patrick über 1616,32 € verfügen.

b) Summe der Zinsen nach 5 Jahren:
1616,32 − 1500 = 116,32 €

c) Ende 2012 hat Patrick erstmals mehr als 2300 € auf seinem Konto.

d) Er sollte jeweils am Jahresanfang 371,22 € einzahlen.

2 a)

(Balkendiagramm: Ende 2006 bis Ende 2010, Werte von ca. 300 € bis 1600 €)

b)

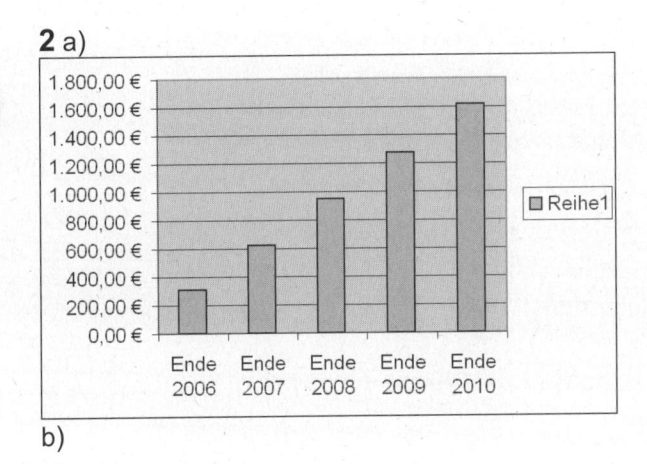

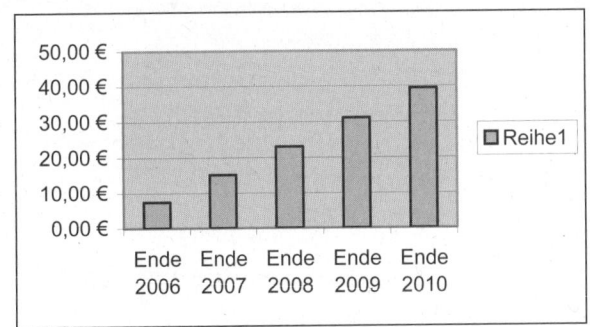

(Balkendiagramm: Ende 2006 bis Ende 2010, Werte von ca. 8 € bis 40 €)

Leitidee funktionaler Zusammenhang

Kantige Körper – Körperkanten, Seite 32

1 a) $7a + 7b$ b) $14a + 7c$ c) $12 \cdot 0,5 + 9a$

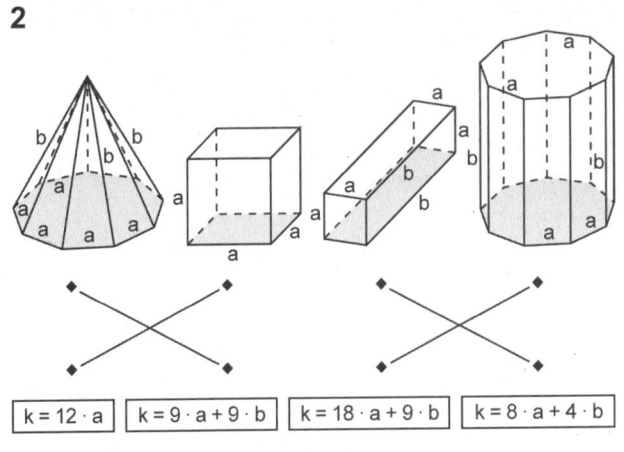

2

$k = 12 \cdot a$ | $k = 9 \cdot a + 9 \cdot b$ | $k = 18 \cdot a + 9 \cdot b$ | $k = 8 \cdot a + 4 \cdot b$

3 108 cm; 270 cm; 10 cm; 5 cm

Terme mit MS-Excel® untersuchen, Seite 33

1 a)
- $x = 0$ und $x = 2$
- Term 3, Term 4 wächst immer um 2 an.
- Term 3, x^2 ist nie negativ.

b) ja: -2; x^2 hat für $x = 0$ den niedrigsten Wert.

c) Die Termwerte unterscheiden sich immer um 4. Zum x-Wert wird einmal 2 addiert und einmal 2 subtrahiert. Das ergibt den Unterschied 4.

2 a) Term 6 für alle negativen Zahlen.
b) ja, für $x = 0$
c) Term 5; für $0 < x < 1$ steigt Term 6 stärker an.
d) 9 und -6

Terme in Zeichnungen – Addition und Subtraktion I, Seite 35

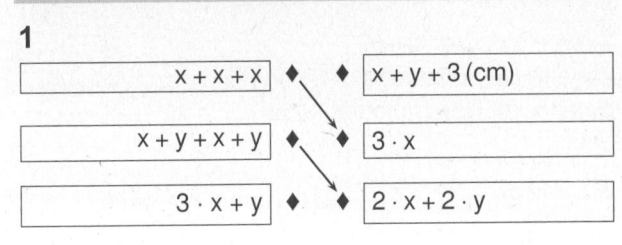

1

$x + x + x$ ◆——◆ $x + y + 3$ (cm)

$x + y + x + y$ ◆——◆ $3 \cdot x$

$3 \cdot x + y$ ◆——◆ $2 \cdot x + 2 \cdot y$

2 a) $x + x + y + x + y$ und $3x + 2y$
b) $y + y + y + x$ und $3y + x$

3 zum Beispiel: $4z + 4z + z + z = 10z$ und $2z + z + 2z + z + 2z + 2z = 10z$

4

Term	Vereinfacht	Wert
$3a + 4b - 2a$	$a + 4b$	11,2
$2a + 5b + 8a - 15$	$10a + 5b - 15$	27
$4b + 2a - 6b - 2a$	$-2b$	-4
$a - 3b - 2b - b$	$a - 6b$	$-8,8$
$40 - 2a - a + b - 7a$	$40 - 10a + b$	10

5 $24a$

6 $16a$

Terme in Zeichnungen – Addition und Subtraktion II, Seite 36

1 a) $x + y + x - y - y$
b) Teilterme dürfen mit dem Vorzeichen vertauscht werden.
c) 4; 4; $2x - y$
d) ja

2 b) nein

3

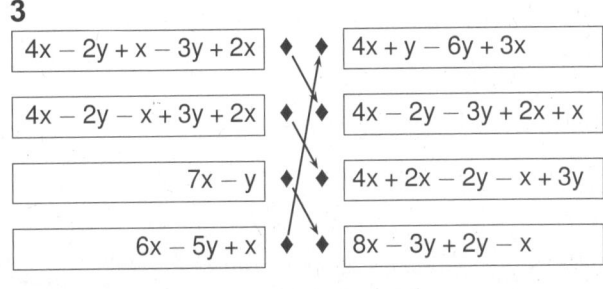

$4x - 2y + x - 3y + 2x$ ◆——◆ $4x + y - 6y + 3x$

$4x - 2y - x + 3y + 2x$ ◆——◆ $4x - 2y - 3y + 2x + x$

$7x - y$ ◆——◆ $4x + 2x - 2y - x + 3y$

$6x - 5y + x$ ◆——◆ $8x - 3y + 2y - x$

4 a) $4x - 5y$ b) $-6a$
c) $4r - 3s$ d) $3m$
e) $3,3x - 0,2y$

Terme in Rechtecken – Übungen zur Multiplikation I, Seite 37

1 a) $A = x \cdot y$
b) $A = 6 \cdot (x \cdot y) = 6xy$ oder
$A = 2x \cdot 3x = 6xy$ oder
$A = 3 \cdot (2 \cdot x \cdot y) = 3(2xy) = 6xy$
c) $A = 6xy = 6 \cdot 2m \cdot 3m = 36m^2$

2 $A = 3x \cdot 4y = 12xy$
Ein einzelnes Gehege berechnet sich nach wie vor durch $x \cdot y$. Das bedeutet, dass Karin 12 Gehege baut.

3 a) $18xy$ b) $35ab$ c) $40ac$
d) $5d$ e) 5 f) 5

4 Bei einem Produkt kann man die Faktoren beliebig vertauschen.
a) $5x \cdot 2y \cdot 5 = 5 \cdot 5 \cdot 2 \cdot x \cdot y = 5 \cdot 10 \cdot x \cdot y = 50xy$
b) $4c \cdot 3 \cdot 2a = 4 \cdot 3 \cdot 2 \cdot a \cdot c = 24ac$

5 a) $5a \cdot 8x$ oder $8a \cdot 5x$ oder …
b) $4x \cdot 6y$ oder $6x \cdot 4y$ oder …
c) $2 \cdot 30a$ oder $30 \cdot 2a$ oder …

Terme in Rechtecken – Übungen zur Multiplikation II, Seite 38

1 a) $u = x + x + x + x = 4x$; $A = x \cdot x = x^2$
b) $u = y + y + y + y = 4y$; $A = y \cdot y = y^2$

2 a) 3^3; $3a \cdot 8^2 \cdot 7$; abx
b) a^3; $4 \cdot 6$; $x^2 y$; $6^2 \cdot 4^2$
c) $3 \cdot 3$; $4 \cdot k$; $3 \cdot 4 \cdot 5$; $c^2 \cdot b^2$

3 a) Faktoren mit gleichen Ziffern.
b) Faktoren mit gleichen Buchstaben.

4 a) $a^3 y$; $3 \cdot 3 \cdot 3 \cdot 5 = 3^3 \cdot 5$
b) $6^2 \cdot 5^2$; $a \cdot a \cdot c \cdot c = a^2 \cdot c^2$

5 a) $3x + 2y$; $a^2 b^3$; $3a^2$
b) $x^3 y^2$; $2a + 3b$; $3 \cdot 4^2$

Terme in Rechtecken – Klammern, Seite 40

1
a) $A = ax + xy$
$A = x(a + y)$
b) $A = ab + ac$
$A = a(b + c)$
c) $A = 3 \cdot 4 + 3 \cdot 6 = 30$ cm^2
$A = 3 \cdot (4 + 6) = 30$ cm^2
d) $3 \cdot (4 + 6) = 3 \cdot 4 + 3 \cdot 6$ (Verteilungsgesetz).

2 Klammer zuerst: $5 \cdot 11 = 55$
Verteilungsgesetz: $5 \cdot 8 + 5 \cdot 3 = 40 + 15 = 55$
Nein, weil c und y nicht zusammengefasst werden können, geht nur der Weg über das Verteilungsgesetz: $b \cdot c + b \cdot y$

3 a) Es wurde nur ein Summand multipliziert.
Richtig: $x \cdot y + 3 \cdot x$
b) Die Klammer kann nicht zusammengefasst werden. Richtig ist das Verteilungsgesetz:
$3a + 6b$

4 a) $ax + sx$ b) $3y + by$
c) $4x - 20 + 4y$ d) $6a + 9ax$
e) $10b^2 - 15ab$ f) $2a + ay - 2a^2$

Klammern über Klammern, Seite 41

1 a) $190 - 80 = 110$ $230 - 120 = 110$
b) Beide Terme haben den selben Wert.
$a - b - c = a - (b + c)$;
Verteilungsgesetz: $a - 1(b + c) = a + (-1)(b + c)$

2 Beispiel:
$x - y - z - a$ und $x - (y + z + a)$
$20 - 4 - 3 - 5$ $20 - (4 + 3 + 5)$
$= 16 - 3 - 5$ $= 20 - 12 = 8$
$= 13 - 5 = 8$

3 a) $34 - (12 + 4) = 34 - 12 - 4 = 18$
$4x - (2x + 3a) = 4x - 2x - 3a = 2x - 3a$
$60 - (30 + 20 + 5) = 60 - 30 - 20 - 5 = 5$
$5a - (4 + x + b) = 5a - 4 - x - b$
b) $50 - (30 - 10) = 50 - 30 + 10 = 30$
$9y - (5x - 2y) = 9y - 5x + 2y = 11y - 5x$
$100 - (50 - 20 + 10) = 100 - 50 + 20 - 10 = 60$
$18x - (2x - 3y + x^2) = 18x - 2x + 3y - x^2 = 16x + 3y - x^2$

4 a) $300 + 40 = 340$ und $350 - 10 = 340$;
$490 + 50 = 540$ und $450 + 90 = 540$
b) Die ersten beiden und die letzten beiden Terme haben jeweils denselben Wert.
$a + b - c = a + (b - c)$ bzw. $a + b + c = a + (b + c)$.

Rechtecke bauen – Terme ausmultiplizieren, Seite 42

1 Beispiel: $A = s \cdot s + s \cdot t$; $A = s \cdot (s + t)$

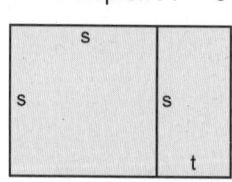

2 a) $A = a^2 + as + ar$ b) $A = s(s + a)$
c) $A = 2ax - 3x + 4x^2$ d) $A = 2a(2 + b + a)$

3 Beispiel: $A = a(r - t)$; $A = a \cdot r - a \cdot t$

Rechtecke und Quadrate – Multiplikation von Summen, Seite 43

2 Beide haben Recht. Lorenz berechnet das Gesamtrechteck, Hannah die Einzelflächen.

3 a) $A = (n+1)(n+2)$; $A = n^2 + 3n + 2$
$A = (2n+1)(n+1)$; $A = 2n^2 + 3n + 1$
$A = (3n+1)(n+2)$; $A = 3n^2 + 7n + 2$
b) Jeder Summand der ersten Klammer wird mit jedem Summanden der zweiten multipliziert.
c) $n^2 + n + 3n + 3 = n^2 + 4n + 3$;
$3n^2 + 3n + 6n + 6 = 3n^2 + 9n + 6$

4 $ac + ad + bc + bd$

5 $3a + a^2 + 3b + ab$; $2a^2 + 10a + ab + 5b$
$4a - 12 + ax - 3x$; $2x^2 - 10x - xy + 5y$

Quadrate wachsen – die erste binomische Formel, Seite 44

2 a) $n^2 + 2n + 1$ **b)** $n^2 + 4n + 4$

3 $(n+3)^2$; $n^2 + 6n + 9$

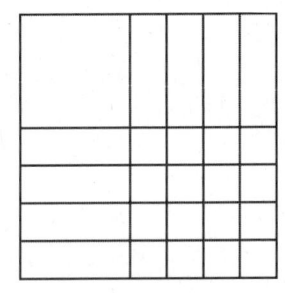

4

$(n+4)^2 = n^2 + 8n + 16$

5

Klammer-term	$(n+1)^2$	$(n+2)^2$	$(n+3)^2$	$(n+4)^2$
Summen-term	n^2+2n+2	n^2+4n+4	n^2+6n+9	$n^2+8n+16$

20n und 100

6 a) erster Summand · zweiter Summand · 2
b) zweiter Summand · zweiter Summand

7 $(a+b)^2$; $a^2 + 2ab + b^2$

Quadrate werden kleiner – die zweite binomische Formel, Seite 45

2 a) Sarahs Lösung ist falsch. Sie subtrahiert das kleine Quadrat oben rechts zweimal.
b) $n^2 - 4n + 4$

3

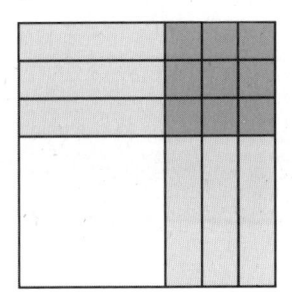

$(n-3)^2 = n^2 - 6n + 9$

4 $n^2 - 20n + 100$

5

Klammer-term	$(n+1)^2$	$(n+2)^2$	$(n+3)^2$	$(n+4)^2$
Summen-term	n^2+2n+1	n^2+4n+4	n^2+6n+9	$n^2+8n+16$
Klammer-term	$(n-1)^2$	$(n-2)^2$	$(n-3)^2$	$(n-4)^2$
Summen-term	n^2-2n+1	n^2-4n+4	n^2-6n+9	$n^2-8n+16$

Es tauchen dieselben Terme auf; steht jedoch im Klammerterm eine Differenz, so wird der zweite Term des Summenterms subtrahiert.

6 $(a-b)^2 = a^2 - 2ab + b^2$

Gleichungsübungen, Seite 49

1 a) $3x - 18 = 63$ $(x = 27)$
b) $5x + 23 = 83$ $(x = 12)$

2 a) 7   **b)** 22   **c)** 6   **d)** 24

3 a) 4   **b)** 0,5   **c)** 12   **d)** 30

4 a) 12   **b)** –12   **c)** –4   **d)** –4

5 a) $-3x$ $(x = -8)$
b) 2 statt 12 $(x = 5)$
c) $x = -2$ (Man muss noch durch –1 dividieren.)
d) Division zuletzt; –4 wurde nicht durch 2 dividiert. $(x = 4)$

Gleichungsmenü, Seite 50

Vorspeise
a) 8   b) –20   c) 22
d) 3   e) $-\frac{3}{20}$ f) 5,5

Hauptspeise
a) $x = 7$ b) $x = 1$ c) $x = \frac{11}{4}$
d) $-3x = 12$; $(x = -4)$ e) $x = -\frac{4}{3}$
f) $x = 32$

Nachspeise

a) $4x + 3 = 15$
   $4x = 12$
   $x = 3$

b) $3 - 2x = 7$
   $-2x = 4$
   $x = -2$

c) $2x + 1 = 2$
   $2x = 1$
   $x = \frac{1}{2}$

d) $3x + 0{,}4 = 1$
   $3x = 0{,}6$
   $x = 0{,}2$

e) $2 - 4x = 5$
   $-4x = 3$
   $x = -\frac{3}{4}$

f) $2x - 5x + 5 - 3 = 8$
   $-3x + 2 = 8$
   $-3x = 6$
   $x = -2$

Zahlenmühlen, Seite 52

1 a) Es wurden die Zahlen 1, 8 und $\frac{1}{2}$ durchgemahlen: $1 \to \frac{1}{2 \cdot 1} = \frac{1}{2}$; $8 \to \frac{1}{2 \cdot 8} = \frac{1}{16}$; $\frac{1}{2} \to \frac{1}{2 \cdot \frac{1}{2}} = 1$;

b) Die Zahl 0 darf nicht eingesetzt werden, da sich sonst im Nenner der Wert 0 ergibt und man durch 0 nicht dividieren darf.

2 a)

x	8	−2	$\frac{4}{3}$	3
$\frac{8}{4-x}$	−2	$\frac{4}{3}$	3	8

x	6	−4	1	$\frac{8}{3}$
$\frac{8}{4-x}$	−4	1	$\frac{8}{3}$	6

b) Die Zahlen schaffen jeweils 4 Durchläufe.
c) Die Zahl 0 schafft nur zwei Durchläufe. Beim dritten Durchlauf erhält man im Nenner null.
d) Ausnahmezahlen sind 0, 2 und 4. Bei diesen ergibt sich im Nenner stets null.

Gleichungs-Salat, Seite 53

Lösungssatz: „DU HAST ALLES RICHTIG!"

Große Zahl − kleine Zahl, Seite 55

In der Tabelle stehen die gewürfelten Zahlen mit den jeweils größten/kleinsten Werten, die sich für sie ergeben.

	Größte Zahl	Kleinste Zahl
$\frac{4+x}{x}$	$1 \to 5$	$6 \to \frac{5}{3}$
$\frac{3+x}{3-x}$	$2 \to 5$	$6 \to -3$
$\frac{x}{4-x}$	$3 \to 3$	$6 \to -3$
$\frac{5x}{6-x}$	$5 \to 25$	$1 \to 1$
$\frac{6}{x-1}$	$2 \to 6$	$6 \to \frac{6}{5}$
$\frac{x^2}{2x}$	$6 \to 3$	$1 \to 0{,}5$

Hausaufgabenkontrolle, Seite 56

1 Fehler bei Äquivalenzumformung: auch die rechte Seite muss mit x multipliziert werden; Definitionsmenge fehlt

2 Definitions- und Lösungsmenge fehlen

3 Zweiter Term falsch erweitert (richtig wäre: $\frac{x}{2x}$).

4 Lösung nicht mit der Definitionsmenge verglichen; $L = \{\}$.

5 Nenner des ersten Bruches falsch erweitert (richtig wäre: $(x + 3)(x - 3)$); gemeinsamer Nenner ist $2(x + 3)(x - 3)$, nicht $2(x + 3)(x - 3)(x - 3)$; vorletzte Zeile: $2(x + 3) = 2x + 6$, nicht $2x + 3$; $(x - 3)(x - 3) = x^2 - 6x + 9$, nicht $x^2 - 9$; letzte Zeile: falsch zusammengefasst; richtig wäre $-3x^2 + 2x + 30 = 0$

Dreisatzpuzzle, Seite 57

5 kg kosten 6,00 €
1 kg kostet 1,20 €
8 kg kosten 9,60 €

7 kg kosten 21,00 €
1 kg kostet 3,00 €
2,5 kg kosten 7,50 €

4 kg kosten 1,60 €
1 kg kostet 0,40 €
11 kg kosten 4,40 €

3 kg kosten 1,80 €
1 kg kostet 0,60 €
8 kg kosten 4,80 €

Proportionale Zuordnung, Seite 58

1 Quotient: 0,2

2 erste Tabelle: Quotient $= \frac{\text{Volumen}}{\text{Zeit}}$; ja

zweite Tabelle: Quotient $= \frac{\text{Weg}}{\text{Zeit}}$; nein

3
Tabelle 1: Preis:Gewicht = 17,5; 26,25 €; 6 kg
Tabelle 2: z.B. 16 € und 1 m²; 640 €; 35 m²

4

Betriebszeit in Stunden	Verbrauch in Litern	Quotient Verbrauch:Betriebszeit
2	40	20
4	80	20
6	120	20
8	160	20
10	200	20
12	240	20

Am genauesten kann der Verbrauch bei 5 und 10 Stunden Betriebszeit abgelesen werden.

5

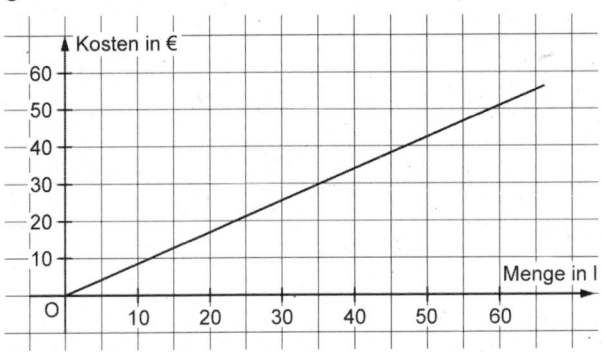

[Graph: Ursprungsgerade, Kosten in € über Menge in l]

Umgekehrt proportionale Zuordnung, Seite 59

1 Produkt: 630

2 Nein; Ja

3
Tabelle 1: Produkt 6720; 96,00 €; 48 m²
Tabelle 2: 45 cm; 18 cm; 7 cm
Tabelle 3: 150; 225 g; 90

4 Das Verhältnis von Geschwindigkeit zu der Zeit, die man für eine bestimmte Wegstrecke braucht, ist umgekehrt proportional: Je schneller man ist, umso weniger Zeit braucht man.
Dabei kommt es nicht auf die Größenordnung an. Ob man bei hoher Geschwindigkeit die Zeit in Sekunden angibt oder bei geringer Geschwindigkeit die Zeit in Minuten, macht für die Schaubilder keinen Unterschied. Wichtig ist nur eine sinnvolle Wahl der Größeneinheiten.

5

Verbrauch in l/100 km	Reichweite in km	Produkt Verbrauch · Reichweite
5	2000	10 000
10	1000	10 000
15	ca. 667	10 000
20	500	10 000
25	400	10 000
30	ca. 333	10 000
35	ca. 286	10 000

Dreisatzpuzzle (umgekehrter Dreisatz), Seite 60

24 Teilnehmer einer Gruppenreise zahlen	400 €
1 Teilnehmer einer Gruppenreise zahlt	9600 €
20 Teilnehmer einer Gruppenreise zahlen	480 €
15 Teilnehmer einer Gruppenreise zahlen	600 €
1 Teilnehmer einer Gruppenreise zahlt	9000 €
30 Teilnehmer einer Gruppenreise zahlen	300 €
35 Teilnehmer einer Gruppenreise zahlen	200 €
1 Teilnehmer einer Gruppenreise zahlt	7000 €
10 Teilnehmer einer Gruppenreise zahlen	700 €
22 Teilnehmer einer Gruppenreise zahlen	300 €
1 Teilnehmer einer Gruppenreise zahlt	6600 €
33 Teilnehmer einer Gruppenreise zahlen	200 €

Sachaufgaben – kein Problem, Seite 62

Füllmenge	Anzahl
0,75 l	1500
0,25 l	4500
1,00 l	1125

(: 3 / · 3 ; · 4 / : 4)

Winzer Bacchus könnte also 1125 Flaschen zu 1 l abfüllen.

Die Zahnradbahn, Seite 63

1 a) $\frac{200}{500} = \frac{40}{100} = 0{,}4 = 40\%$ **b)** 40 m

c) $m = \frac{y}{x}$

d) $m_S = \frac{700}{1000} = 0{,}7 = 70\%$;

$m_R = \frac{100}{1000} = 0{,}1 = 10\%$

e) Egal, wo man das Steigungsdreieck anlegt: man erhält als Steigung immer 70%.

2 a) Der Graph ist eine Ursprungsgerade.
b)

x	1	2	3	4
y	0,5	1	1,5	2

c) um 0,5   **d)** m = 0,5

Füllgraphen, Seite 64

1 individuelle Lösungen

2 z.B.

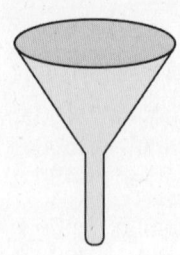

3 individuelle Lösungen

4

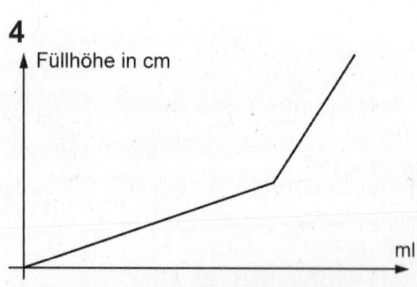

Übungen zur linearen Funktion, Seite 65

1 a)

Füllmenge (in m³)	0	1	2	3	4
Gesamtgewicht (in t)	1	3	5	7	9

b) Nein, zur doppelten Füllmenge gehört nicht das doppelte Gewicht.

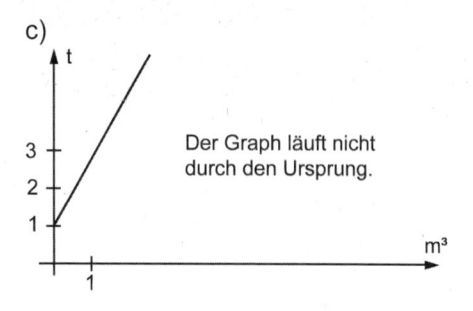

c) Der Graph läuft nicht durch den Ursprung.

d)

Füllmenge (in m³)	0	1	2	3	4
Kiesgewicht (in t)	0	2	4	6	8

Ja, zur doppelten Kiesmenge gehört das doppelte Kiesgewicht.

e) Gemeinsamkeiten: Gerade, Steigung m = 2
Unterschied: Ursprungsgerade; um eins nach oben verschoben.

f) Gemeinsamkeiten: Der zugeordnete Wert wächst gleich (um 2 t pro m³) an.
Unterschied: Ohne Behälter beginnen die y-Werte bei 0, mit Behälter bei 1.

g) m = 2; y = 2x; y = 2x + 1

Graphen und Gleichungen – Partnerarbeitsblatt 1 und 2, Seite 66 und 67

3 b) parallel: f, h
Ursprungsgeraden: i
negative Steigung: f, h, i
parallel zur x-Achse: g

Funktionenpuzzle, Seite 68

Die Kärtchen der untersten Reihe bleiben übrig

Lineare Gleichungen mit zwei Variablen, Seite 69

1 a) Beispiele: (0 | 7); (2 | 11); (−5 | −3)
b) Beispiele: (0 | 3); (2 | −1); (−5 | 13)
c) Beispiele: (0 | −6); (2 | −5); (−5 | −8,5)

2 a) y = 0,5x + 2
(2 | 3); (3 | 3,5)
b) 4 = y + 2x bzw. y = −2x + 4
(4 | −4); (3 | −2)
c) y − 3x = −4 bzw. y = 3x − 4
(3 | 5); (−4 | −16)

Keine Zuordnung:
4x − 3 − y = 0; 4 + y = 2x; 2y = x + 2
(2 | 1); (4 | 0); (−2 | −1); (3 | 3)

3 a) 8x + 3y = 192
b) $y = 64 - \frac{8}{3}x$ oder $x = 24 - \frac{3}{8}y$
c)

x	0	3	6	9	12
y	64	56	48	40	32

x	15	18	21	24
y	24	16	8	0

d) Darstellung (4)
Eine Begründung ist über die Wertetabelle, die Funktionsgleichung oder auch über den Sachbezug möglich.

Grafische Lösung linearer Gleichungssysteme, Seite 70

1 Jungen: x; Mädchen: y; x + y = 10
3x + 2y = 22
Jungen: 2; Mädchen: 8

2 a) mögliche Lösungen: y = 0,5x; y = x − 1; y = 2x + 3
b) Alle Geraden mit y = −0,5x + b, wobei b ≠ 3
c) $y = \frac{1}{2}x$; $y = -\frac{3}{2}x$; $y = -\frac{1}{3}x$
d) y = 2x + 2
Zwei Geraden stehen senkrecht aufeinander, wenn gilt: $m_1 \cdot m_2 = -1$

Das Problem mit den Preisen..., Seite 71

1

	Angebot 1	Angebot 2	Angebot 3
Tom	3,20 €	3,55 €	6,48 €
Sarah	10,20 €	7,05 €	8,08 €
Jan	15,80 €	9,85 €	9,36 €

2 Angebot 2: $p_2 = 0{,}35a + 2{,}50$
Angebot 3: $p_3 = 0{,}16a + 6{,}00$

3 a) Funktionsgleichungen:
Angebot 1: $y = 0{,}7x + 1{,}1$
Angebot 2: $y = 0{,}35x + 2{,}5$
Angebot 3: $y = 0{,}16x + 6$
b) Angebot 1: 0 – 4 Bilder
Angebot 2: 4 – 18 Bilder
Angebot 3: 19 – ... Bilder

4 a) Angebot 2: 12 Fotos
b) Angebot 1: 4 weniger als bei Angebot 2
Angebot 3: 6 weniger als bei Angebot 2

5 $10{,}80 = 0{,}16 \cdot 30 + 6$ – richtig.

Leitideen Messen – Raum und Form

Dreiecke aus Pappstreifen, Seite 72

Man kann nicht aus allen Streifen Dreiecke herstellen. Zwei Seiten müssen zusammen jeweils mindestens so lang sein wie die dritte.

Wir berechnen Winkel, Seite 73

1
a) $\alpha = 72°$; $\gamma = 61°$
b) $\gamma = 85°$; $\beta = 54°$
c) $\alpha = 57°$; $\beta = 61°$
d) $\alpha = 23°$; $\beta = 125°$; $\gamma = 32°$
e) $\alpha_1 = 39°$; $\alpha_2 = 51°$; $\gamma = 39°$
f) $\beta = 48°$

2

	α	β	γ
Dreieck 1	74°	59°	47°
Dreieck 2	49°	27°	104°
Dreieck 3	71°	75°	34°

3 Fehlender Wert: 90°

	α	β	γ
Dreieck 1	90°	59°	31°
Dreieck 2	62°	44°	74°
Dreieck 3	56°	87°	37°

Die Winkelsumme im Dreieck, Seite 74

1 Die Winkelsumme ist immer ungefähr 180°.

2 e) Die einzelnen Winkel verändern sich, aber die Summe beträgt immer genau 180°.

Was einmal ein Dreieck war, das ist nun ein Dromedar, Seite 75

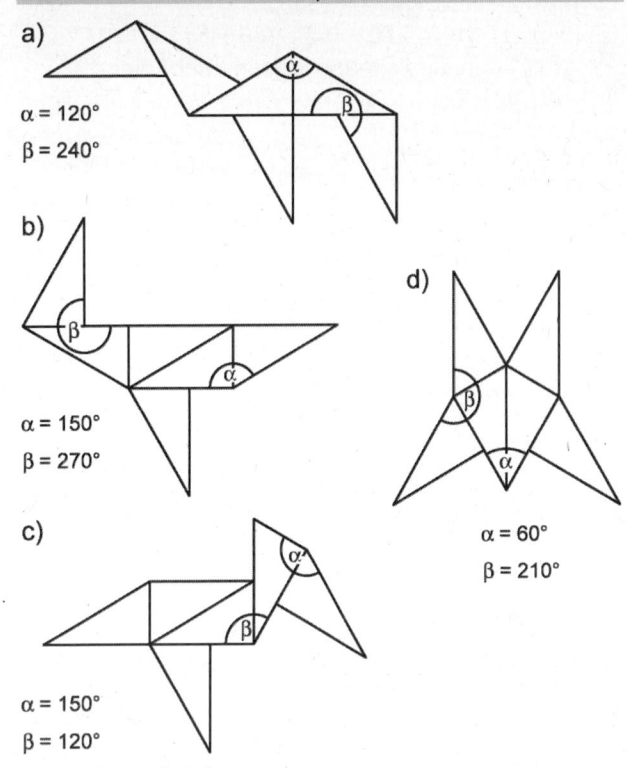

a) $\alpha = 120°$
$\beta = 240°$

b) $\alpha = 150°$
$\beta = 270°$

c) $\alpha = 150°$
$\beta = 120°$

d) $\alpha = 60°$
$\beta = 210°$

Dreiecke in Form, Seite 76

1 Drei verschiedene gleichschenklige Dreiecke mit den Basen 1 Längeneinheiten (LE), 3 LE und 5 LE.

2 4; 7; 10; 13; ... Knoten

3 Fünf verschiedene Rechtecke:

	Länge	Breite
Rechteck 1	9 LE	1 LE
Rechteck 2	8 LE	2 LE
Rechteck 3	7 LE	3 LE
Rechteck 4	6 LE	4 LE
Rechteck 5	5 LE	5 LE

4 5; 9; 13; 17; ... Knoten

5

	Δ ABC	Δ ABD	Δ BCD	Δ ADC
a)	spw	sw	sw	sw
b)	spw	sw	sw	spw
c)	spw	sw	rw	sw
d)	sw	spw	sw	sw

6 Es sind 35 (gleichschenklige) Dreiecke. Strategiehinweis: Es ist zunächst die Anzahl der „verschiedenen" Dreiecke zu bestimmen. Wegen der Symmetrie ist diese mit 5 zu multiplizieren.

7 Es gibt zwei Lösungswege:
1. Da ABC ein gleichschenkliges Dreieck ist, ist $\alpha = \beta = 70°$. Ebenso sind die Winkel an den Eckpunkten D und E gleich groß (57°).
Es folgt: $\delta = 180° - 70° - 57° = 53°$.
2. Man kann die Aufgabe jedoch auch über die Winkelsätze lösen. Folgende Grafik veranschaulicht dies:

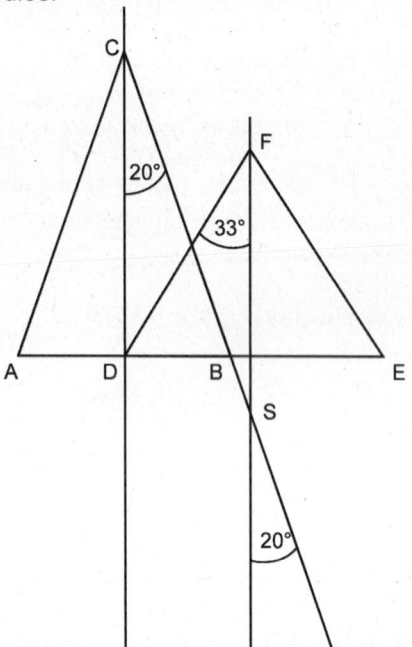

Man zeichne die Winkelhalbierende der Winkel bei C und F. Mithilfe des Wechselwinkelsatzes ergibt sich der Nebewinkel von δ mit $180° - 33° - 20° = 127°$. δ ist also $180° - 127° = 53°$.

Geometrie-Diktate, Seite 77

1
a) 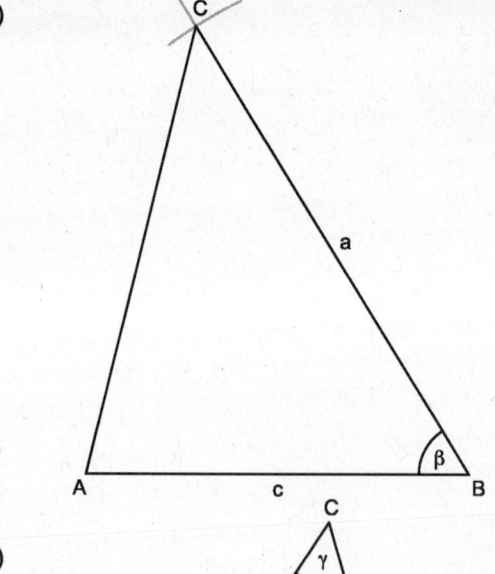
b) 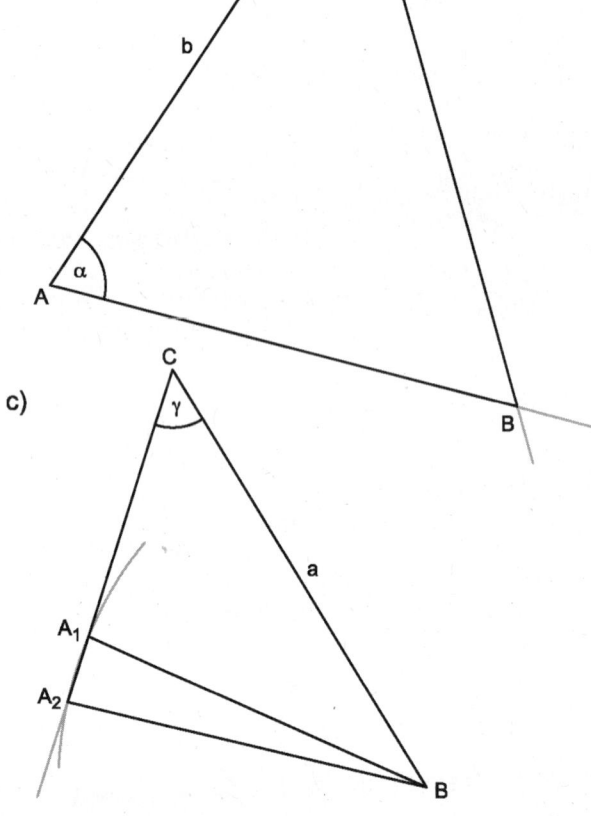
c)

2 Richtig muss es heißen:
2. Trage an c in B den Winkel $\beta = 58°$ ab.
3. Zeichne ein Kreisbogen um A ...
5. Verbinde B und C.

3 Die richtige Reihenfolge lautet 2., 3., 1., 4., 5.

4 Richtig muss es heißen:
1. Zeichne Seite c = 7 cm; du erhältst A und B.
2. Trage an c in A den Winkel α = 55° ab.
3. Zeichne den Kreisbogen um B mit Radius 9 cm = a.
4. Schnittpunkt von Kreisbogen und freien Schenkel ist C.

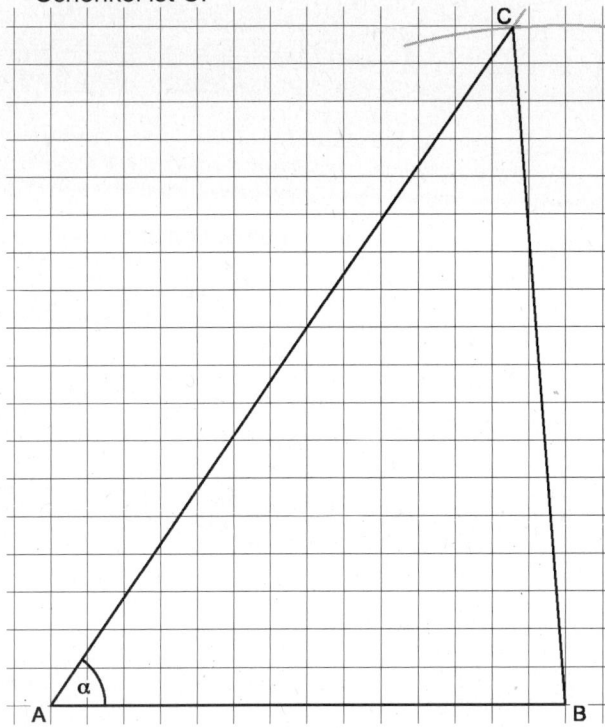

Dem Schnittpunkt der Mittelsenkrechten auf der Spur, Seite 78

2 Die Punkte M liegen alle auf einer Geraden. Diese geht durch den Mittelpunkt der Strecke $\overline{AB}$ und steht auf ihr senkrecht.

3 Der Kreis geht auch durch die Punkte B und C.
Begründung: Alle Punkte, die auf der Mittelsenkrechten m_a liegen, haben von B und C denselben Abstand. So ist m_a ja genau konstruiert. Ebenso haben alle Punkte, die auf der Mittelsenkrechten m_b liegen, denselben Abstand zu den Punkten A und C. Also hat der Punkt M, der auf beiden Geraden liegt, von A, B und C denselben Abstand. Ein Kreis um M, der durch A geht, muss also auch durch B und C gehen.

Drinnen oder draußen? Wo ist der Umkreismittelpunkt?, Seite 79

1 Die drei Mittelsenkrechten schneiden sich alle in einem Punkt. Wenn man das Dreieck im Zugmodus verändert, stellt man fest, dass das immer so ist.

2

Lage von M	Dreiecksform
innerhalb des Dreiecks	Spitzwinklig
auf einer Seite des Dreiecks	Rechtwinklig
außerhalb des Dreiecks	Stumpfwinklig

3 Der Kreis geht auch durch die Punkte B und C.
Begründung: Alle Punkte, die auf der Mittelsenkrechten m_a liegen, haben von B und C denselben Abstand. So ist m_a ja genau konstruiert. Ebenso haben alle Punkte, die auf der Mittelsenkrechten m_b liegen, denselben Abstand zu den Punkten A und C. Also hat der Punkt M, der auf beiden Geraden liegt, von A, B und C denselben Abstand. Ein Kreis um M, der durch A geht, muss also auch durch B und C gehen.

Das Dreieck: Ein Messgerät, Seite 80

1 Der See ist ungefähr 840 m lang.

2 Die Orte sind etwa 4,1 km voneinander entfernt.

3 Der Kölner Dom ist etwa 153 m hoch.
Die Augenhöhe wird vernachlässigt.

4 Ein geeigneter Maßstab ist 1:4000. Dann ist die Basis des Dreiecks etwa 8,5 cm lang. Die Höhe beträgt dann etwa 9,9 cm. Dies entspricht etwa 396 m. Die Kirchturmhöhe ist noch zu addieren.

5 Der Eiffelturm ist etwa 292 m hoch. (14,6 cm)

Winkel an Vierecken, Seite 83

1 α = 56°; β = 124°; γ = 56°; δ = 124°

2 α = 62°; β = 118°; γ = 62°; δ = 118°

3 β = 90°; γ = 132°; δ = 48°

4 α = 120°; β = 55°; γ = 95°

5 α = 110°; β = 60°; γ = 110°; δ = 80°

6 α = 110°; β = 40°; γ = 140°; δ = 70°

7 α = 67,3°; β = 112,7°; $γ_1$ = 27,3°; ε = 70°

8 α = 15°; β = 260°; γ = 15°; δ = 70°

Vierecksknobeleien, Seite 84

1 – **5** 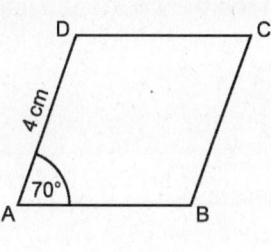 – **2** 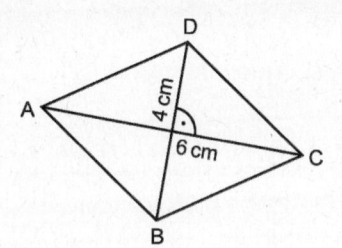 – **6**

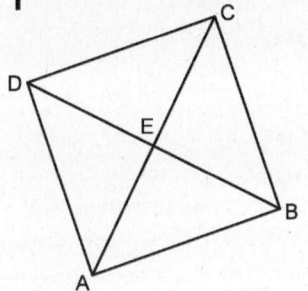

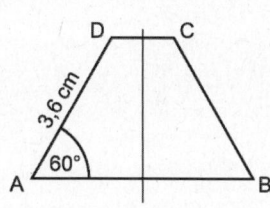

3 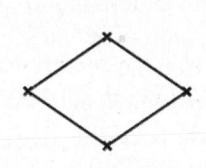 – **7** 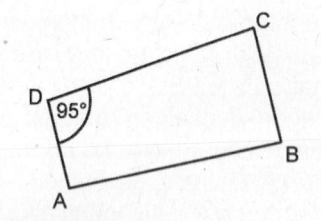 – **4** 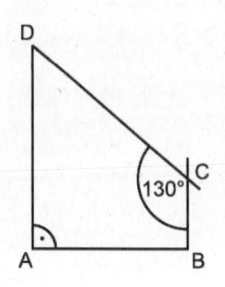 – **8** Es gibt drei Lösungen:

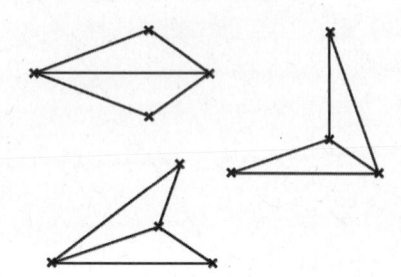

Winkel in regelmäßigen Vielecken, Seite 85

1

n	δ	α	W
3	120°	60°	180°
4	90°	90°	360°
5	72°	108°	540°
6	60°	120°	720°
8	45°	135°	1080°
9	40°	140°	1260°
10	36°	144°	1440°
12	30°	150°	1800°
15	24°	156°	2340°
16	22,5°	157,5°	2520°
18	20°	160°	2880°
20	18°	162°	3240°
24	15°	165°	3960°
n Ecken	360° : n	180° − δ	(n − 2) · 180°

2
a) $\alpha = 120°$ $\beta = 60°$ $\delta = 60°$
b) $\alpha = 108°$ $\beta = 54°$ $\delta = 72°$
c) $\alpha = 135°$ $\beta = 67,5°$ $\delta = 45°$

3
a) Zwölfeck
b) Achteck
c) Ergibt kein regelmäßiges Vieleck
d) Sechseck
e) Siebeneck
f) Zwölfeck

Flächenvergleich – Spielen mit dem Tangram, Seite 86

1
a) Trapez 
b) Rechteck 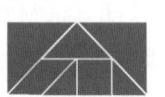
c) Parallelogramm

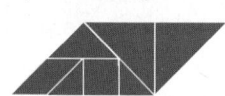

Die Fläche jeder Figur ist 100 cm²

2

3

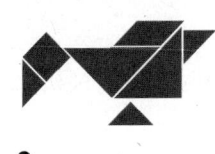

und individuelle Lösungen

Drei und vier Ecken, Seite 87

1 a) x = 9 m; u = 76 m b) x = 6 m; u = 86 m
c) x = 12 m; u = 214 m

2 a) Der Flächeninhalt eines Dreiecks berechnet sich als $A = \frac{1}{2} \cdot g \cdot h$; g ist die Grundseite, h die Höhe des Dreiecks.
Bei den Dreiecken A, C, und E ist die Grundseite jeweils 2a und die Höhe jeweils 2h. Sie haben also denselben Flächeninhalt
$A_A = A_C = A_E = \frac{1}{2} \cdot 2a \cdot 2h = 2ah$.
Das Dreieck D hat die doppelte Grundseite, aber die halbe Höhe, hat also denselben Flächeninhalt
$A_D = \frac{1}{2} \cdot 4a \cdot h = 2ah$.
Es ist halb so groß wie das Dreieck H mit Grundseite 4a und Höhe 2h: $A_H = \frac{1}{2} \cdot 4a \cdot 2h = 4ah$.
Die Dreiecke B und F haben denselben Flächeninhalt, es gilt: $A_B = \frac{1}{2} \cdot a \cdot 2h = ah$ und

$A_F = \frac{1}{2} \cdot 2a \cdot h = ah$. Das Dreieck G ist das kleinste mit dem Flächeninhalt $A_G = \frac{1}{2} \cdot a \cdot h$.
Insgesamt kann man die Figuren wie folgt nach ihrem Flächeninhalt ordnen:
$A_G < A_B = A_F < A_A = A_C = A_D = A_E < A_H$.
b) Der Flächeninhalt eines Parallelogramms ist A = g · h; g ist die Grundseite, h die Höhe des Parallelogramms. Die Parallelogramme A, C, F und H sind gleich groß, da sie die gleiche Grundseite 2a und die gleiche Höhe 2h haben. Ihr Flächeninhalt ist
$A_A = A_C = A_F = A_H = 2a \cdot 2h = 4ah$. Weiterhin sind die Parallelogramme D und G gleich groß (Grundseite 2a, Höhe h): $A_D = A_G = 2a \cdot h$. Ihr Flächeninhalt ist gleich dem des Parallelogramms B (Grundseite a, Höhe 2h): $A_B = a \cdot 2h = 2ah$.
Den größten Flächeninhalt besitzt Figur E (Grundseite 4a, Höhe 2h): $A_E = 4a \cdot 2h = 8ah$.
Insgesamt folgt:
$A_B = A_D = A_G < A_A = A_C = A_F = A_H < A_E$.

3 a) c = 8,1 cm (über die Eigenschaften des gleichschenkligen Dreiecks); A = 49,1 cm²
b) c = 7,4 cm (über die Eigenschaften des „halben" gleichseitigen Dreiecks); A = 61,0 cm²

Noch mehr Ecken, Seite 88

1 a) 1000 cm² b) 1100 cm²
c) 1812,5 cm² d) 1300 cm²

2 etwa 505 m²

3 a) Achteck: A = 1601,6 cm²; u = 145,6 cm
b) Fünfeck: A = 263,5 cm²; u = 62 cm
c) Sechseck: A = 361,1 cm²; u = 70,8 cm

Grundstücke, Seite 89

1 Je nachdem, wie genau die Lernenden messen und ob nur mit ganzen Millimetern gerechnet wird, ergeben sich abweichende Ergebnisse.
Grundstück A: 350 m²; Kosten: 77 000 €
Grundstück B: 292,5 m²; Kosten 64 350 €
Grundstück C: 377,5 m²; Kosten 83 050 €
Grundstück D: 379 m²; Kosten 83 380 €
Grundstück E: 318 m²; Kosten 69 960 €
Grundstück F: 274,5 m²; Kosten 60 390 €
Bauplätze B, E und F kommen in Betracht.

2 a) 513 m² b) 531 m²
c) 576 m² d) 657 m²

3 Bauer Schlüter: 1076 m²
Tauschacker: 1216 m²
Er sollte tauschen.

Vieleck Deutschland, Seite 90

2 Der Flächeninhalt der Figuren beträgt, nachdem man die Maße mithilfe des Maßstabs umgewandelt hat (1 cm entspricht 50 km):
1. Rechteck 95 625 km²;
2. Rechteck 105 000 km²;
1. Parallelogramm 74 700 km²;
2. Parallelogramm 53 125 km²;
1. Trapez 37 000 km²;
2. Trapez 12 500 km²; Dreieck 7500 km².
Die Fläche von Deutschland ist ca. 386 000 km² groß.

Wir bauen einen Quader um (1 bis 3), Seiten 91 bis 93

Man erhält Körper, deren Oberfläche aus Rechtecken oder aus Rechtecken und zwei anderen Flächen besteht. Diese beiden anderen Flächen sind identisch und liegen sich genau parallel gegenüber.

(1)	(...) Die Oberfläche von Körper 1 ist um 14 cm² kleiner als die von Körper 2. Sie beträgt 164 cm². Der Rauminhalt beträgt 168 cm³.
(2)	2 hat den gleichen Rauminhalt wie 1, aber die Oberfläche beträgt 178 cm². Die Oberfläche ist größer, da die Mantelteilflächen, die nun „im" Körper liegen, kleiner sind.
(3)	Die Oberfläche von Körper 3 beträgt 188 cm². 3 hat den gleichen Rauminhalt wie 1 und 2, da die dreieckigen Grundflächen der Ausgangsprismen gleich groß sind (jeweils 12 cm²).
(4)	4 hat den gleichen Rauminhalt wie 3, aber die Oberfläche ist größer, sie beträgt 230 cm².
(5)	Der Rauminhalt des Körpers 5 ist gleich 252 cm³. Er setzt sich zusammen aus dem Rauminhalt des Körpers 1 und der Hälfte des Rauminhalts von Körper 2. Seine Oberfläche ist 282 m² groß.
(6)	6 hat den gleichen Rauminhalt wie 5, da die Grundfläche gleich groß ist. Auch der Oberflächeninhalt von 6 ist der gleiche wie der von 5, da der Umfang der Grundfläche ebenfalls gleich geblieben ist.
(7)	Der Körper 7 hat die gleiche Grundfläche und somit den gleichen Rauminhalt wie die Körper 5 und 6 (252 cm³). Seine Oberfläche ist um 14 cm² größer als die von Körper 5 und 6 (296 cm²).
(8)	Auch hier ist der Rauminhalt gleich geblieben (252 cm³). Die Oberfläche ist um 42 cm² kleiner als die von Körper 7 (254 cm²).

Netz und Oberfläche eines Prismas, Seite 94

Die Teilflächen 1, 3, 4, 5, 6, 14 und 17 ergeben z.B. ein Prisma. Nur Grund- und Deckfläche dürfen aus Nichtrechtecken bestehen, müssen aber kongruent sein. Deshalb können die Teilflächen 9 und 16 nicht zu **einem** Prisma gehören.

Prisma oder kein Prisma? – Aufgaben zum Knobeln, Seite 95

Prismen: Figur 1, 2 und 8
Figur 3: kein Prisma (Grund- und Deckfläche nicht kongruent)
Figur 4: kein Prisma (Grund- und Deckfläche nicht parallel)
Figur 5: kein Prisma (Antiprisma)
Figur 6: kein Prisma (Es gibt keine parallele Grund- und Deckfläche)
Figur 7: kein Prisma (Grund- und Deckfläche nicht parallel)

Netze von Prismen, Seite 96

Prismen ergeben Figur 1, 3, 5, 6, 7 und 8.
Prismenkörper, die sich durch Ergänzung der Netze, ergeben (Skizzen!):

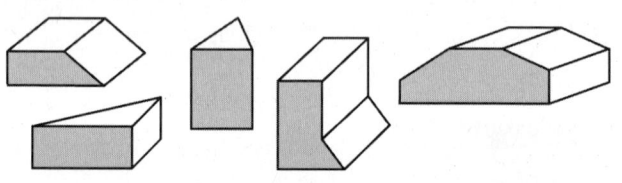

Körper 6 kann unterschiedliche Gestalt haben.

Oberflächenterme von Prismen, Seite 97

Körper 1 $O = 2ab + (2a + 2b)c$
$O = 2(ab + bc + ac)$

Körper 2 $O = 2\frac{a+c}{2}b + (a + b + 2c)a$
$O = ab + bc + a^2 + ab + 2ac$

Körper 3 $O = 2\frac{bc}{2} + a(a + b + c)$
$O = bc + a^2 + ab + ac$
$O = \frac{bc}{2} + \frac{bc}{2} + a^2 + ac + ab$

Leitidee Daten und Zufall

Übernachtungen im Alpenhotel, Seite 98

In der Nacht vom 27.12. auf 28.12. übernachteten die meisten Gäste.

	A	B	C	D
1	Ankünfte u. Abreisen im Alpenhotel 18.12. bis 10.01.			
2	Datum	Ankunft	Abreise	Übernachtung
3	18.12.	9	0	9
4	19.12.	10	0	19
5	20.12.	18	6	31
6	21.12.	28	3	56
7	22.12.	31	3	84
8	23.12.	27	4	107
9	24.12.	19	8	118
10	25.12.	22	3	137
11	26.12.	21	2	156
12	27.12.	20	4	172
13	28.12.	8	16	164
14	29.12.	4	8	160
15	30.12.	6	9	157
16	31.12.	2	13	146
17	01.01.	1	17	130
18	02.01.	3	11	122
19	03.01.	3	16	109
20	04.01.	2	14	97
21	05.01.	3	18	82
22	06.01.	2	34	50
23	07.01.	1	30	21
24	08.01.	0	5	16
25	09.01.	0	6	10
26	Größte Übernachtungszahl aus Liste:			172

Zusatzaufgabe
mögliche Lösung:
Stationäre Aufnahmen und Entlassungen in der Zeit vom 01. bis 22.06

Datum	Aufnahme	Entlassung	stationärer Aufenthalt
01.06.	3	0	3
02.06.	5	2	6
03.06.	8	1	13
04.06.	4	3	14
05.06.	9	5	18
07.06.	11	4	25
08.06.	7	6	26
09.06.	13	3	36
10.06.	7	1	42
11.06.	1	2	41
12.06.	0	4	37
13.06.	8	7	38
14.06.	11	3	46
15.06.	8	2	52
16.06.	4	9	47
17.06.	8	11	44
18.06.	0	4	40
19.06.	4	3	41
20.06.	3	5	39
21.06.	7	6	40
22.06.	5	8	37
grösste Zahl stationärer Patienten:			52

Geheimschrift, Seite 100

	Häufigkeit		Häufigkeit		Häufigkeit
A	3	J	0	S	5
B	20	K	3	T	8
C	2	L	5	U	4
D	7	M	8	V	14
E	9	N	4	W	7
F	16	O	10	X	14
G	2	P	44	Y	18
H	4	Q	1	Z	0
I	0	R	16		

1. P: 44 von 224 ≈ 0,196 → E
2. B: 20 von 224 ≈ 0,089 → N
3. Y: 18 von 224 ≈ 0,080 → R oder I
4. F: 16 von 224 ≈ 0,071 → I oder S

Der Originaltext:

Die Wissenschaft der Geheimschrift ist schon mehrere tausend Jahre alt. Zu allen Zeiten bemühten sich die Menschen wichtige Botschaften zu verschlüsseln, damit sie kein Unbefugter lesen konnte. Bis heute werden immer wieder neue Verfahren der Codierung entwickelt.

In Schöndorfhausen, Seiten 101 und 102

1

1 200 000 (3)	49 000 (4)	35 000 (5)	20 000 (7)	16 000 (2)
Pro Kopf: 400 000	Pro Kopf: 12 250	Pro Kopf: 7000	Pro Kopf: ≈ 2857	Pro Kopf: 8000
150 000 (5)	45 000 (2)	32 000 (3)	18 000 (3)	14 000 (1)
Pro Kopf: 30 000	Pro Kopf: 22 500	Pro Kopf: ≈ 10 667	Pro Kopf: 6000	Pro Kopf: 14 000
86 000 (4)	42 000 (2)	29 000 (3)	18 000 (8)	13 000 (4)
Pro Kopf: 21 500	Pro Kopf: 21 000	Pro Kopf: ≈ 9667	Pro Kopf: 2250	Pro Kopf: 3250
60 000 (1)	38 000 (4)	26 000 (4)	18 000 (4)	11 000 (1)
Pro Kopf: 60 000	Pro Kopf: 9500	Pro Kopf: 6500	Pro Kopf: 4500	Pro Kopf: 11 000
51 000 (3)	37 000 (3)	24 000 (4)	16 000 (3)	10 000 (2)
Pro Kopf: 17 000	Pro Kopf: ≈ 12 333	Pro Kopf: 6000	Pro Kopf: ≈ 5333	Pro Kopf: 5000

2 a) Arithmetisches Mittel: 82 320
Zentralwert: 29 000 (13. Rang)
Häufigster Wert: 18 000 (dreimal)
b) Die weinigen sehr hohen Einkommen führen dazu, dass das arithmetische Mittel unverhältnis-

mäßig hoch ist. Im Gegensatz dazu ist der Zentralwert gegenüber diesen Ausreißern unempflindlich.
c) Kann man so nicht sagen, am besten wäre es, mehrere Werte zu vergleichen.

3 a) Dazu muss erst das Pro-Kopf-Einkommen mit zugehöriger Personenzahl in eine Rangliste gebracht werden. Dann werden die Personen addiert, deren Pro-Kopf-Einkommen kleiner/gleich 22 500 Talern ist.
Ergebnis: 76 Einwohner, also etwa 90% der Bevölkerung von Schöndorfhausen.
b) Er hat anstelle des Pro-Kopf-Einkommens der Einwohner das Jahreseinkommen der Familien betrachtet (35 von 85 Personen).

4 ein möglicher Brief:
Lieber Herr Kluge! Sie haben sich mit der Einschätzung der Einkommenslage in Schöndorfhausen schwer getan. Das ist verständlich, wenn man nicht über sämtliche Informationen verfügt. Scheinbar kennen sie sich mit Statistik wenig aus. So war es ein Leichtes, sie in die Irre zu führen bzw. sie bewusst zu täuschen. In Schöndorfhausen kann man aufgrund der großen Streuung (Spannweite) keine verlässlichen Aussagen über den Datensatz machen. Alle Aussagen, die sie erhalten haben, waren richtig. Doch jede Person, die ihnen Auskunft gab, hat den Kennwert herausgegriffen, der am besten zur persönlichen Argumentationsabsicht passte. Bei kleinen Datenmengen ist es am sinnvollsten, sich die Ur- bzw. Rangliste anzusehen. Bei größeren Datenmengen sollte man zumindest alle Kennwerte betrachten und sich die jeweiligen Vor- und Nachteile bewusst machen.

Wohin mit dem Kakao, Seite 103

1 a) Kakaodepot bei Klasse 5a:
$2 \cdot 18\,m = 36\,m$

b) Kakaodepot 1 m links von der 5b:
$2 \cdot 1\,m + 2 \cdot 17\,m = 36\,m$

Da in den weiteren Aufgaben keine festen Standorte vorgegeben sind, werden hier beispielhaft verschiedene Rechnungen zur Veranschaulichung angeführt.

2 Kakao für die Klassen 5a, 5b und 6a:
Kakaodepot bei Klasse 5a:
$2 \cdot 18\,m + 2 \cdot (18\,m + 16\,m) = 104\,m$
Kakaodepot bei Klasse 5b:
$2 \cdot 18\,m + 2 \cdot 16\,m = 68\,m$
Kakaodepot bei Klasse 6a:
$2 \cdot 16\,m + 2 \cdot (16\,m + 18\,m) = 100\,m$
Kakaodepot 3 m rechts von der 5a:
$2 \cdot 3\,m + 2 \cdot 15\,m + 2 \cdot (15\,m + 16\,m) = 98\,m$
Kakaodepot 2 m links von der 5b:
$2 \cdot 16\,m + 2 \cdot 2\,m + 2 \cdot (2\,m + 16\,m) = 72\,m$

3 Kakao für die Jahrgangsstufen 5 und 6:
Kakaodepot bei Klasse 5a:
$2 \cdot 18\,m + 2 \cdot (18\,m + 16\,m) + 2 \cdot (18\,m + 16\,m + 3\,m)$
$= 178\,m$
Kakaodepot bei Klasse 5b:
$2 \cdot 18\,m + 2 \cdot 16\,m + 2 \cdot (16\,m + 3\,m) = 106\,m$
Kakaodepot bei Klasse 6a:
$2 \cdot 16\,m + 2 \cdot (16\,m + 18\,m) + 2 \cdot 3\,m = 106\,m$
Kakaodepot bei Klasse 6b:
$2 \cdot 3\,m + 2 \cdot (16\,m + 3\,m) + 2 \cdot (3\,m + 16\,m + 18\,m)$
$= 118\,m$
Kakaodepot 2 m links von der 5b:
$2 \cdot 16\,m + 2 \cdot 2\,m + 2 \cdot (2\,m + 16\,m)$
$+ 2 \cdot (2\,m + 16\,m + 3\,m) = 114\,m$
Kakaodepot 1 m links von der 6a:
$2 \cdot 15\,m + 2 \cdot (15\,m + 18\,m) + 2 \cdot 1\,m$
$+ 2 \cdot (1\,m + 3\,m) = 106\,m$
Kakaodepot 2 m links von der 6a:
$2 \cdot 14\,m + 2 \cdot (14\,m + 18\,m) + 2 \cdot 2\,m$
$+ 2 \cdot (2\,m + 3\,m) = 106\,m$
Kakaodepot 3 m links von der 6a:
$2 \cdot 13\,m + 2 \cdot (13\,m + 18\,m) + 2 \cdot 3\,m$
$+ 2 \cdot (3\,m + 3\,m) = 106\,m$

Manche Schüler/innen werden nicht verstehen, warum die Gesamtwege von der 5a und der 6b, also den Klassen, die ganz außen liegen, nicht gleich lang sind. Vergleicht man die Rechnungen, fällt auf, dass der längste Teilweg (von 5a zur 6b und umgekehrt) jeweils gleich lang ist. Die Teilstrecken von der 5a zu den mittleren Klassenzimmern sind jedoch länger als die Teilstrecken von der 6b zu den mittleren Klassenzimmern. In der Skizze sieht man, dass die Striche, die die Zimmertüren der 6a und der 5b symbolisieren, näher an der 6b liegen als an der 5a. Somit muss der Gesamtweg von der 5a länger als der Gesamtweg von der 6b sein.

4 Kakao für die Jahrgangsstufen 5, 6 und 7:
Kakaodepot bei Klasse 5a: 568 m
Kakaodepot bei Klasse 7a: 324 m
Kakaodepot bei Klasse 5b: 388 m
Kakaodepot bei Klasse 7b: 354 m
Kakaodepot bei Klasse 6a: 292 m
Kakaodepot bei Klasse 7c: 524 m
Kakaodepot bei Klasse 6b: <u>286 m</u>

5 Vorschlag 1:
Man lagert den Kakao *direkt* an den Klassenzimmertüren. Diese stehen für Ränge innerhalb einer Rangwertreihe. Ist die Anzahl der belieferten Klassen ungerade, entspricht die „mittlere Klassenzimmertür", also die $\frac{(n+1)}{2}$-te Klassenzimmertür dem günstigsten Standort. Das besagt die Minimierungseigenschaft des Zentralwertes für eine ungerade Anzahl an Merkmalsausprägungen (hier: die Türen). Ist die Anzahl der belieferten Klassen gerade, sind

es die mittleren beiden Klassenzimmertüren, also die $\frac{n}{2}$-te und $\left(\frac{n}{2}+1\right)$-te Klassenzimmertür, die sich als günstigste Standorte anbieten.

Vorschlag 2:
Lagert man den Kakao *nicht direkt* an den Klassenzimmertüren, sondern x m davon entfernt, muss unterschieden werden: Ist die Anzahl der belieferten Klassen ungerade, gibt es keinen Standpunkt, der so günstig wäre, wie die eine mittlere Klassenzimmertür. Je stärker sich der Lagerungsort der mittleren Tür annähert, umso günstiger fällt er aus. Ist die Anzahl der belieferten Klassen gerade und wird der von einer Klassenzimmertür abweichende Standort zwischen den mittleren Türen platziert, ist dieser Standort genauso günstig bzw. kurz wie die mittleren Türen. Wenn es nun aber darum geht, dass der Kakao nicht direkt an den Klassenzimmertüren deponiert werden soll, sind ausnahmsweise nur Lagerungsmöglichkeiten zwischen den beiden mittleren Türen möglich. Wird der Standort bei einer geraden Anzahl an zu beliefernden Klassen (mehr als zwei) außerhalb der mittleren Türen gewählt, wird die Wegstrecke in jedem Fall größer!

Der Weitsprungwettbewerb, Seite 108

a)

Rangplatz	1	2	3	4	5	6	7	8	9	10	11	12	13
Weite in m	4,50	4,10	4,00	3,90	3,85	3,65	3,60	3,60	3,55	3,55	3,45	3,40	3,35

Rangplatz	14	15	16	17	18	19	20	21	22	23	24	25
Weite in m	3,20	3,20	3,15	3,10	3,10	3,05	3,00	2,98	2,95	2,94	2,85	2,70

b)

Minimum	Maximum	Spannweite	unteres Quartil	Zentralwert	oberes Quartil	Mittelwert
2,70 m	4,50 m	1,80 m	3,05 m	3,35 m	3,60 m	3,39 m

c) Ungefähr die Hälfte der Schülerinnen ist mindestens 3,05 m und höchstens **3,60 m** weit gesprungen.
Ungefähr die Hälfte der Schülerinnen ist mindestens **3,35 m** weit gesprungen.
d) Ungefähr 75% der Schülerinnen sind weiter als 3,60 m gesprungen. Sie Aussage stimmt nicht, denn 25% sind weiter gesprungen.

Ungefähr 50% der Schülerinnen sind höchstens 3,35 m gesprungen. Die Aussage ist richtig, denn der Zentralwert liegt bei 3,35 m.
Ungefähr 50% der Schülerinnen sind mindestens 3,35 m gesprungen. Die Aussage ist richtig, denn der Zentralwert liegt bei 3,35 m.
e) Eine Schülerin sagt: „Ungefähr ein Viertel der Schülerinnen ist nicht so weit wie ich gesprungen." Wie weit ist sie gesprungen? **3,10 m (3,05 m)**

Taschengeld und Hausaufgaben, Seite 109

1 a)

Minimum	unteres Quartil	Zentralwert	oberes Quartil	Maximum	Spannweite
0	10	20	40	60	60

b)

Schüler/in	1	2	3	4	5	6	7	8	9	10	11	12	13	14	15	16	17	18	19	20	21	22	23
Euro	0	5	10	10	10	10	15	15	20	20	20	20	20	25	25	30	30	40	40	40	40	40	60

c)
- 26,1%
- 17,4%

- 87%
- 26,1%

2 a)

Minimum	unteres Quartil	Zentralwert	oberes Quartil	Maximum	Spannweite
2	5	7	11	14	12

b) eine mögliche Verteilung:

Schüler/in	1	2	3	4	5	6	7	8	9	10	11	12	13	14	15	16	17	18	19	20	21	22	23
Stunden	2	3	3	4	5	5	5	6	6	6	7	7	8	10	10	10	11	11	12	12	12	14	14

Mittelwert: 7,96

d) Verteilung mit dem größten Mittelwert

Schüler/in	1	2	3	4	5	6	7	8	9	10	11	12	13	14	15	16	17	18	19	20	21	22	23
Stunden	2	5	5	5	5	5	7	7	7	7	7	7	11	11	11	11	11	11	14	14	14	14	14

größtmöglicher Mittelwert: 8,91

e) Verteilung mit dem kleinsten Mittelwert

Schüler/in	1	2	3	4	5	6	7	8	9	10	11	12	13	14	15	16	17	18	19	20	21	22	23
Stunden	2	2	2	2	2	5	5	5	5	5	5	7	7	7	7	7	7	11	11	11	11	11	14

kleinstmöglicher Mittelwert: 6,57

Klassenarbeit, Seite 110

Am Maximum und Minimum kann man die schlechteste und die beste Note ablesen.
Je niedriger der Zentralwert, desto mehr Schülerinnen und Schüler haben gute Noten.
Liegt die Note im unteren Quartil gehört man zur Leistungsspitze, liegt man mit der Note in der zentralen Hälfte, gehört man zum Mittelfeld.

1 Mögliche Lösung:

Note	1	1⁻	1–2	2⁺	2	2⁻	2–3	3⁺	3	3⁻	3–4
Häufigkeit	1	2		2	3	1		2	5		
Zwischensumme	1	3		5	8	9		11	16		

Note	4⁺	4	4⁻	4–5	5⁺	5	5⁻	5–6	6⁺	6
Häufigkeit	3	2	2		1	2				1
Zwischensumme	19	21	23		24	26				27

2

Mittelwert	Zentralwert	Minimum	unteres Quartil	oberes Quartil	Maximum	Spannweite
3,2	3	1	2	4	6	5

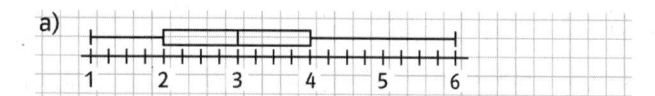

a) [Boxplot von 1 bis 6 mit Box von 2 bis 4, Median bei 3]

b) Die Hälfte der Schülerinnen und Schüler hat Noten zwischen einer 2 und einer 4.

Mindestens $\frac{1}{4}$ der Schülerinnen und Schüler hat eine Note „2" und besser.

Mindestens $\frac{1}{4}$ der Schülerinnen und Schüler hat Note „4" und schlechter.

PISA, Seite 111

1

	A	B	C	D	E
1	OECD-Länder				
2	Finnland	544			
3	Korea	542			
4	Niederlande	538		Minimum	383
5	Japan	534		Unteres Quartil	490
6	Kanada	532		Median	506
7	Belgien	529		Oberes Quartil	524
8	Schweiz	527		Maximum	544
9	Australien	524		Spannweite	161
10	Neuseeland	523		Mittelwert:	499,551724
11	Tschechien	516			
12	Island	515			
13	Dänemark	514			
14	Frankreich	511			
15	Schweden	509			
16	Österreich	506			
17	Deutschland	503			
18	Irland	503			
19	Slowakei	498			
20	Norwegen	495			
21	Luxemburg	493			
22	Polen	490			
23	Ungarn	490			
24	Spanien	485			
25	USA	483			
26	Italien	466			
27	Portugal	466			
28	Griechenland	445			
29	Türkei	423			
30	Mexiko	383			

Platz 16
Im dritten Viertel.
Finnland, Niederlande, Belgien, Schweiz
Beide sind richtig.
Beim Vergleich der Mittelwerte profitieren die Schülerinnen und Schüler in Deutschland vom „schlechten" Abschneiden einiger OECD-Länder. Der Median ist jedoch unempfindlich gegenüber diesen „Ausreißern".

2

Bundesland	Rangplatz
Bayern	5
Sachsen	9
Baden-Württemberg	13

Platz im 1. Abschnitt	Platz im 2. Abschnitt	Platz im 3. Abschnitt	Platz im 4. Abschnitt
BY	BW	BB	B
	SN	HE	HB
	TH	MV	HH
		NI	NW
		RP	
		SL	
		SA	
		SH	

Perzentilbänder, Seite 112

Die besten 5% der Schülerinnen und Schüler aus den beiden Ländern erzielten jeweils mindestens ungefähr **670** Punkte, die besten 10% ungefähr **640** Punkte oder mehr. Mehr als ca. **580** Punkte wurden in **Deutschland** von einem Viertel der 15-Jährigen erreicht.
5% der Schülerinnen und Schüler in **Deutschland** erreichten weniger als ungefähr **330** Punkte, 10% weniger als ca. **370** Punkte.
Ungefähr 440 Punkte wurden von **25%** der in **Deutschland** Getesteten nicht erreicht.
In Dänemark sieht das ganz anders aus:
95% der 15-Jährigen hatten mindestens ungefähr **360** Punkte, 90% ungefähr **400** Punkte oder mehr. Mindestens ca. 455 Punkte wurden von **75%** der Teilnehmerinnen und Teilnehmer erreicht.
Gemeinsamkeiten und Unterschiede
Die Leistungsstarken in Dänemark und Deutschland erzielten fast die identische Leistungen. Die Leistungsschwächeren in Deutschland schnitten jedoch wesentlich schlechter ab als die Leistungsschwächeren in Dänemark.
Sollen bildungspolitische Entscheidungen getroffen werden, sind solche detaillierten Ergebnisse notwendig. Die Perzentilbänder können dies leisten. Ein alleiniger Vergleich der Mittelwerte nicht.

Übergreifendes Übungsmateriel

Kopfrechenblatt 1, Seite 120

1 a) −30; −2 b) −2; −20
c) −6; −74 d) 6; 6
e) −2,6; −2,9 f) −11,2; −0,7
g) 15,5; −15,5 h) $-\frac{3}{10}$; $-3\frac{7}{24}$

2 a) 11 b) 2,2 c) 0,13

3 a) −5,4 b) $-\frac{3}{4}$ c) −1,8

4 a) −1 b) −7,3 c) 7,8

5 >; =; <; >; <

Knack-die-Nuss-Ecke
a) 0,4; 0; −0,4 b) 0,6; −0,3

Kopfrechenblatt 2, Seite 121

1 a) 3; −19; −3; −8
b) −0,8; −0,9; 3,6; −0,9
c) −3,6; 8,1; 0,8; 0,9
d) −2,4; −0,48; −0,18; −1,2
e) −100; −30; −50; 2

2

·	−3	−10	0,2	−2
−2	6	20	−0,4	4
2,2	−6,6	−22	0,44	−4,4

3 −1; −1; −1

Knack-die-Nuss-Ecke
a) 0 b) 7,4 c) −5
d) 0,5 e) $\frac{2}{3}$ f) $-\frac{1}{5}$
g) $-\frac{1}{4}$

Kopfrechenblatt 3, Seite 122

1 a) 2,8; −1 b) −0,18; 2,4
c) −1,6; 5,4 d) 1,6; −6
e) −16; −6,6

2 a) 1 b) −11,4 c) 80°
d) $-2\frac{1}{4}$; −2,2; −2; 0; $0,\overline{3}$; 1,1

3
a) Additionsmauer

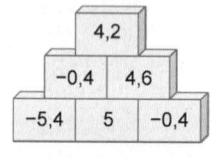

```
        4,2
    −0,4    4,6
 −5,4    5    −0,4
```

b) Subtraktionsmauer

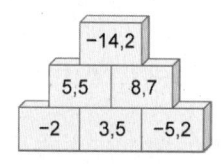

```
        −14,2
     5,5     8,7
  −2    3,5    −5,2
```

c) Multiplikationsmauer

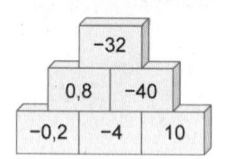

```
         −32
      0,8    −40
   −0,2   −4    10
```

4

	α	β	γ	Dreiecksart
a)	120°	30°	30°	gleichschenklig
b)	60°	60°	60°	gleichseitig
c)	45°	90°	45°	rechtwinklig-gleichschenklig
d)	50°	80°	50°	gleichschenklig

Knack-die-Nuss-Ecke
a) mal; geteilt; minus b) keine Lösung
c) mal; minus d) mal; minus
e) mal; minus; geteilt f) geteilt

Kopfrechenblatt 4, Seite 123

1 a) −18; −18x; −6; −6y
b) −1; −a; −0,7; 3,4x − 4,1y

c) −5,6; −5,6xy; 0,8; −2,4ax + 3,2az
d) −6; −6x; 12,3; 0,6ab
e) 3^4; x^4; $2^2 \cdot 4^2$; $a^2 \cdot x^2$

2

x	4	0,4	−4	−1
x^2	16	0,16	16	1
2x	8	0,8	−8	−2
x + 2	6	2,4	−2	1
$\frac{x}{2}$	2	0,2	−2	−0,5

3 a)

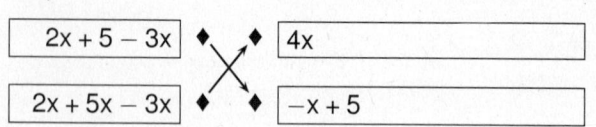

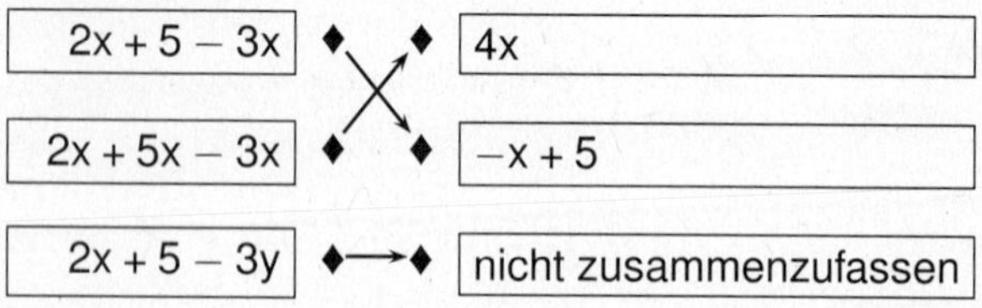

2x + 5 − 3x	✦→✦	4x
2x + 5x − 3x	✦→✦	−x + 5
2x + 5 − 3y	✦→✦	nicht zusammenzufassen

(2x + 5 − 3x → −x + 5; 2x + 5x − 3x → 4x; 2x + 5 − 3y → nicht zusammenzufassen)

b)

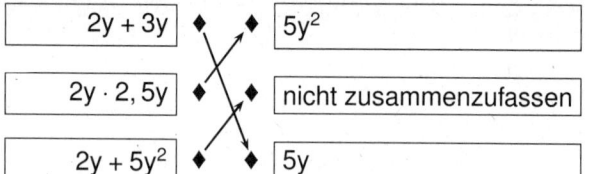

2y + 3y	✦→✦	$5y^2$
2y · 2,5y	✦→✦	nicht zusammenzufassen
$2y + 5y^2$	✦→✦	5y

(2y + 3y → 5y; 2y · 2,5y → $5y^2$; $2y + 5y^2$ → nicht zusammenzufassen)

Knack-die-Nuss-Ecke
a) −5y b) 4y
c) −0,4xy − 0,6ax d) −5a
e) $-4,8x^2 + 1,4x$ f) ab

Kopfrechenblatt 5, Seite 124

1 a) −6; −6a; −18; $-12y - 6y^2$
b) −2; −2a; −7,5; $-7,5x^2$
c) 0,12; 1,2xy; −4,8; $-4,8a^2x$

2 a) 2x + 6; −2x + 3 b) 9x − 6y; 2x − 3
c) 2x + 3ax; −3x − 2y

3 a) 4(x + 1) b) 4(x + y) c) 2x(3 − 4y)

4 a)

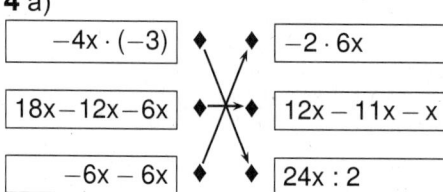

−4x · (−3)	✦→✦	−2 · 6x
18x − 12x − 6x	✦→✦	12x − 11x − x
−6x − 6x	✦→✦	24x : 2

(−4x · (−3) → 12x − 11x − x; 18x − 12x − 6x → 24x : 2; −6x − 6x → −2 · 6x)

b)

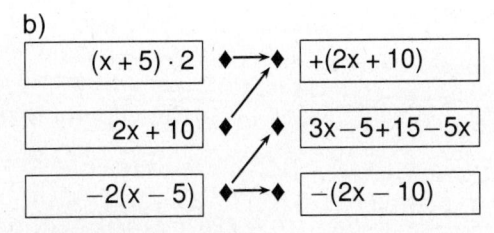

$(x+5) \cdot 2$ ⟷ $+(2x+10)$

$2x+10$ ⟷ $3x-5+15-5x$

$-2(x-5)$ ⟷ $-(2x-10)$

Knack-die-Nuss-Ecke

1 a) $-5x$ b) $10y$
c) $-0,8y$ d) $4xz-4xy$
e) $3-6y^2$ f) $-2a(3a-4x)$

2 $\alpha = 60°$; $\gamma = 150°$; $\delta = 30°$; $\varepsilon = 90°$

Kopfrechenblatt 6, Seite 125

1 a) $-5x$; $9x$; $-0,8x^2-3x$; $-0,8x^2+3x$
b) $6x-4y$; $-6x+4y$; $6a^2+3a-3ay$
$-6a^2-3a+3ay$; $6xy-8y^2$; $24xy^2$
c) $-3x+2y$; $-3x-6y$; $-a+b$; $-a-5b$

2 a) 135; 135°   b) 140; 70°

3 a) -10; $-2,1$; $-\frac{1}{4}$ b) $-4,2$; $0,6$; $-\frac{2}{5}$
c) -4; 40; -5

Knack-die-Nuss-Ecke
a) $-12-2x = -16$ (2)
b) $6-x = 2x+12$ (-2)
c) $x = 4x$ (0)

Kopfrechenblatt 7, Seite 126

1 a) 4; −2   b) 7; 0   c) 2; −9

2 a) 5,6 €   b) 25 h
c) 12 h   d) 90 €

3 a)

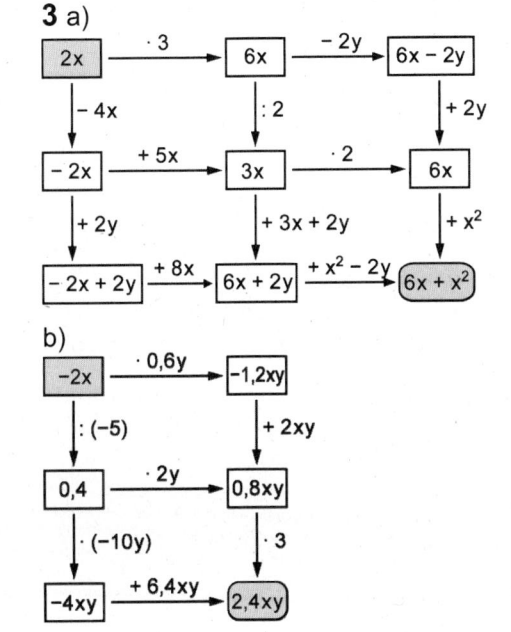

$2x \xrightarrow{\cdot 3} 6x \xrightarrow{-2y} 6x-2y$
$\downarrow -4x \quad \downarrow :2 \quad \downarrow +2y$
$-2x \xrightarrow{+5x} 3x \xrightarrow{\cdot 2} 6x$
$\downarrow +2y \quad \downarrow +3x+2y \quad \downarrow +x^2$
$-2x+2y \xrightarrow{+8x} 6x+2y \xrightarrow{+x^2-2y} 6x+x^2$

b)

$-2x \xrightarrow{\cdot 0,6y} -1,2xy$
$\downarrow :(-5) \quad \downarrow +2xy$
$0,4 \xrightarrow{\cdot 2y} 0,8xy$
$\downarrow \cdot(-10y) \quad \downarrow \cdot 3$
$-4xy \xrightarrow{+6,4xy} 2,4xy$

4 a) proportional; 1,4 statt 1,6 und 0,4 statt 0,6
b) umgekehrt proportional; 6,4 statt 4,8 und 0,16 statt 16

Knack-die-Nuss-Ecke
a) $2xy+2x$; $4x^2y$; $2xy-2x$; $2xy+2$
b) $4x^2+3x$; $4x^2-3x$; $12x^3$; $7x^2$
c) $10a-2$; $5a$; $8a$; $20a$

Fitnesstest 1, Seite 127

1 a) richtig: $1-(-10) = 11$
b) falsch: $-10-(-1) = -9$

2 a) −; −   b) −; +
c) −; −   d) −; +
e) −; +   f) −; −

3 $1\frac{1}{2} > 1 > -1\frac{1}{4} > -1,4 > -1\frac{1}{2} > -2,3 > -4 > -10$

4 a)

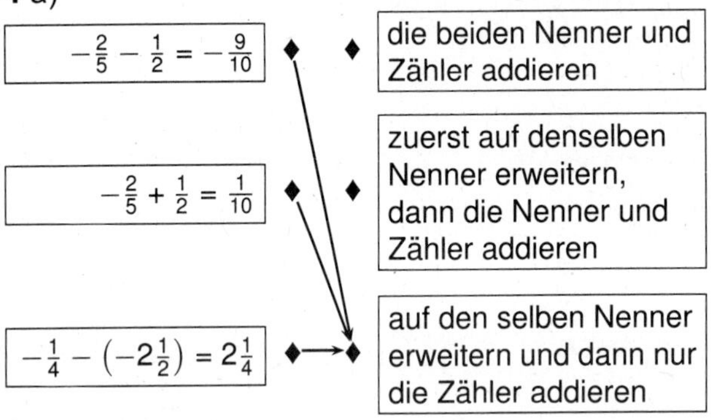

$-\frac{2}{5} - \frac{1}{2} = -\frac{9}{10}$ ⟷ die beiden Nenner und Zähler addieren

$-\frac{2}{5} + \frac{1}{2} = \frac{1}{10}$ ⟷ zuerst auf denselben Nenner erweitern, dann die Nenner und Zähler addieren

$-\frac{1}{4} - \left(-2\frac{1}{2}\right) = 2\frac{1}{4}$ ⟷ auf den selben Nenner erweitern und dann nur die Zähler addieren

b) 2,4; 11,4; 19,1

5 6,1

6 a) 20; 2; −20; −200
b) −20,4; −12; −12; 20,4

Knack-die-Nuss-Ecke
a) $-131,45$
b) $-50+10-2,68$; $2 \cdot (21,34)$; $7,32 - (100:2)$

Fitnesstest 2, Seite 128

1 über Stufen- und Wechselwinkel

2

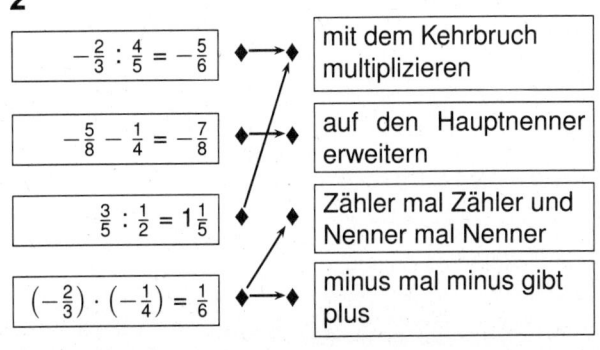

$-\frac{2}{3} : \frac{4}{5} = -\frac{5}{6}$ ⟷ mit dem Kehrbruch multiplizieren

$-\frac{5}{8} - \frac{1}{4} = -\frac{7}{8}$ ⟷ auf den Hauptnenner erweitern

$\frac{3}{5} : \frac{1}{2} = 1\frac{1}{5}$ ⟷ Zähler mal Zähler und Nenner mal Nenner

$\left(-\frac{2}{3}\right) \cdot \left(-\frac{1}{4}\right) = \frac{1}{6}$ ⟷ minus mal minus gibt plus

3 a) $-134,66$ b) $-19,6$
c) $23,836$ d) $-2,744$

4 Gleichseitig. Alle Winkel 60°; alle Seiten gleich lang; Höhen = Winkelhalbierende = Mittelsenkrechte; achsensymmetrisch

Knack-die-Nuss-Ecke

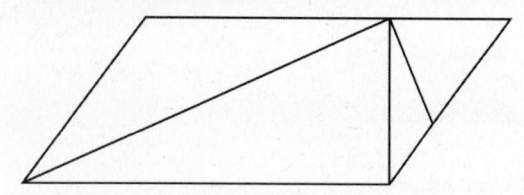

Fitnesstest 3, Seite 129

1 Unmöglich. Es muss $c + b > a$ gelten.

2 a) – b) – c) –

3 a) 280,14 b) –28,014 c) –2801,4

4 a) –7; 70; –0,7
b) –0,48; –0,48; 0,48
c) –5,4; 3; 0

5 a) Punkt vor Strich nicht beachtet; –8
b) $(-8-(-3)) \cdot 4 - 12$

Knack-die-Nuss-Ecke
a) 135° b) 125°

Fitnesstest 4, Seite 130

1 a) 18
b) Es wurde von links nach rechts gerechnet (30); nach der Punktrechnung wurde nicht von links nach rechts gerechnet (6).

2 a) –9,9 b) –29

3

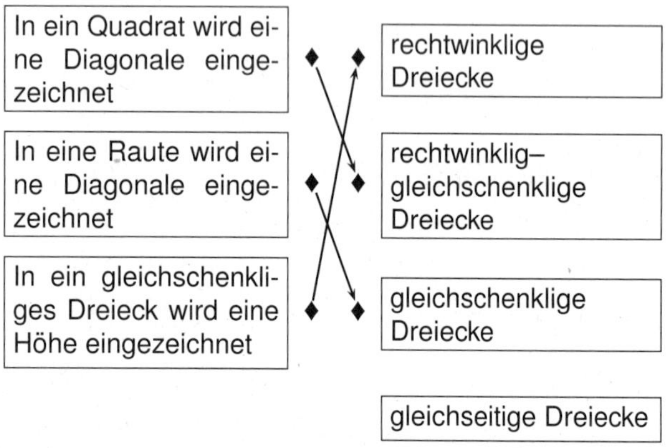

In ein Quadrat wird eine Diagonale eingezeichnet	rechtwinklige Dreiecke
In eine Raute wird eine Diagonale eingezeichnet	rechtwinklig-gleichschenklige Dreiecke
In ein gleichschenkliges Dreieck wird eine Höhe eingezeichnet	gleichschenklige Dreiecke
	gleichseitige Dreiecke

(Zuordnung: 1→rechtwinklig-gleichschenklige; 2→rechtwinklige; 3→gleichschenklige)

4 Wenn sie bei gleicher Einsetzung denselben Wert haben. $3x$ und $x + x + x$.

Knack-die-Nuss-Ecke
3 Möglichkeiten: x bzw. 2x bzw. 3x bilden eine Seite. Der Umfang u ist immer 12x.

Fitnesstest 5, Seite 131

1 Gleiche Variable dürfen subtrahiert werden.

2 a) 378,23 b) ≈1,37 c) 77,47

3

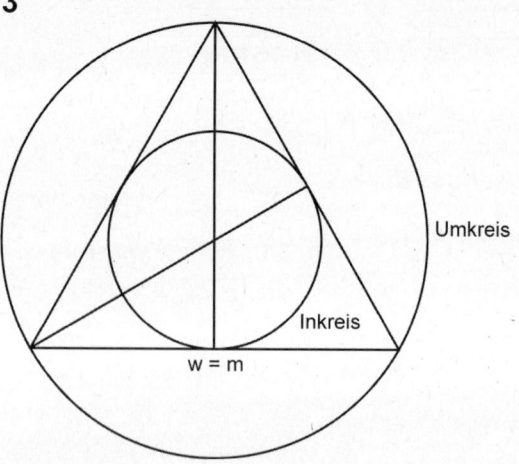

Der Höhenschnittpunkt fällt mit den Schnittpunkten der Mittelsenkrechten und der Winkelhalbierenden zusammen.
Im gleichseitigen Dreieck fallen alle besonderen Linien zusammen.

4 a) 180°; 180°; gleich groß; gleich groß.
b) Stufenwinkel: δ und β
Nebenwinkel: α und γ
Scheitelwinkel: ε und δ

Knack-die-Nuss-Ecke
1 a) T_2 b) T_1
c) 2 d) $x < 2$

Fitnesstest 6, Seite 132

1 a) Positiv, es dürfen mehr Verlustmarken weggegeben werden, als Verlustmarken vorhanden sind.
b) Negativ, es kommen noch weitere Verlustmarken dazu.

2 a) –381,88 b) –8,928 c) $48,\overline{6}$

3 $\beta = \alpha = 90°$ (Wechselwinkel)
$\gamma = 180° - 90° - 40° = 50°$ (Winkelsumme im Dreieck)
$\delta = 180° - 40° = 140°$ (Der Nebenwinkel zu δ ist gleichzeitig der Stufenwinkel zum Winkel bei Punkt B.) ε kann nicht berechnet werden, da er zu keinem der anderen Winkel in einer besonderen Beziehung steht und nichts über den Schnittwinkel der Geraden bekannt ist.

4 +16 und –16; bei $(-2)^4$ wird das Minuszeichen mitpotenziert.

5 a) z.B. $\dfrac{1}{2} \cdot \dfrac{1}{3} = \dfrac{1}{6}$ b) z.B. $\dfrac{1}{8} \cdot 3 = \dfrac{3}{8}$

Knack-die-Nuss-Ecke
–11,9

Fitnesstest 7, Seite 133

1 a) −2,2 b) unendlich viele Lösungen

2 a) Punkt vor Strich nicht beachtet.
Richtig: 4xy
b) $(3xy - xy) \cdot 4 + 5xy$

3

a)	Anzahl	Preis (€)
	9	108
	1	12
	5	60

b)	Gewicht (kg)	Preis (€)
	14	98
	7	49
	21	147

4 a) x = −2,2
- x auf eine Seite bringen (−4x)
- 3,2 auf der linken Seite entfernen (−3,2)
- Durch die Zahl vor x dividieren (:3)

b) $x = \frac{9}{10}$
- Auf den Hauptnenner erweitern (12)
- Mit dem Hauptnenner multiplizieren
- x auf die linke Seite bringen (+12x)
- x isolieren (+3)
- Durch die Vorzahl von x dividieren (:10)

Knack-die-Nuss-Ecke
115°

Fitnesstest 8, Seite 134

1 Rechteck, Parallelogramm, symmetrisches Trapez

2 a) −3 b) 0 c) −12

3 a) $2x^2 - 2x$; $4ab - 4a$
b) $10a^2 - 6a$; $15y - 4y^2$

4 $12x^2 - 6x$; $-3a^2 + 6a - 3a^2b$

5 a) Quadrat: alle haben 90°
b) Symmetrisches Trapez: α und β; γ und δ
c) Rechteck: alle haben 90°.
d) Raute: α und γ; β und δ
e) unsymmetrisches Trapez: keine.
f) Parallelogramm: α und γ; β und δ

6 Es gilt: u ist proportional zu s, A nicht.

Seitenlänge	Umfang	Flächeninhalt
2 cm	8 cm	4 cm²
3 cm	12 cm	9 cm²
4 cm	16 cm	16 cm²
5 cm	20 cm	25 cm²
10 cm	40 cm	100 cm²

Knack-die-Nuss-Ecke
$\frac{1}{2}x - \frac{1}{4}x - \frac{1}{8}x - 2 = 2$ Lösung: 32 €

Fitnesstest 9, Seite 135

1 a) Rechteck und Quadrat haben rechte Winkel.
b) Raute und Quadrat haben gleich lange Seiten.
c) Parallelogramm und symmetrisches Trapez haben zwei gleich lange Seiten.

2 a) Keine Lösung b) 0
c) 3

3 Beispiele: 4ax; 6a + 4x

4 a) x − 2; 8xy b) −5a; −1; 15a; −2

5 a) f; f; r b) r; r; r

Knack-die-Nuss-Ecke
a) α = 55°; δ = 105°
b) β = 55°; γ = 35°; ε = 125°

Fitnesstest 10, Seite 136

1 a) $12x^2$ b) 9x c) 3x

2 a) $6x^2 - 6x$ $4ab + 4a$ $-2y^2 + 2x^2 - y$
b) $a^2 - 4a$ $4y^2 + 7y$ $2y - 2$

3 $12xy - 6x^2$ $-3a^2 + 6a - 3a^2b$
$-3x^2 - 4 + 2y$

4 a) 816 €; 1224 €; 408 €
b) 408 €; 102 €; 306 €

5 Beispiele

Preis (€)	800	400	1200	8000
Rabatt (€)	100	50	150	1000

Die Zuordnung ist proportional. Zum Doppelten der Ausgangsgröße gehört das Doppelte der zugeordneten Größe.

Knack-die-Nuss-Ecke

Klassenlehrer: $(4 + 6 + 0 + 0 + 5) : 5 = 3$

Er bezieht das durchschnittliche Zuspätkommen auf die ganze Schulwoche.

Sebastian: $(4+6+5):3=5$

Er bezieht das durchschnittliche Zuspätkommen auf die 3 Tage, in denen Jens zu spät kommt.

Jens: $(4+6+(-10)+(-8)+5)=-3$

Er verrechnet zu spät mit zu früh Kommen.

Tina rechnet die Unpünktlichkeit von Jens aus. Sie rechnet deshalb mit Absolutbeträgen:
$(4+6+10+8+5):5=6,6$

Da man unter Unpünktlichkeiten im Allgemeinen nur Verspätungen versteht, ist die (gerundete) Zahl 7 als Maß für die durchschnittliche Unpünktlichkeit irreführend.

Fitnesstest 11, Seite 137

1 individuelle Lösungen

2 a) 13 € b) 186 €

3 $5 > 2 = 4 > 3 > 1 = 6 = 7$

4 $0,2x \cdot 3x$ und $4x^2$; $4xy$ und $0,2x \cdot 3y$; x und $0,2x$ + 3x und 6x.

Knack-die-Nuss-Ecke
a) proportional
b) 1) weder noch 2) proportional
c) weder noch
d) umgekehrt proportional

Fitnesstest 12, Seite 138

1 • Klammer zuerst – in der Klammer stehen nur gleiche Variablen: $1x \cdot 7x = 7x^2$
• Klammer mal Klammer bzw. drittes Binom: $16x^2 - 9x^2 = 7x^2$

2 a) Lösungen der Reihenfolge nach:
2,7032
2,06
$-2,\overline{3}$
$-2,43$

3 a) 180° b) 60° c) 90°; 45°

4 2,9 cm; sie fallen mit dem Umkreismittelpunkt zusammen.

5 Z.B.:
a) $3(2x + 3y - 4) = 6x + 9y - 12$
b) $(3 + a)(3 - a) = 9 - a^2$

Knack-die-Nuss-Ecke
a) ja, $A = 2x$; $B = z$; $C = a$
b) nein
c) ja; $A = (y - 3)$; $B = z$; $C = (z - 4)$

Fitnesstest 13, Seite 139

1
1) Auf den gemeinsamen Nenner 5x erweitern.
2) Nenner entfernen.
3) Linke Seite zusammenfassen
5) Durch die Vorzahl von x dividieren.

2 1. Term: $-4x + 8$ 2. Term: $3x^2 + 2x + 11$
3. Term $x + 3$ 4. Term: $16x$

3 Sie sind gleichwertig denn:
$3x - (x + 2) = 3x - x - 2 = 2x - 2 = 2(x - 1)$

4 a) 4,2; 5,3; 3,5 cm; Höhen.
b) nein, a > 2,3 cm.

Knack-die-Nuss-Ecke
a) Z.B.: 24,17,15; 24,17,13; 24,17,12
b) 23
c) 15

Fitnesstest 14, Seite 140

1 a) und c) keine Angabe, kein x im Nenner
b) $D = Q \setminus \{0\}$

2 a) $x^2 + 3x - 10$ b) $12x^2 + 6x^2y$
c) $4x^2 + 2x$ d) $x = 5$
e) $3x(2y + 1)$ f) $a^2 + a$
g) $y^2 - \frac{1}{4}$ h) $a^2 - 4ab + 4b^2$
i) $4b^2 + 4ab + a^2$

3 38,67 $-39,37$
44,693 $-1,225$

4 $2x = 2x$; unendlich viele Lösungen.

Knack-die-Nuss-Ecke
a) $\beta = 60°$ b) $\beta = 75°$

Fitnesstest 15, Seite 141

1
1) $(y + a) \cdot \frac{1}{2}x$ und $\frac{1}{2}xy + \frac{1}{2}ax$
2) $\frac{1}{2} \cdot x \cdot y$
3) $(y + a) \cdot x - xy$ und ax
4) $\frac{1}{2} x \cdot a$

2 16000 €

3 $\frac{3}{8}; \frac{1}{4}; \frac{2}{3}; -1\frac{1}{4}$

4 a) 6 cm   b) 112,6°; 67,4°
c) f verdoppeln
d) $A = 12 \cdot \frac{4}{2} cm^2 = 24 cm^2$

Knack-die-Nuss-Ecke

1 a) gleich, da a, c und h unverändert bleiben.

b) a <u>und</u> c verdoppeln (halbieren).

Fitnesstest 16, Seite 142

1 1, 2, 3 und 5 bzw. 4, 6 und 7

2 $(x - 4)$ oder $x^2 - 8x + 16$ oder $\frac{1}{2}x - 2$ usw.

a) lineare Gleichung; 1. Gleichung; Lösung: -3
b) Gleichung mit Brüchen; 3. Gleichung; Lösung: -6
c) Bruchgleichung; 2. Gleichung; Lösung: -2, diese ist aber nicht in der Lösungsmenge

4 a) Gegenüberliegende Seiten gleich lang und parallel; gegenüberliegende Winkel gleich groß; $A = a \cdot h_a$

b) 2 parallele Seiten, $b = d$; $\alpha = \beta$; $\gamma = \delta$; $A = \frac{1}{2}h(a+c)$

c) 4 gleich lange Seiten; gegenüberliegende Seiten sind parallel, Diagonalen senkrecht; gegenüberliegende Winkel sind gleich groß; $A = \frac{1}{2}e \cdot f = a \cdot h_a$

5 a) stumpfwinklig b) rechtwinklig
Der Mittelpunkt des Umkreises ist der Schnittpunkt der Mittelsenkrechten.

Knack-die-Nuss-Ecke
a) 24 cm^2
b) Nein, Höhe und zugehörige Seite der Teildreiecke bleiben unverändert.

Fitnesstest 17, Seite 143

1

$\frac{x}{x+3} + \frac{1}{6} = x + 2$; HN: $6(x + 3)$; $D = \mathbb{Q} \setminus \{-3\}$

$\frac{1}{x} + \frac{1}{6} = 2$; HN: $6x$; $D = \mathbb{Q} \setminus \{0\}$

$\frac{1}{x+3} + 3 = \frac{1}{x-3}$; HN: $(x + 3)(x - 3)$; $D = \mathbb{Q} \setminus \{-3; 3\}$

$\frac{6}{3x} - \frac{1}{3} = \frac{x}{2} + \frac{x+3}{6}$; HN: $6x$; $D = \mathbb{Q} \setminus \{0\}$

$\frac{1}{2x+6} = \frac{4}{3x+9}$; HN: $6(x + 3)$; $D = \mathbb{Q} \setminus \{-3\}$

$\frac{1}{x^2-9} = \frac{4}{x+3}$; HN: $(x + 3)(x - 3)$; $D = \mathbb{Q} \setminus \{-3; 3\}$

2 a) $x^2 - 5x + 6$ b) $2x$
c) $2y(4a + 3)$ d) $a^2 + 2a$
e) $y^2 - 4x^2$ f) $9a^2 - 12ab + 4b^2$

3 a) 33,3%; 50%; 16,6%; 8,3%
b) Es gibt Kinder mit mehreren Abzeichen.

4 $\alpha = 90°$

Knack-die-Nuss-Ecke
a) verdoppelt   b) vervierfacht

a) verdoppelt

b) keine Aussage möglich
c) vervierfacht
Ja, denn es hat die gleiche Formel.

Fitnesstest 18, Seite 144

1 Z.B.: $y = -x + 1$ dazu parallel: $y = -x$
Gemeinsamkeit: gleiche Steigung

2 Nein, 60% sind mehr als die Hälfte!
40%; 25%; 80%; 10%; 70%; 75%

3 a) $-14{,}157$ b) $-14{,}79$
c) $10{,}75$ d) $-12{,}167$

4 a) $-\frac{3}{4}$; 1   b) $-1\frac{1}{2}$; $\frac{1}{8}$ c) $-\frac{1}{4}$; $\frac{1}{2}$

5 a) r   b) f   c) r

Knack-die-Nuss-Ecke
um -4%

Fitnesstest 19, Seite 145

1 a) $3 \cdot (-2) - 2 \cdot (1) + 7 = 0$; $-1 \neq 0$, $(-2; 1)$ ist keine Lösung
b) $3 \cdot (3) - 2 \cdot (1) + 7 = 0$; $14 \neq 0$, $(3; 1)$ ist keine Lösung
c) $3 \cdot (-7) - 2 \cdot (-7) + 7 = 0$; $0 = 0$, $(-7; -7)$ ist Lösung
d) $3 \cdot (1,5) - 2 \cdot (3,5) + 7 = 0$; $4,5 \neq 0$, $(1,5; 3,5)$ ist keine Lösung

2 $-1,5x - 6 = -3y$ entspricht $y = \frac{1}{2}x + 2$

$6y + 2x + 3 = 0$ entspricht $y = -\frac{1}{3}x - \frac{1}{2}$

$2y + 4 = -6x$ entspricht $y = -3x - 2$

$4x - 2y = -6$ entspricht $y = 2x + 3$

3 $400 = 44a + 4b$
mögliche Lösungen: $a = 8$; $b = 12$ oder $a = 6$; $b = 34$.

4 $y = -2x + 8$

Knack-die-Nuss-Ecke
Lineare Gleichung: $150 = 5x + 7,5y$.
Mögliche Lösungen: $x = 12$, $y = 12$ oder $x = 24$, $y = 4$ oder $x = 15$, $y = 10$.

Fitnesstest 20, Seite 146

1 $y = \frac{1}{3}x + 2$ und $y = \frac{1}{2}x - 3$. Lösung: $(30; 12)$

2 a) $(-2 | 3)$ b) $(1 | 2)$
c) $(2 | -6)$ d) $(-1 | 0)$

3 richtige Lösung: $8ab - 4b^2$, typischer Fehler beim Auflösen der Minusklammer (Vorzeichenwechsel)

4 eine Lösung: (I), (V) oder (VI), (VIII): Geraden des Gleichungssystems haben unterschiedliche Steigungen und unterschiedliche Achsenabschnitte.
keine Lösung: (I), (VII) oder (I), (IV): Geraden des Gleichungssystems haben die gleiche Steigung, aber unterschiedliche Achsenabschnitte (parallele Geraden).
unendlich viele Lösungen: (I), (IV): Geraden des Gleichungssystems haben die gleiche Steigung und den gleichen Achsenabschnitt (identische Geraden).

Knack-die-Nuss-Ecke
x: kurze Seite des Rechtecks
y: lange Seite des Rechtecks
Gleichungen: $10x + 2y = 44$ und $6x + 6y = 60$
Lösung: $x = 3$ cm und $y = 7$ cm

Fitnesstest 21, Seite 147

1 a) $y = -\frac{1}{3}x + 2$ N(6|0)

b)

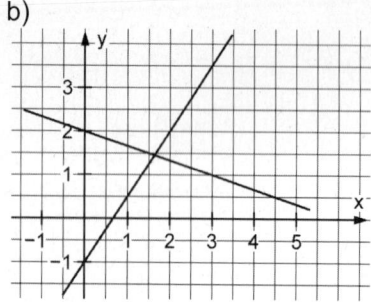

c) $y = 1{,}5x$
d) die Ursprungsgeraden

2 a) Dreiecksfläche; $A = \frac{2A}{h_a}$

b) Trapezfläche $A = \frac{2A}{h} - c$

c) Parallelogrammfläche; $A = \frac{A}{h_a}$

3 $x = 8$; $y = 4$

4 $x = 2$

Knack-die-Nuss-Ecke
Selbstkontrolle durch Ausschneiden und Falten

Fitnesstest 22, Seite 148

1

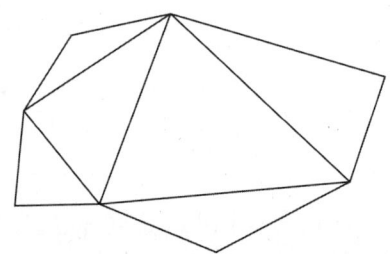

Winkelsumme = $6 \cdot 180° = 1080°$.

2 a) Beispiel: y_1 und y_6 haben denselben y – Achsenabschnitt oder y_3 und y_9 haben die gleiche Steigung (sind also parallel).
b) y_3 und y_4 sind ebenfalls Ursprungsgeraden.
Oder: y_4 und y_7 haben ebenfalls eine negative Steigung.
c) $y_{10} = 4$
d) y_2 und y_{10}

x	−2	−1	0	+3
y	−1	0	1	4

x	−2	−1	0	+3
y	4	4	4	4

3

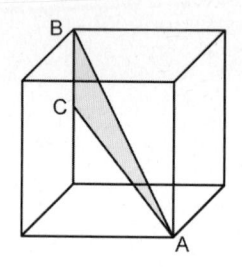

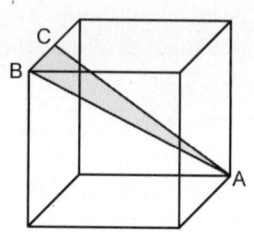

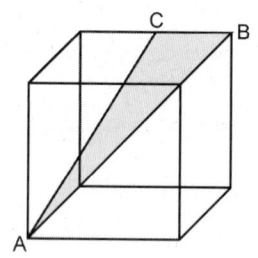

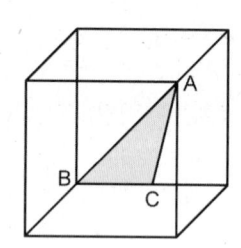

Knack-die-Nuss-Ecke
a) Z:B.: 20 cm; 10 cm; 5 cm oder 40 cm; 5 cm; 5 cm oder 100 cm; 2 cm; 5 cm.
b) nein
c) Für einen Würfel.

a	20	40	100	10
b	10	5	2	10
h	5	5	5	10
V	1000	1000	1000	1000
O	700	850	1420	600

Fitnesstest 23, Seite 149

1 Die Wassermenge ist $3 \cdot 16$ cm² $\cdot 2$ cm $= 96$ cm³.
a) Die dunkle Grundfläche beträgt 32 cm², also ist die Höhe 3 cm.
b) Die Grundfläche ist 64 cm², somit ist die Höhe 1,5 cm.

2 $V = a \cdot b \cdot h : 2 = 60 \text{ cm}^3$.
mögliche Lösungen:

a	b	h
10	10	1,2
6	2	10
...	...	...

3
a)
b)
c)

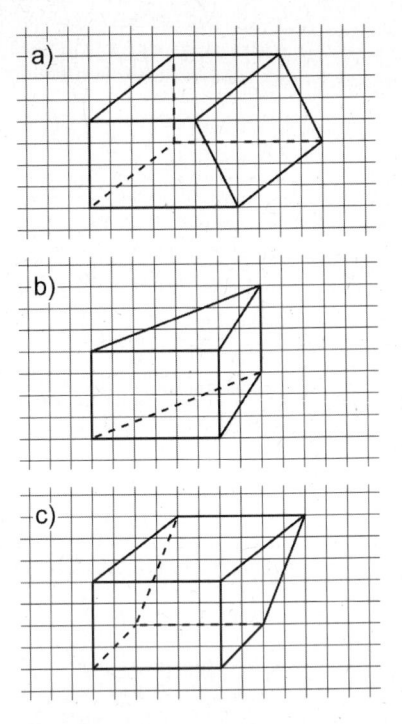

Knack-die-Nuss-Ecke
Volumen Prisma 1: $V = 12e^3$
Volumen Prisma 2: $V = 12e^3$
Oberfläche Prisma 1: $O = 36e^2$
Oberfläche Prisma 2: $O = 34e^2$

Fitnesstest 24, Seite 150

1 a) $99 : 550 = 0,18 = 18\%$ (Prozentsatz)
b) $14 : \frac{35}{100} = 40$ (Grundwert)
c) $460\,000 \cdot 0,025 = 11\,500$ (Prozentwert)
d) $0,05 \cdot 2300 = 115$ (Prozentwert)
e) $952 : 1700 = 0,56 = 56\%$ (Prozentsatz)
f) $176\,000 : \frac{44}{100} = 400\,000$ (Grundwert)

2

Spedition	15%	9 Schüler
Einzelhandel	30%	18 Schüler
Bank	40%	24 Schüler
Kfz-Betrieb	5%	3 Schüler
Arztpraxis	10%	6 Schüler

3 $340 \text{ €} \cdot \frac{12}{100} = 4,08 \text{ €}$.

Knack-die-Nuss-Ecke
Die Kantenlänge 24 cm wird um $16\frac{2}{3}\%$ verkürzt,
d.h. die neue Kantenlänge beträgt $83\frac{1}{3}\%$ der alten.
Die Kantenlänge 15 cm wird um $33\frac{1}{3}\%$ verlängert,
d.h. die neue Kantenlänge beträgt $133\frac{1}{3}\%$ der alten.
Die Kantenlänge 40 cm wird um 50 % verkürzt, d.h. die neue Kantenlänge beträgt 50 % der alten.
Das Quadervolumen ist um 80 % größer als das Würfelvolumen (Quadervolumen = 14 400 cm³, Würfelvolumen = 8000 cm³).

Fitnesstest 25, Seite 151

1 6%; 252 Tage; 5812,50 €

2 a) verminderter Grundwert: $p^-\% = 75\% = 0,75$
b) verminderter Grundwert: $p^-\% = 94\% = 0,94$
c) vermehrter Grundwert: $p^+\% = 106\% = 1,06$
d) verminderter Grundwert: $p^-\% = 84\% = 0,84$
e) vermehrter Grundwert: $p^+\% = 125\% = 1,25$

3
($p^-\% = 60\%$)
$p^+\% = 125\%$
$p^-\% = 80\%$
$p^+\% = 115\%$
$p^+\% = 130\%$

4
Partei A: $p^+\% = 115,8\%$; absoluter Zuwachs: 6 %
Partei B: $p^+\% = 118,75\%$; absoluter Zuwachs: 6 %
Partei C: $p^+\% = 160\%$; absoluter Zuwachs: 3 %

Knack-die-Nuss-Ecke
$0,5 : 100 : 0,015 = \frac{1}{3}$, also 4 Monate.